우리집 인문학

한국소설

우리 집 인문학: 한국소설

초판 1쇄 인쇄 2026년 1월 28일
초판 1쇄 발행 2026년 2월 11일

지은이 배혜림
감 수 임기환
펴낸이 고영성

책임편집 김주연 │ **디자인** studio forb
본문 일러스트 불곰

펴낸곳   주식회사 상상스퀘어
출판등록   2021년 4월 29일 제2021-000079호
주소   경기도 성남시 분당구 성남대로 52, 그랜드프라자 604호
팩스   02-6499-3031
이메일   publication@sangsangsquare.com
홈페이지   www.sangsangsquare-books.com

ISBN 979-11-24248-01-0 (세트)
ISBN 979-11-24248-02-7 44300

우리집 인문학

한국소설

한국소설이 묻고
역사가 답하다

배혜림 지음
임기환 감수

상상스퀘어

소설을 더 깊이 있고 생생하게 읽는 법

저는 중·고등학교 국어 교사로 수업 시간에 소설을 다룰 때마다 자주 느끼는 것이 있습니다. 학생들이 소설을 이해하기 어려워한다는 점입니다.

"선생님, 너무 어려워요."

"이게 무슨 말이에요?"

처음에는 낯선 문장과 표현을 어려워하다가 이내 흥미를 잃고 지루해하는 표정을 짓습니다.

그럴 때마다 저는 아이들을 소설 속으로 데려가기 위한 문을 엽니다. 그 문은 바로 소설과 관련된 이야기입니다. 이 소설이 쓰인 시대에 무슨 일이 있었는지, 이 주인공이 왜 이렇게 말할 수밖에 없었는지, 작가가 이 글을 쓸 때 어떤 상황에 있었는지를 말해 주지요.

신기하게도 제가 소설과 관련된 이야기를 할수록 아이들의 책장이 빠르게 넘어갑니다. 등장인물의 말이나 행동을 보면서 "아, 그래서 그

랬구나"하고 고개를 끄덕이며 흥미를 느끼는 모습도 보입니다. 다 읽고 나서는 "선생님, 생각보다 재미있었어요. 선생님이 이야기해 준 내용이 무슨 말인지 소설에서 찾을 수 있었어요"라고 뿌듯해하며 말합니다. 그럴 때마다 저는 국어 교사로서 큰 기쁨과 보람을 느낍니다.

아이들이 소설을 어렵게 느끼는 이유는 단순히 문장이 복잡하거나 오래된 작품이기 때문이 아닙니다. 소설 속 삶의 모습이 지금 아이들의 삶과 동떨어져 있기 때문입니다. 낯선 사람과 대화를 나누는 것이 어렵게 느껴지는 것처럼 익숙하지 않은 시대와 사회 속 인물들을 만나려고 하니 작품이 어렵게 느껴지는 겁니다.

하지만 소설과 관련된 배경이나 역사, 사회적 맥락을 이해하고 나면 소설을 읽을 때 더 많은 것을 공감할 수 있습니다. 그 인물이 왜 그런 행동을 했는지, 인물이 한 말에 담긴 무게를 제대로 이해할 수 있습니다.

얼마 전, 수업 시간에 《아홉 켤레의 구두로 남은 사내》에서 권씨가 "이래봬도 나 대학까지 나온 사람이오"라고 한 말의 의미에 대해 이야기를 나누었습니다. 이 말의 의미를 설명하려고 권씨가 현재 상황에 처하게 된 시대적, 역사적 배경을 설명했습니다. 당시 '대학'이라는 것이 어떤 의미였는지 권씨가 어떤 상황에서 이렇게 말한 것인지 설명했습니다. 학생들은 당시의 배경을 완벽하게 이해하지는 못했지만, 대략이나마 권씨가 어떤 심정에서 그런 말을 했을지 짐작하고 자기들의 생각을 이야기했습니다.

소설이 어떤 상황에서 쓰였는지를 이해하면 소설을 훨씬 더 생생하게 읽을 수 있습니다. 소설 속 인물들이 겪는 갈등은 작품의 배경이 되는 시대의 고민이며, 소설 속 문장은 그 시대에 대한 설명이니까요.

《우리 집 인문학: 한국소설》은 소설의 줄거리를 요약하거나 해설하기 위한 책이 아닙니다. 한 편의 소설이 태어난 배경, 그 시대 사람들의 생각과 고민, 작가가 살았던 시대적 상황을 함께 조명하면서 지금 우리는 어떻게 살아야 하는지, 문학과 역사를 연결해 살펴보려는 시도입니다.

이 책은 아이들만을 위한 책이 아닙니다. 저는 언제나 부모와 아이가 함께 책을 읽어야 한다고 생각합니다. 어떻게 하면 부모와 아이가 함께 앉아 책을 읽고 이야기를 나눌 수 있을까 생각했습니다. 이 책이 그런 역할을 하기를 바라며 썼습니다. 이 책을 읽으면서 한국소설이 학습의 대상이 아니라 이야기의 즐거움을 만끽하는 대상이 되고, 시험을 위해 읽는 시간이 아니라 생각의 깊이를 더하는 시간이 되면 좋겠습니다.

이 책이 부모님과 자녀가 함께 책을 읽고 대화를 나눌 수 있는 마중물이 되면 좋겠습니다.

배혜림

차례

개화기~ 1910년대

1920~ 1945년

광복 이후~ 1980년대

1990년대 이후

勤政

조선시대

01

금오신화
우리나라 최초의 소설은 나지

우리나라 최초로 현실과 환상의 경계를 넘나들었지!

《금오신화》, 김시습, 서해문집, 2022

만복사저포기
양생 주인공, 전라도 남원 노총각 | 여인 왜구에게 죽은 처녀귀신

이생규장전
이생 벼슬 공부를 함 | 최 처녀 최부잣집의 딸

취유부벽정기
홍생 송도 부잣집 아들 | 수정궁 선녀 기자왕의 딸

남염부주지
박생 똑똑하고 훌륭한 것으로 소문난 경주 유생

용궁부연록
한생 시를 잘 쓰지만 능력을 발휘하지 못함
용왕 한생의 글과 시를 마음에 들어함

〈만복사저포기〉

양생은 전라도 남원에 사는 노총각으로, 만복사 불당에서 부처님과 내기해 자신이 지면 부처님께 불공을 드릴 것이요, 부처님이 지면 자신에게 배필을 중매해 달라고 했어요. 누가 이겼을까요? 네, 양생이에요. 양생은 불상 밑에 숨어서 자신의 배필이 될 여인을 기다렸어요. 어느 날 어떤 아름다운 아가씨가 나타나서 부처님께 좋은 배필을 점지해 달라고 기원했어요. 여인의 소원을 들은 양생은 불상에서 나와 여인 앞에 나타났어요.

둘은 이야기를 나누다 날이 새자 깊은 산속에 있는 여인의 집으로 갔어요. 왠지 집의 물건이나 분위기가 인간 세상의 것이 아닌 듯했어요. 사흘 후 여인이 이별할 시간이 되었다며 양생에게 은주발을 가지고 길에 서 있으라고 했어요. 여인의 말대로 양생은 다음 날 은주발을 들고 길목에 서 있었어요. 지나가던 사람들이 양생이 은주발을 왜 갖고 있는지 묻자 양생은 여인이 시킨 대로 말했어요. 그 사람들은 여인의 부모님이었어요. 여인은 왜구의 난리 때 죽은 처녀 귀신이었던 거예요. 양생과 여인은 보련사에서 다시 만나 함께 잿밥을 먹고 지내다 영영 이별했어요. 양생은 여인을 잊지 못해 장가도 들지 않고 지리산에 들어가 약초를 캐면서 평생을 보냈어요.

〈이생규장전〉

송도의 이생은 최부잣집 담 안에서 수를 놓으며 시를 읊고 있는 여인을 보고 첫눈에 반했어요. 최 처녀도 이생을 보고 반해서 이생이 담을 넘게끔 계획했어요. 그 덕에 이생은 최부잣집 담을 넘어 사랑을 키워 갔어요. 이생은 최 처녀 집에 머무르다 집에 돌아간 뒤에도 저녁마다 몰래 찾아왔어요. 아들의 행실을 눈치챈 이생의 아버지는 아들을 멀리 보냈어요. 이생이 오지 않는 이유를 알게 된 최 처녀는 앓아누웠어요. 최 처녀의 부모는 딸이 앓는 이유를 듣고 이생 집에 청혼했지만, 이생의 아버지는 아들이 공부해야 한다며 거절했어요. 최 처녀 집에서 몇 번이나 청혼한 끝에 겨우 결혼할 수 있었어요.

그런데 홍건적의 난이 일어나 가족이 뿔뿔이 흩어지게 되고 이생은 난이 끝난 후 집으로 돌아왔지만 가족을 찾지 못했어요. 그때 이생 앞에 아내가 나타났어요. 이생은 아내가 이 세상 사람이 아니라는 걸 알았지만 반가웠어요. 그는 바깥세상과 인연을 끊고 아내와 즐거운 날을 보냈어요. 어느 날 아내가 이생에게 더 이상 같이 있을 수 없다고 했어요. 이생은 아내와 함께 가고 싶었지만 산 사람이라 그럴 수 없었어요. 이생은 아내의 유언을 따라 양가 부모님의 유골을 찾아 장사를 지내고 병으로 죽었어요.

〈취유부벽정기〉

송도 부잣집 아들 홍생이 경치도 즐기고 장사도 할 겸 친구들과 평양에 가서 놀다가 술에 취해 배를 저어 부벽정으로 갔어요. 정자 위에서 시를 읊조리다 보니 밤이 깊어 집으로 돌아가려 할 때, 한 여인이 나타났어요. 그 여인은 양쪽에 시녀를 거느리고 비단부채를 들고 있었어요. 여인은 옛 조선 기자왕의 딸로, 아버지가 왕위를 빼앗겨 죽기를 기다렸는데 신선이 된 선조가 나타나 죽지 않는 약을 주어 수정궁 선녀가 되었다고 했어요. 홍생은 밤새도록 그 선녀와 서로 시를 주고받으며 이야기를 나누었어요. 날이 새자, 선녀는 하늘나라로 올라가고, 시도 날아가 버렸어요. 홍생은 집으로 돌아왔어요. 홍생은 선녀를 잊지 못해 상사병에 걸렸어요. 어떤 약도 소용이 없었죠. 어느 날 홍생의 꿈에 선녀의 시녀가 나타나 말했어요.

"우리 아가씨가 상제께 아뢰어 견우성을 지키게 되었으니 올라오세요."

이 꿈을 꾼 홍생은 목욕하고 옷을 갈아입은 후 세상을 떠났어요. 홍생의 시체는 며칠이 지나도 얼굴빛이 전혀 변하지 않았다고 해요.

〈남염부주지〉

경주에 사는 박생은 똑똑하고 훌륭한 사람이라는 칭찬이 자자했어요. 그는 크게 성공하겠다는 목표로 유학을 열심히 공부했지만 계속 과거에서 낙방했어요. 박생은 유학을 중요하게 여겨 귀신이나 무당, 불교 등에 대해 늘 의심했어요.

어느 날 박생이 주역을 읽다가 졸았는데 꿈에 저승사자가 찾아와 그를 염라국으로 데려갔어요. 박생은 지옥의 비참한 모습을 보고 놀랐어요. 염부주라는 별세계에 이르렀을 때 박생은 염라대왕과 염라, 귀신, 천당, 지옥, 윤회설 등 다방면에 대한 이야기를 주고받았어요. 박생은 자신의 생각이 옳다는 것을 확인하고, 염라대왕은 박생의 능력에 감탄하며 나중에 염라대왕 자리를 물려주겠다고 약속했어요. 염라대왕은 박생에게 인간 세상에 잠시 다녀오라고 했어요. 꿈에서 깬 박생은 자신의 주변을 정리하기 시작했어요. 박생은 꿈을 꾼 지 두어 달 후에 병이 들었어요. 하지만 의원이나 무당을 전혀 부르지 않고 조용히 죽었어요. 그가 죽던 날, 이웃의 꿈에 신이 나타나서 '그대 이웃이 장차 염라대왕이 될 것'이라고 했다고 해요.

〈용궁부연록〉

한생은 조정에까지 이름이 알려질 정도로 시를 잘 쓰는 사람이었어요. 하지만 한생은 자신의 능력을 발휘할 기회가 없었어요. 어느 날 한생은 용궁에 초대됐어요. 용궁에는 다른 세 명의 신도 초대되어 와 있었어요. 용왕은 한생을 융숭하게 맞이했어요. 용왕은 자신의 딸을 위해 가회각을 새로 지었는데, 그곳에 걸 상량문을 한생에게 부탁하고자 초대했다고 했어요. 용왕의 부탁대로 한생이 상량문을 지었어요. 용왕과 그곳에 있던 세 신이 모두 한생이 쓴 상량문을 보고 감탄하며 칭찬했어요.

용왕은 한생을 대접하고자 잔치를 열었어요. 풍악 소리가 나자 미녀와 총각 들이 노래를 부르고 춤을 췄어요. 용왕도 옥룡적이라는 피리를 불며 노래했어요. 재주를 부리라는 용왕의 말에 곽개사(게)와 현선생(거북)이 노래를 부르고 춤을 췄어요. 세 신이 시를 짓자 한생도 답시를 지었어요. 한생은 용왕의 허락을 받아 용궁의 건물과 보석 들을 구경했어요. 한생이 용궁을 나올 때 용왕은 각종 진귀한 보물을 선물했어요. 꿈에서 깬 한생은 재산을 정리해 산으로 들어갔어요. 그 후 다시는 한생의 모습을 볼 수 없었다고 해요.

Q. 김시습이 왜 이런 소설을 썼는지 작가가 살았던 시대와 함께 생각해 보세요.

소설을 탐구하다

김시습을 알다

김시습은 조선 전기의 대표적인 학자예요. 그는 다섯 살에 천자문을 읽고 시를 짓는 등 어릴 때부터 천재적인 재능을 보였어요. 하지만 세조가 조카인 단종을 몰아내고 왕이 되는 모습을 보고 충격을 받아, 벼슬을 포기하고 보던 책들을 모두 불태운 후 스님이 되어 전국을 떠돌아다녔어요. 단종에 대한 충성을 지키고자 벼슬하지 않은 사람들을 생육신이라고 하는데 김시습도 그중 한 사람이었어요. 게다가 사육신의 시신을 수습해 서울시 노량진에 임시로 묻은 사람도 김시습이라는 이야기가 있어요.

어린 나이부터 총명했던 김시습은 열심히 공부했지만 세조의 왕위 찬탈을 보고 유교에서 강조하는 가치인 충에 대해 회의를 느꼈을 거예요. 그는 여러 차례 벼슬길에 나갈 기회가 있었지만 끝내 받아들이지 않았어요. 권력과 성공보다 자신의 신념과 자유를 지키는 삶을 택한 거예요.

우리나라 최초의 소설

《금오신화》는 김시습이 조선시대에 지은 우리나라 최초의 소설이에요. 《금오신화》의 '신화(新化)'는 새로울 신(新)이라는 한자를 썼듯이 '새로운 이야기'라는 뜻이에요. 우리가 흔히 쓰는 '신화(神化)'는 귀신 신(神)으로, 귀신이나 신을 다루는 이야기와 다르지요. 어쩌면 그 시대에 새롭게 만들어진 이야기라는 뜻이 담겨 있을 거예요.

주인공 이름이 없는 이유

〈만복사저포기〉의 주인공은 양생, 〈이생규장전〉의 주인공은 이생, 〈취유부벽정기〉의 주인공은 홍생, 〈남염부주지〉의 주인공은 박생, 〈용궁부연록〉의 주인공은 한생이에요. 주인공들의 이름이 특이하지 않나요? 주인공들의 이름이 모두 '생'인 걸까요? '생'은 사람의 이름이 아니에요. 당시 유생들을 '생'이라고 부른 거예요. 요즘으로 치면 '양씨', '이씨', '홍씨', '박씨', '한씨'라고 쓴 셈이고, 정확한 이름이 없는 거죠.

왜 작가는 주인공의 이름을 짓지 않았을까요? 아마 주인공들의 특징을 부각하기보다 그들이 겪은 기이한 경험에 초점을 맞추기 위해서였을 거예요. 독자가 환상적 이야기에 더 몰입하게 하려는 의도도 있었을 거고요.

전등신화의 영향을 받았다고?

명나라의 '구우'라는 사람이 쓴《전등신화》와 비슷하다며《금오신화》가《전등신화》의 영향을 받았다고 말하기도 해요. 더 나아가《전등신화》를 베꼈다는 주장도 있어요. 귀신과 사랑을 나눈다는 전체 틀은 비슷하지만,《금오신화》는 소설의 배경이나 등장인물이 모두 우리나라를 배경으로 하고 우리 풍속과 사상을 담고 있어요. 특이한 소재나 주제가 작품을 돋보이게 하고요. 이렇듯《전등신화》의 영향을 받았다고 볼 수는 있지만 베낀 것이라고는 할 수 없어요. 이미 조선 문학은 이러한 작품이 나올 수 있는 분위기가 형성되어 있었어요. 게다가 문학성 측면에서 보더라도《금오신화》가《전등신화》보다 훨씬 뛰어나답니다.

소설의 발견

《금오신화》는 정작 우리나라에서는 책 실물이 전해지지 않았어요. 그렇다면 어디서 발견되었을까요? 1927년 최남선이 일본에 전해져 오던 목판본을 발견해 잡지 〈계명〉 19호에 소개하면서 알려졌어요. 이 목판본은 1884년에 간행된 거였어요. 그러다가 중국에 있는 도서관에 소장되어 있던《금오신화》가 발견되었어요. 이들 책에서 〈만복사저

포기〉, 〈이생규장전〉, 〈취유부벽정기〉, 〈남염부주지〉, 〈용궁부연록〉 5편만 전하고 있어요. 하지만 발견된 책에는 '갑집(甲集)'이라는 기록이 있어요. 이는 요즘 말로 1권이라는 뜻이므로, 2권 이상의 책에는 다른 작품들이 더 있을 것으로 추정하고 있어요.

최초의 소설이라는 한계

《금오신화》가 완벽한 소설의 틀을 갖춘 작품은 아니에요. 처음으로 소설이라는 장르가 나온 만큼 구성 면에서 부족한 부분이 있어요. 또한 소설의 특징 중 하나가 감정 표현이 섬세하다는 점인데, 감정을 표현하는 부분에 시를 넣어 소설임에도 시가 너무 많다는 한계가 있고요. 소설이라고 하면 갈등이 필수인데《금오신화》는 갈등이 부족하다는 것도 한계점이에요. 하지만 어떤 것이든 처음은 다소 부족할 수밖에 없지 않을까요? 그래도《금오신화》는 이전에 있었던 설화와 달라요. 왜냐하면 소설이 가지고 있는 특징들을 가지고 있거든요. 자아와 세계의 대결이라는 소설의 형태가 나타나고, 작가는 자신이 말하고자 하는 바를 바탕으로 이야기를 썼어요. 또한 주인공이 시련을 극복하려고 노력하는 모습은 마치 현대 소설을 보는 것 같아요. 이런 점에서 볼 때《금오신화》가 있었기에 이후 소설이라는 장르가 더욱 발전할 수 있었던 거겠죠.

김시습과 세종

김시습은 어려서부터 천재였어요. 8개월 만에 글의 뜻을 알았고 3세에 시를 지어 어른들을 놀라게 했거든요. 이러한 소문을 들은 당시 정승인 허조가 찾아와 늙을 로(老) 자를 넣어 시를 지어 보라고 하자, '늙은 나무에 꽃 피니 마음은 늙지 않았네'라는 시를 지어 놀라게 했어요. 김시습은 5살에 《중용》과 《대학》을 익혔다고 해요. 세종도 소문을 듣고 김시습을 불러서 시를 짓게 하자 바로 글을 짓기도 했고요. 세종이 장차 크게 쓸 재목이니 열심히 공부하라고 하면서 상으로 비단 50필을 내렸다고 해요. 그리고 김시습이 《중용》과 《대학》을 익혔다는 점에서 당시 유교 공부를 어떤 책으로 했는지도 추정할 수 있어요.

수양대군의 쿠데타

아버지 세종의 뒤를 이어 왕위에 오른 문종은 학문도 뛰어나고 세자 시절부터 나라를 다스리는 능력도 갖추었지만, 몸이 너무 허약했어요. 그래서 왕이 된 지 2년 4개월 만에 세상을 떠났어요. 이에 세자인 단종이 왕위에 올랐는데 그때 나이가 겨우 12살이었어요. 문종도 이를 걱정하여 김종서, 황보인 등 대신들에게 단종을 잘 도와 나라를 다스리라고 유언했어요. 점차 이들의 세력이 커지자, 문종의 동생이자 단종의 삼촌인 수양대군은 이것을 못마땅하게 여겼어요. 수양대군은 한명회, 권람, 신숙주 등을 자신의 세력으로 삼아 힘을 키워 갔지요. 마침내 수양대군은 쿠데타를 일으켜 김종서, 황보인 등 대신들을 죽이고 동생 안평대군과 그 세력을 제거해 버렸어요. 이 사건을 '계유정난'이라고 해요. 얼마 뒤 수양대군은 조카인 단종을 왕위에서 쫓아내고 스스로 왕이 되었어요. 그 수양대군이 바로 세조이지요.

• 조선시대 왕 순서

1대	2대	3대	4대	5대	6대	7대
태조	정종	태종	세종	문종	단종	세조
8대	9대	10대	11대	12대	13대	14대
예종	성종	연산군	중종	인종	명종	선조
15대	16대	17대	18대	19대	20대	21대
광해군	인조	효종	현종	숙종	경종	영조
22대	23대	24대	25대	26대	27대	
정조	순조	헌종	철종	고종	순종	

사육신과 생육신

세종은 집현전 학자들에게 단종을 보좌해 달라고 부탁했어요. 문종도 세상을 떠나기 전 단종을 쓰다듬으며 "내 이 아이를 경들에게 맡기노라"라고 할 정도로 그들을 믿었어요. 수양대군이 단종을 내쫓고 왕이 되자 집현전 학자들은 크게 반발하며 단종을 다시 왕으로 복위시키려 했어요. 하지만 계획은 실패했고 단종을 복위시키려 했던 학자들은 물론 그들의 가족까지 처형되거나 노비가 되었어요. 이때 반역죄라는 명목으로 죽음을 당한 박팽년, 성삼문, 이개, 하위지, 유성원, 유응부 6명을 '죽을 사(死)' 자를 써서 사육신이라고 해요. 그리고 세조를 비판하고 벼슬하지 않으면서 끝까지 단종에 대해 충절을 지켰던 김시습, 원호, 이맹전, 조려, 성담수, 남효온을 '살 생(生)'을 써서 생육신이라고 부르지요.

사육신과 함께 많은 사람이 희생되었지만, 6명을 특별히 기억하게 된 것은 성종 때 남효온이 지은《육신전(六臣傳)》에서 비롯되었어요. 이들 사육신은 유교에서 중요한 가치인 절의를 지킨 인물이라 하여 후대에는 사림들 사이에서 점점 추앙받았고, 마침내 숙종 이후 국가 차원에서 반역죄가 벗겨지고 복권되었어요. 그리고 이때 '생육신'으로 새로 추숭하게 된 거예요.

02

홍길동전

아버지를 아버지라 부르지 못하고

"저는 천하게 태어나서 아버지를 아버지라 부르지 못하고
형을 형이라 부르지 못했습니다."

《홍길동전》, 허균, 청솔출판사, 2024

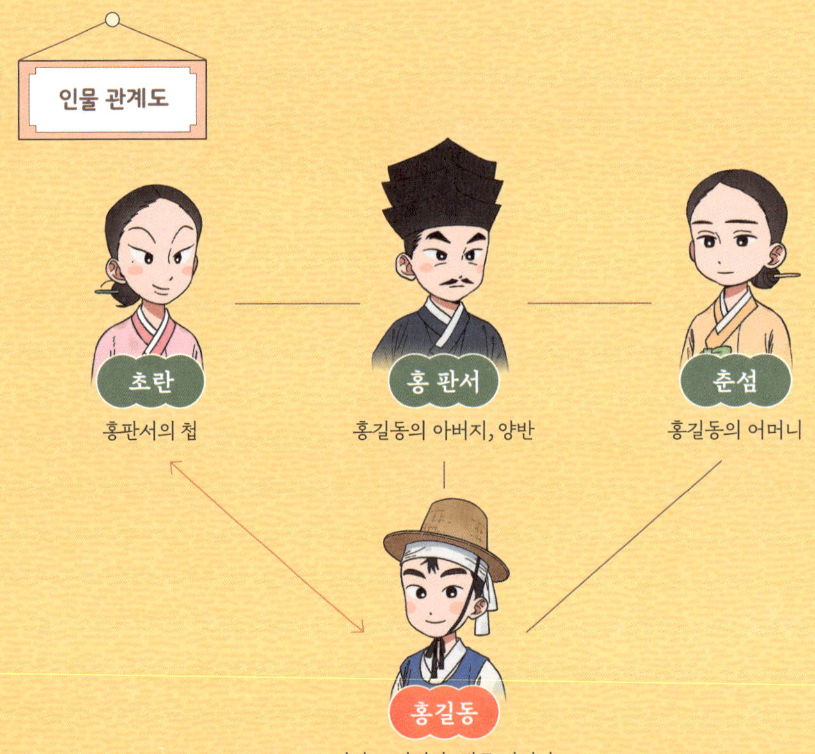

홍길동: 신분적 한계 때문에 고민하다 집을 떠나 활빈당을 만듦
초란: 특재를 시켜 홍길동을 죽이려 함

　홍 판서가 낮잠을 자는데 신기한 꿈을 꾸었어요. 갑자기 천둥과 벼락이 치고 푸른 용이 수염을 세우고 달려드는 꿈이었어요. 홍 판서는 보통 꿈이 아니라는 생각에 부인의 방에 갔지만 쫓겨났어요. 그때 마침 시중을 들러 온 몸종 춘섬이 보였어요. 홍 판서는 여종인 춘섬과 하룻밤을 보냈고, 춘섬은 아이를 낳았어요. 역시 그 아기는 생김새와 기운이 남달랐어요. 홍 판서는 아기의 이름을 홍길동이라고 지었어요.

　홍길동은 어려서도 똑똑했지만 자랄수록 더 똑똑해졌어요. 여덟 살이 되니 하나를 들으면 열을 알 정도로 총명해서 보통 사람을 능가했답니다. 홍 판서는 길동을 다른 자식들보다 더욱 사랑하고 귀하게 여겼지만, 홍길동은 어머니가 종이라 신분이 낮아 아버지를 아버지라 부르지 못하고 형을 형이라 부르지 못했어요. 홍길동은 이러한 자신의 처지가 답답했어요.

　"어머니의 신분이 낮아 아무리 공부해 봐야 소용없구나. 차라리 무예와 병법을 익히면 쓸 데가 있겠지. 나의 처지가 참 답답하구나."

　홍길동은 뜰에 나와 검술을 연습했어요. 홍 판서가 달빛을 구경하다가 검술을 연습하고 있는 홍길동을 보고 물었어요.

"너는 무슨 이유로 밤이 깊었는데 잠들지 않고 있느냐?"

"소인이 달빛을 사랑해서입니다. 하늘이 만물을 만드실 때 사람을 귀하게 만들었으나 소인은 그렇지 못하니 어찌 사람이라 하겠습니까?"

홍 판서는 홍길동이 자신을 아버지라 부르고 싶어 한다는 것을 알았지만, 홍길동이 서얼이라는 자신의 신분을 잊을까 봐 일부러 모르는 척하고 홍길동을 크게 혼냈어요.

"대체 무슨 말을 하는 것이냐? 세상에 너 같은 처지의 사람이 한둘이 아니다. 하지만 그런 불평을 하는 사람은 없다. 한 번만 더 그런 말을 하면 용서하지 않겠다."

홍 판서가 엄하게 꾸짖자 홍길동은 아무 말도 못 하고 엎드려 울기만 했어요. 방으로 돌아왔지만 슬픈 마음이 달래지지 않았어요. 홍길동은 어머니께 갔어요.

"어머니, 저는 이렇게 천한 대접을 받는 것보다 집을 떠나는 것이 좋을 듯합니다."

춘섬은 아들의 말을 듣고 놀랐어요.

"너 같은 사람이 한둘이 아닌데 왜 그러느냐. 너는 어째서 내 마음을 아프게 하느냐?"

한편 홍 판서에게는 '초란'이라는 첩이 있었어요. 아들이 없던 초란은 홍 판서가 홍길동을 예뻐하는 것이 불쾌해 '특재'라는 자객을 불러서 홍길동을 없애려 했어요. 다행히 홍길동은 자신이 익힌 무예를 이용해 겨우 목숨을 건졌어요. 홍길동은 자신을 죽이려 한 초란에게 복수하고 싶었지만, 아버지를 생각해 그러지 않았어요. 고민 끝에 홍길동은 아버지께 가서 집을 떠나겠다고 했어요.

"네 마음을 알겠다. 이제 아버지를 아버지라 부르고, 형을 형이라 부르는 것을 허락하겠다."

"아버님께서 그렇게 말씀하시니 소자 죽어도 한이 없습니다. 부디 만수무강하십시오."

홍길동은 큰절을 하고 집을 나왔어요. 홍 판서는 차마 홍길동을 잡지 못했어요. 집을 나와 떠돌던 홍길동은 산속으로 들어갔어요. 돌문이 있어서 열고 들어가니 넓은 벌판에 집이 있었어요. 그들은 모두 도둑들이었어요. 도둑들이 길동에게 물었어요.

"이 험한 곳까지 어찌 왔소? 여기에는 영웅이 많아 대장을 정하지 못했소. 저 돌을 들 수 있다면 당신을 대장으로 삼겠소."

홍길동은 그 말을 듣고 곧장 돌을 들어 수십 걸음을 걸은 뒤에 돌을 던져 버렸어요. 그 모습을 본 도둑들은 놀라서 홍길동을 대장으로 모셨어요. 홍길동은 사람들에게 무예를 가르치고 지켜야 할 여러 규칙을 만들었어요. 이후 자신들의 무리를 '활빈당'이라고 부르며 전국을 다녔어요. 활빈당은 각 고을에 나쁜 수령의 재물을 빼앗아 가난하고 불쌍한 백성에게 나눠 주었어요. 나라에서는 홍길동이 나타나 곡식을 다 훔쳐 가고, 서울로 올려 보내는 물품을 빼앗기도 하니 불안한 마음이 컸어요.

임금이 홍길동을 잡으라고 호통치자 홍길동의 형인 인형이 동생에게 이 소식을 전했고, 홍길동은 자수했어요. 그런데 서울에 도착하고 보니 잡혀 온 홍길동이 8명이나 되는 거예요. 잡혀 온 홍길동들은 서로 자기가 가짜라며 우겼어요. 임금은 진짜 홍길동을 찾으려고 홍 판서를 불렀어요.

"너는 도적질을 해서 나라와 집안을 위태롭게 했다."

홍 판서는 피를 토하며 쓰러졌어요. 여덟 명의 홍길동은 홍 판서에게 약을 먹이며 말했어요.

"저는 천하게 태어나서 아버지를 아버지라 부르지 못하고 형을 형이라 부르지 못했습니다. 그래서 집을 나와 도적의 무리로 들어갔습니다. 하지만 저는 부당하게 모은 재산을 빼앗아 백성에게 나눠 주었을 뿐 죄 없는 사람을 해치거나 제 욕심을 채운 일이 없습니다."

말을 마친 여덟 명의 홍길동이 갑자기 넘어졌는데 다시 보니 다 풀로 만든 허수아비였어요. 임금은 놀라며 홍길동을 잡으라고 명령했어요. 홍길동은 자신을 잡으라는 공문에 병조판서 벼슬을 주면 잡히겠다고 썼어요. 임금은 고민하다가 홍길동에게 병조판서를 내리겠다고 글을 써 붙였어요. 홍길동은 사모관대에 서띠를 메고 대궐에 들어가 임금에게 절했어요.

"드디어 제 소원을 이루었습니다. 저는 이제 더 이상 원이 없습니다. 저는 이제 조선을 떠나 조용히 살겠습니다."

말을 마친 홍길동은 공중으로 몸을 솟구쳐 구름에 싸여 사라졌어요.

홍길동은 활빈당으로 돌아와 부하들을 데리고 율도국에 도착했어요. 그들은 율도국에서 집을 짓고 농사를 지으면서 살았어요. 홍길동이 율도국을 다스린 지 3년이 되니 도적이 사라지고 길에 물건이 떨어져도 주워 가는 사람이 없을 정도로 백성의 살림살이가 풍족해졌어요.

홍길동은 율도국을 다스린 지 30년 만에 병이 들어 세상을 떠났어요. 그 후 첫째 아들이 왕이 되어 율도국을 다스렸는데, 홍길동이 왕이었을 때만큼 나라가 안정되고 백성이 평안하게 살았어요.

Q. 서자로 태어나서 평생을 한스럽게 살다가 겨우 인정받은 홍길동, 당시 그와 비슷한 삶을 산 사람들이 많았을 거예요. 그들은 《홍길동전》을 읽으며 대리 만족을 느꼈을까요?

소설을 탐구하다

허균을 알다

여러분은 초당 두부를 들어 본 적 있나요? 초당 두부를 만든 사람이 허균의 아버지인 허엽이에요. 허엽의 호가 초당이거든요. 허균은 선조, 광해군 때의 문인이자 정치가예요. 문장력이 아주 뛰어나 아버지 허엽, 형인 허성과 허봉, 누나인 허난설헌과 함께 '허씨 5문장'으로 이름을 알렸어요. 어릴 때부터 문인으로서 재능을 인정받아 벼슬을 했고요. 하지만 불의를 보면 참지 못하고, 당시로서는 너무 앞선 생각을 했기 때문에 반역죄로 처형당했어요.

우리나라 최초의 한글 소설

《홍길동전》은 조선 광해군 때인 1612년 무렵에 허균이 지은 우리 나라 최초의 한글 소설이에요. 그런데 지금까지 기록으로만 알려졌던, 1511년 무렵 쓰였다는 채수의 《설공찬전》이 발견되면서 최초의 한글 소설에 대한 논란이 있었어요. 채수의 《설공찬전》은 조선 중종 때 '요 망한 내용으로 백성의 정신을 홀리게 하고 풍속을 혼란스럽게 한다'라 며 모조리 불태워졌다는 기록이 있거든요. 《홍길동전》이 나오기 100 여 년 전에 이미 소설이 존재했다는 이야기니, 우리나라 최초의 한글 소설을 《설공찬전》으로 봐야 한다는 의견이 있었지요. 하지만 《설공찬 전》은 한문 소설을 한글로 번역한 것으로, 우리나라 최초의 '한글 소 설'이라고 보기는 어렵다는 의견이 더 많았어요. 그래서 일반적으로 최초의 한글 소설은 《홍길동전》이고, 《설공찬전》은 한글로 '표기된' 최 초의 한글 소설이라고 보고 있어요. 하지만 아직도 '최초의 한글 소설' 에 대한 의견은 분분하답니다.

영웅 군담 소설

《홍길동전》은 '홍길동'이라는 영웅 이야기를 담고 있어요. 영웅의 삶은 특별한 단계를 거쳐 완성돼요.

고귀한 집안 → 특이한 출생 → 뛰어난 재주 → 위기를 겪음 → 조력자를 만 나 위기를 벗어남 → 더 큰 위기 → 고난을 극복하고 승리함

　홍길동은 홍 판서의 아들로 고귀한 집안에서 태어났어요. 하지만 어머니가 몸종이었으니 출생이 평범하다고 할 수는 없겠죠. 아버지가 엄청난 꿈을 꾸고 태어난 홍길동은 재주가 뛰어났으나 초란이 보낸 자객에게 죽을 뻔했어요. 대부분 영웅 군담 소설은 조력자가 구해 주지만 홍길동은 스스로 재주를 발휘해 위기에서 벗어나요. 영웅 군담 소설이라 해도 모든 작품의 일대기 단계가 똑같지는 않아요. 집을 나온 홍길동은 활빈당의 우두머리가 되고, 임금은 홍길동을 잡으려고 애써요. 더 큰 위기가 찾아온 거죠. 다행히 홍길동은 신기한 도술을 써서 위기를 벗어나고 병조판서라는 벼슬을 받아 율도국의 왕이 돼요.《홍길동전》역시 영웅 군담 소설의 큰 틀을 어느 정도 잘 따르고 있어요.

실제 인물이었던 홍길동

　홍길동은 연산군 때 있었던 실제 인물이에요.《조선왕조실록》연산군 6년 10월 22일, 영의정 한치형, 좌의정 성준, 우의정 이극균이 아뢰기를 "듣건대, 강도 홍길동을 잡았다 하니 기쁨을 견딜 수 없습니다. 백성을 위해 해독을 제거하는 일보다 큰 일이 없으니, 청컨대 이 시기에 그 무리를 다 잡도록 하소서"라는 기록이 있는 것으로 보아, 당시에 홍길동이라고 불린 실제 인물이 있었음을 알 수 있어요.《조선왕조실록》에 의하면 홍길동은 벼슬아치 복장을 하고 떼를 지어 관가에 들어가 재물을 빼앗았다고 해요. 물론 실제 역사 속 홍길동과 소설 속 홍길동이 똑같은 인물은 아니에요. 두 사람의 이름은 한자도 다르고요. 아마 이 소설을 쓴 허균도 작품의 모델로 홍길동이라는 인물을 가져왔지만, 이 둘을 구별하려고 한자를 다르게 쓴 것이 아닐까 해요. 실제 홍길동은 소설 속 홍길동만큼 의적은 아니었어요. 나중에는 의적의 모습을 보이기도 하지만, 초반에는 오히려 벼슬이 높은 사람들의 인맥을 활용한 기회주의적인 사람이었거든요.

홍길동은 양반이 아니라 서얼 신분이었다

조선은 한 남자가 한 명의 아내만 둘 수 있는 '일부일처제'였지만, 양반들은 본처 이외에 여러 첩을 두었어요. 첩에게서 태어난 자식을 서얼이라고 했고요. 첩의 신분이 양인이면 '서자', 첩의 신분이 천인이면 '얼자'라고 하는데, 이 둘을 합하여 '서얼'이라고 불렀어요. 서얼은 본처의 자식과 달리 차별을 받았어요. 서얼은 원칙적으로 과거를 보는 것이 불가능했고, 그나마 일반 관리가 아닌 기술직 관료로는 진출할 수 있었는데, 어머니의 신분에 따라 승진에 제한이 있었어요. 얼자는 서자보다도 더 차별을 받았어요.

홍길동은 어머니가 종이었기 때문에 얼자에 해당했으니, 더욱 차별을 받았어요. 초란에게 죽임을 당할 뻔한 뒤 홍길동이 홍 판서를 찾아가자, 홍 판서는 그의 마음을 알아주고 '아버지를 아버지라 부르고 형을 형이라' 부르라고 허락했어요. 그 말에 홍길동은 아버지에게 '아버님'이라고 하고 자신을 '소자'라고 부르게 되었어요. 참 신기하지요? 홍 판서가 아들인 홍길동을 무척 사랑하고 아꼈다 해도 당시 신분 제도를 거역할 수는 없던 거예요.

이들 서얼은 중인과 비슷한 사회적 신분을 이루었고, 서얼 출신 중에는 학자와 예술가로 활동한 인물이 많았어요. 허균의 스승인 이달이 그런 인물 중 하나였지요. 그래서 조선시대 내내 서얼들을 관료에 등용하자는 의견도 꾸준히 나왔고, 정조 임금은 규장각 관리로 서얼을 뽑기도 했어요.

조선에서 양반들도 '언문'을 사용하다

세종 때 창제된 훈민정음은 정식 문자로 인정받지 못하고 '언문'이라고 부르며 낮추었어요. 그래서 언문은 주로 왕실이나 양반 가문의 여성들이 많이 사용했어요. 양반들은 한문을 주로 사용했지만, 아내와 딸 등 여성에게 보내는 편지글에서는 언문을 사용했어요. 최근에 채무이(1537~1594)의 아내 순천 김씨의 무덤에서 언문 편지 백여 쪽이 발견되었는데, 친정어머니, 친정아버지, 남편이 보낸 편지, 장모가 사위에게 보낸 편지도 있었어요. 이 자료를 통해 사대부 집안에서 여성을 중심으로 언문 편지를 주고받는 문화가 퍼져 있었음을 알 수 있어요.

훈민정음은 소리글이라서 사실 양반들도 일상생활에서는 우리말을 언문으로 표기하는 것이 훨씬 쉬웠어요. 이에 따라 언문 사용은 양반 사회에서도 점차 확산되어 갔고, 중인이나 평민 계층에서도 사용하는 사람들이 늘어났지요. 이렇게 언문이 사용되는 분위기에서 허균에 의해 최초로 언문(국문) 소설이 나타나게 되었던 것이죠.

역적으로 몰린 허균

양반이었던 허균은 왜 서얼을 주인공으로 하는 이런 소설을 썼을까요? 허균은 국문으로《홍길동전》을 썼을 뿐만 아니라 한문으로 5편의 전기소설을 썼는데, 스승 이달의 이야기를 비롯하여 아전과 천민, 중인들의 이야기였어요. 이처럼 허균은 소설을 통해 당시 사회를 비판하고, 자신이 생각하는 이상적인 세상을 제시한 거예요. 허균의 스승인 이달도 서얼이었어요. 허균은 "하늘이 재능 있는 사람을 냈는데, 사람이 문벌과 과거제도로 인재를 제한하는 것은 옳지 않다"라고 주장했어요. 이런 생각을 소설로 쓴 게《홍길동전》이었던 것이죠. 또 허균은 세상을 바꾸는 힘이 백성에게 있다고 생각했어요. 백성 중에서 이치에 맞는 일을 알고, 적극적으로 개혁에 나서는 이들을 '호민'이라고 했어요. 마치 홍길동 같은 호민이 백성을 모아 세상을 바로잡는다고 주장했지요. 그러나 허균의 이러한 주장은 조선시대에는 너무 급진적이었어요. 결국 허균은 왕을 끌어내리려 했다는 역모로 몰려 처형당했어요. 어떤가요? 최초로 언문(국문) 소설을 썼다는 게 역시 허균답지 않나요?

홍길동이 세운 율도국

홍길동은 재능이 뛰어났지만 서얼이라는 자신의 신분으로부터 결코 자유로울 수 없었어요. 그래서 조선을 벗어나 새로운 곳에 나라를 세운 거예요. 그곳은 조선에서와 같은 차별이 없는 일종의 '유토피아'라고 볼 수 있어요. 길동은 율도국에서 백성이 근심 걱정 없이 잘사는 나라를 만들었어요. 길에 물건이 떨어져도 주워 가는 사람이 없을 정도로 풍족하다면 사람들의 마음도 넉넉하겠지요? 양반이 아닌 백성은 먹고살기 힘든 시대에 배부르게 먹는다면 그것만으로도 당시 사람들에겐 천국 같은 곳이었을 거예요. 하지만 율도국과 같은 나라가 실제로 있지는 않아요. 다만 대만과 일본 사이에 있는 '오키나와'라는 곳이 옛날에 '유구(류큐)국'으로 조선과 교류했는데, '율도국'과 이름이 비슷하기 때문에 허균이 바다 멀리 있는 유구국을 율도국과 같은 이상적인 나라로 상상한 것은 아닐까 추측하기도 해요. 율도국이 어디였든, 허균이 그리던 율도국은 조선에서 서얼이나 평민이 모두 꿈꾸었던 나라가 아니었을까요?

03

사씨남정기
사실은… 왕궁의 비밀 이야기

사씨가 남쪽으로 간 까닭은?

《사씨남정기》, 김만중, 보리출판사, 2024

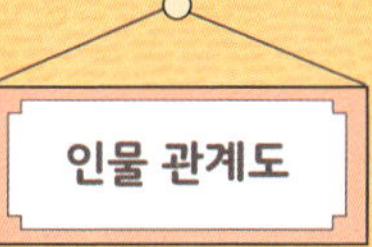

사정옥, 유연수 아내

주인공

교채란, 유연수 첩

유연수: 교씨와 동청의 계략으로 사씨를 버리지만 이후 다시 만나 오해를 풀음

사씨: 교씨의 모함으로 집에서 쫓겨나 남쪽으로 감

교씨: 사씨와 유연수를 모함해 쫓아내고 재산을 차지함

유희: 유연수 아버지(유 소사 벼슬)

두부인: 유연수 고모(유희 동생)

인아: 유연수와 사씨의 아들

장주: 유연수와 교씨의 아들(동청에게 죽임을 당함)

　중국 명나라 때 북경의 순천부에 유희라는 재상이 있었어요. 그는 유기의 후손으로, 사대조 할아버지가 북경에서 벼슬을 해 순천부에 살았어요. 그가 벼슬에서 물러나기를 청하자, 천자는 유희에게 '태자소사'라는 벼슬을 주며 배려했어요. 유 소사는 조정의 일에 관여하지 않았지만, 사대부들은 그의 높은 절의를 숭상했어요. 유 소사는 늘 공손하고 검소했으며 법도에 따라 집안을 엄격하게 다스렸어요. 유 소사의 아내 최씨는 아들 유연수를 낳고 세상을 떠났고, 유 소사의 동생인 두 부인은 남편을 잃고 함께 살았어요.

　아들 유연수는 열네 살에 지방 과거시험에서 일등하고 열다섯 살에는 서울 과거시험에 합격하며 한림이라는 벼슬을 받았어요. 유 소사는 아들을 결혼시키려고 매파를 불렀어요. 주씨 성을 가진 매파가 유 소사에게 말했어요.

　"소사께서 부귀와 형세를 보고 혼인하고자 하시면 엄 승상의 손녀만 한 사람이 없을 것입니다. 그러나 어진 며느리를 고르려 하신다면 사 급사 댁 처녀만 한 사람이 없을 것입니다. 이 두 처자 중에서 고르십시오."

유연수의 고모인 두부인이 고민 끝에 사 급사의 딸 사정옥(이후 '사씨')과 혼인을 결정했어요. 유 소사는 사씨에게 집안에서 내려오는 거울과 옥반지를 주었어요. 몇 년 후 유 소사가 죽고 유연수는 한림학사라는 벼슬을 받았어요. 그런데 두 사람은 결혼한 지 십 년 가까이 지나도 아이가 생기지 않았어요. 사씨는 자기 몸이 약해 아이를 낳을 수 없으니 유연수에게 첩을 둘 것을 권했어요. 하지만 유연수는 거절했어요. 사씨는 몰래 매파를 시켜 쓸 만한 사람을 골랐어요. 그 첩이 바로 교채란(이후 '교씨')이에요. 교씨는 용모와 재주가 남보다 훨씬 뛰어난 여인이었어요.

교씨는 집에 들어온 지 반년도 되지 않아 아이를 가졌고, 이름을 '장주'라고 지었어요. 사씨도 아이를 가졌고, 아들을 낳았는데 이름을 '인아'라고 지었어요.

인아와 장주가 놀고 있을 때, 유연수가 밖에서 돌아와 인아를 안고 말했어요.

"이 아이는 이마가 할아버지를 꼭 닮았군. 앞으로 우리 가문을 크게 할 거야."

장주의 유모는 교씨에게 달려가 유연수가 인아만 예뻐한다고 울면서 말했어요. 교씨는 고민했어요.

'사씨에게 아이가 없을 때는 좋은 대접을 받았는데, 사씨에게 아들이 생겼으니 결국 인아가 이 집안의 주인이 될 거야. 그러면 내 아이는 쓸모없게 될 거고. 도대체 어찌하면 좋을까?'

어느 날 유연수가 집에 돌아왔는데 석 낭중에게 한 사람을 추천하는 편지가 와 있었어요. 동청이라는 사람으로 잘생긴 용모에 말재주가 뛰어나고 글을 잘 쓰지만, 가는 곳마다 불미스러운 일을 만들어서 오래 있지 못했어요. 석 낭중도 동청을 좋아하진 않았지만 그의 글솜씨 때문에 추천한 거예요. 유연수는 동청에게 문서 작성 일을 시켰어요. 영리한 동청은 일을 잘 처리해 유연수는 그를 믿었어요. 교씨는 이 사실을 알고 동청을 자신의 편으로 만들었어요.

어느 날 교씨의 몸종이 부엌 바닥에서 아들 장주와 교씨를 저주하는 종이를 발견했다며 그 종이를 유연수에게 보여 주었어요. 유연수는 그 종이에 적힌 글이 사씨의 필체여서 깜짝 놀랐어요. 유연수는 사씨가 의심스러웠지만, 집안 분위기를 생각해 종이를 불태워 버렸어요.

어느 날 사씨는 어머니가 병이 들었다는 소식을 듣고 어머니를 뵈러 길을 떠났어요. 그때 나라에 가뭄이 들어 유연수도 백성을 돌보느라 집에 들어오지 못했어요. 유연수가 집에 없으니 교씨는 동청과 거리낌 없이 가깝게 지냈어요. 교씨와 동청은 사씨를 집에서 쫓아낼 계략을 짰어요. 사씨가 아끼던 옥반지를 훔쳐 동청의 친구인 냉진에게 주었어요. 옥반지를 가진 냉진은 우연인 것처럼 백성을 돌보고 있던 유연수를 만났어요. 그러고는 옷 속에 있던 옥반지를 유연수가 보게 했어요. 이를 본 유연수는 자기 집안의 옥반지인 줄 알아보고 말을 걸었어요.

"그것은 옥반지가 아니오? 좋은 옥인 듯 보입니다. 그 옥반지를 어떻게 가지게 되었소?"

"사랑하는 사람에게 징표로 받았습니다. 그 사람이 높은 집안에 시집가서 만날 수 없다고 했습니다."

냉진이 누구인지 모르는 유연수는 그 말을 듣고 사씨를 의심했어요. 일을 처리하고 집으로 돌아와 사씨에게 전에 아버님께 받았던 옥반지가 어디 있냐고 물었어요. 사씨가 옥반지를 찾았지만, 옥반지는 없었어요. 유연수는 사씨를 의심하고 교씨를 더 사랑하게 되었어요. 그 무렵 교씨가 또 아들을 낳았어요. 아이의 이름을 '봉추'라고 짓고 다른 두 아들과 마찬가지로 귀여워했어요.

동청은 사씨를 확실히 쫓아내고자 장주를 죽이고 그 죄를 사씨에게 뒤집어씌웠어요. 유연수는 지금까지 있던 일이 모두 사씨의 소행이라 생각하고 사씨를 집에서 쫓아냈어요. 교씨와 동청은 냉진을 통해 사씨를 납치하려 했어요. 하지만 다행히 돌아가신 사씨의 시부모님들이 사씨의 꿈에 나타나 7년 동안 운수가 나쁠 것이니 당장 오천 리 남쪽으로 가라고 알려 줘서 불행을 피했어요. 이 책의 제목이 《사씨남정기》가 된 이유예요.

교씨와 동청의 나쁜 행동은 멈추지 않았어요. 결국 두 사람은 유연수에게도 죄를 뒤집어씌워 유연수를 행주로 유배 보내고 모든 재산을 가로챘어요. 교씨는 여종을 시켜 인아를 물에 던져 버리라고 했지만, 여종은 차마 아이를 죽일 수 없어 갈대숲에 버렸어요.

한편 유연수는 사면을 받고 돌아오는 길에 동청과 교씨의 계략 때문에 죽을 뻔했다가 우연히 사씨를 만났어요. 두 사람은 그동안의 이야기를 나누며 오해를 풀고 눈물을 흘렸어요. 누명을 벗은 유연수는 시랑으로 복직했어요. 유연수와 사씨는 다시 행복했지만, 아들 인아는 찾을 수가 없었어요. 사씨는 대를 이으려고 유연수에게 다시 첩을 들일 것을 권했어요. 그 첩은 사씨가 남쪽으로 갈 때 도왔던 여인이에요. 유연수는 이를 거절했지만 사씨가 계속 권하자 어쩔 수 없이 첩을 들였어요. 그런데 첩의 동생을 보니 인아였어요. 그 여인이 집 앞에 버려져 있는 아이를 데리고 와서 키웠는데, 그 아이가 인아였던 거예요. 유연수는 동청과 교씨에 대해 분노가 풀리지 않았어요. 그 사이 동청은 냉진의 배신으로 처형당했고, 교씨는 기생이 되어 있었어요. 유연수는 교씨를 첩으로 들이겠다고 속여 데리고 와서 벌을 내려 고문해 죽였어요.

Q. 《사씨남정기》는 소설이지만 실제 모델이 있었어요. 그 인물들이 누구였으며 작가인 김만중이 사씨와 교씨를 통해서 하고 싶었던 말은 무엇일까요?

소설을 탐구하다

김만중을 알다

조선의 문신이자 한글 소설가인 김만중은 병자호란 중 유복자로 태어났어요. 유복자는 태어나기 전에 아버지를 여읜 자식을 뜻해요. 김만중은 외가에서 어머니의 헌신 속에 학문을 익혀 과거에 급제했어요. 일례로 김만중의 어머니 윤씨는 어려운 환경 속에서 아들의 교육을 위해 밤새 책을 베껴 쓰기도 했다고 해요. 김만중은 암행어사로 활동하며 관직 생활을 했으나 강직한 성격 때문에 유배를 당하고, 다시 복권되어 높은 벼슬에 올랐어요. 그러나 숙종이 인현왕후를 폐위하고 희빈 장씨를 왕비로 세우는 것에 반대하다 남해 노도로 또다시 유배를 가게 되었어요. 김만중은 그곳에서 《구운몽》과 《사씨남정기》를 창작했어요. 김만중은 우리말을 담은 한글의 가치를 높이 평가했어요. 또 한글로 소설을 써서 조선 후기 한글 문학 발전에 크게 기여했답니다.

최초의 가정 소설

《사씨남정기》는 김만중이 쓴 한글 소설이고, 한 가정의 이야기를 담고 있는 가정 소설이에요. 대부분의 가정 소설은 나쁜 사람이 벌을 받거나 반성해 착한 사람으로 변하고, 착한 사람은 행복을 되찾아요. 《사씨남정기》는 처첩 간의 갈등을 소재로 한 가정 소설의 효시로 평가받아요. 이는 《사씨남정기》가 나온 이후 가정 소설이 많이 창작되었다는 뜻이에요. 뒤에서 살펴볼 《장화홍련전》도 유명한 가정 소설이랍니다.

완곡하게 돌려서 쓴 풍간 소설

《사씨남정기》는 인현왕후와 희빈 장씨 이야기를 완곡하게 돌려서 쓴 풍간 소설이기도 해요. 풍간은 직접적으로 비난하거나 비판하는 직간과 달리, 비유나 우회적인 표현을 사용해 잘못을 지적하고 깨우치게 하는 거예요. '넌지시 비판하다, 돌려서 말하다'라는 뜻으로, 완곡하게 돌려서 말해 상대가 스스로 깨닫도록 하는 거예요. 직접적으로 그 대상을 비판하는 게 아니라 돌려서 은근히 비판하기 때문에, 비판의 대상이 자신을 비판하는 걸 안다 해도 처벌하기 힘들어요. 김만중도 그런 점을 알고 이렇게 돌려서 쓴 게 아닐까 싶어요.

중층적인 갈등 구조

《사씨남정기》는 유연수의 가정을 중심으로 사씨와 교씨라는 처첩 간의 갈등을 다루면서 유연수와 엄 승상이라는 가정 외의 갈등도 다루어요. 이는 가정 내 처첩 간의 갈등이 가정 외적인 갈등으로 이어지게 해요. 가정 내에서 사씨를 몰아내려고 동청과 음모를 꾸미고 집안의 주인인 유연수까지 쫓아낼 계략을 세우는데, 이때 함께한 사람이 유연수를 탐탁지 않게 여겼던 엄 승상이에요. 결국 이들의 계략으로 유연수는 누명을 쓰고 유배를 가게 돼요. 가정 내 갈등이 가정 밖으로 이어지면서 집안 문제가 국가 문제로 확장돼요. 집안이 혼란스러워지면 국가가 혼란스러워지고, 가정 내에서 처첩이 대립하면 조정에서 충신과 간신이 대립하게 되는 거죠. 집안을 잘 다스려야 나라를 잘 다스릴 수 있다는 '수신제가치국평천하(修身齊家治國平天下)'라는 옛말이 딱 들어맞는 이야기에요.

사필귀정, 권선징악

'사필귀정(事必歸正)'은 처음에는 모든 것이 올바르지 않은 것처럼 보여도 결국 '모든 일은 반드시 올바르게 돌아간다'라는 뜻이에요. '권선징악(勸善懲惡)'은 '착한 것을 권하고 악한 것을 징벌한다'라는 뜻으로, 《사씨남정기》의 사씨와 교씨에게 딱 어울리는 사자성어예요.

　사씨는 현모양처로 성품이 곱고 착한 여인이에요. 그에 반해 교씨는 위선적이고 교활하고 표독스러운 여인이었죠. 사씨는 교씨의 모략으로 집에서 쫓겨나기까지 해요. 반면에 교씨는 집안의 재산을 차지하고 떵떵거리면서 잘 살고요. 여기까지 보면 사씨가 불쌍해 보여요. 하지만 무엇이든 끝까지 가 봐야 아는 법이죠.

　결국 유연수는 사씨의 억울함과 교씨의 악행을 알게 돼요. 사씨는 다시 행복하게 살고 교씨와 동청은 비참한 죽음을 맞이하지요. 착했던 사씨는 복을 받고, 악했던 교씨는 벌을 받음으로써 결국 사필귀정과 권선징악의 원리가 소설에서 잘 드러나요.

인현왕후와 희빈 장씨

《사씨남정기》는 조선시대에 숙종이 왕비인 인현왕후를 내쫓고 후궁인 희빈 장씨를 왕비로 앉힌 역사적 사건을 바탕으로 쓴 소설이에요. 인현왕후는 숙종의 왕비였으나 폐위되었다가 나중에 복위되었고, 희빈 장씨는 숙종의 후궁으로 왕비의 자리까지 올랐지만 결국 왕비에서 쫓겨나 사약을 받고 죽게 되었어요. 두 여인의 기구한 삶은 당시 정치 세력의 갈등과 밀접한 관계가 있었어요. 인현왕후는 여흥 민씨 가문으로 서인 세력과 연결되어 있었고 희빈 장씨는 남인 세력과 연결되어 있었어요. 《사씨남정기》는 이러한 궁중 이야기를 담았어요. 유연수는 숙종을, 사씨는 인현왕후, 교씨는 희빈 장씨를 빗댄 거예요. 숙종은 왕권 강화를 위해 힘썼지만 당쟁이 점점 심해졌고, 그중에서 인현왕후 편인 서인과 희빈 장씨 편인 남인의 대립이 특히 치열했어요. 인현왕후가 아이를 낳지 못하자 후궁인 희빈 장씨가 낳은 왕자를 세자로 책봉하는 일을 계기로 남인과 서인의 대립이 매우 심해졌어요. 이후 쫓겨났던 서인이 다시 정권을 장악하면서 인현왕후는 복위되고 희빈 장씨는 목숨을 잃게 된 것이죠. 소설의 내용과 역사적 사건이 무척 비슷하지요?

김만중의 의도는?

김만중은《사씨남정기》를 통해 숙종이 자신의 잘못을 깨닫고 인현왕후가 다시 왕비 자리로 돌아가기를 바라는 마음을 담았어요. 숙종의 첫 왕비인 인경왕후는 김만중의 형인 김만기의 딸이었어요. 인경왕후가 세상을 떠나고 인현왕후가 왕비가 되자 김만중의 집안은 인현왕후 편이 된 거예요. 하지만 김만중은 자신이 섬기는 왕을 비판할 수는 없었어요. 그래서 소설의 배경을 중국 명나라로 바꾸고, 등장인물의 이름을 바꾼 거예요.

교씨는 왜 사씨가 아들을 낳았을 때 불안해했을까?

교씨는 아들을 간절히 원했어요. 교씨는 사씨가 아이를 낳을 수 없어 첩으로 들어왔는데, 첩의 가장 중요한 역할은 대를 잇는 것이었어요. 지금은 그렇지 않지만 조선시대에는 반드시 아들을 낳아야 대를 이을 수 있었거든요. 그래서 교씨가 아들을 낳자 유연수도 매우 기뻐했어요.

하지만 사씨가 아들을 낳으면서 문제가 생겼어요. 사씨는 정실부인이에요. 사씨가 낳은 아들은 적자이고, 교씨가 낳은 아들은 서자이지요. 조선시대에는 적자와 서자의 차별이 분명했어요. 다만 적자가 없는 경우에는 서자가 재산이나 집안을 계승할 수 있었어요. 그렇다고 서자가 적자가 되는 것은 아니었고요. 그런데 적자 아들이 생기면 서자인 교씨의 아들은 집안에서 뒷전이 되겠지요. 교씨는 아들에게 그런 삶을 물려주고 싶지 않았을 거예요. 교씨의 나쁜 행동은 단순히 욕심을 채우기 위해서가 아니라 조선시대 불평등한 신분 사회 문제로부터 비롯된 게 아닐까요? 아마 적자와 서자의 차별로 인해 비슷한 사회 문제가 많이 있었을 거예요. 이런 서자 차별은 고종 때까지 이어졌답니다.

유교 윤리와 가부장제의 강조

사대부인 김만중은 《사씨남정기》를 언문(한글)으로 지었어요. 왜 언문으로 지었을까요? 김만중이 언문을 높이 평가하기도 했지만, 이 작품을 여성들이 읽기를 바랐기 때문이기도 해요. 당시 여성들은 주로 언문을 읽거나 썼거든요. 이 작품에는 삼종지도, 출가외인 등 유교 윤리를 보여 주는 구절들이 나와요. 사씨는 당시 사대부들이 바라는 가장 이상적인 여성상을 보여 주고 있어요. 김만중은 사씨의 삶을 통해 당시 여성들이 이러한 모습을 배우기를 바랐던 것이지요. 이 작품이 쓰인 17세기에는 유교 윤리가 강조되고 가부장제가 더욱 강화되어 가던 시기였어요. 이런 시대 분위기에서 가부장제의 윤리가 이 작품에도 반영되었다고 볼 수 있어요.

한글 소설을 중요하게 여기다

《사씨남정기》는 한글로 쓴 한글 소설이에요. 김만중은 한글을 높이 평가하고 그 중요성을 강조했어요. 당시 한글은 언문으로 불리며 주로 여성의 글이라고 여겨져 낮추었어요. 김만중은 생각이 달랐어요. "다른 나라 말로 시문을 짓는다면 이는 앵무새가 사람 말을 흉내 내는 것"이라고 말하며 우리말과 우리글의 중요성을 강조했어요.

조선 후기에 유행한 한글 소설 중 많은 작품이 작가가 알려지지 않았는데,《사씨남정기》는 작가 이름이 알려졌다는 점에서 국문학사에 중요한 의미가 있어요.《사씨남정기》등의 작품이 한글의 위상을 높이는 데 크게 기여했거든요. 김만중 같은 작가가 있었기에 우리가 오늘날 한글로 된 고전 소설을 읽을 수 있는지도 몰라요.

04

장화홍련전
한 집안의 핏빛 이야기

"사또! 누명을 풀지 못해 새로 오시는 부사께
저희의 억울함을 토로합니다."

《쉽게 읽는 고전소설 9 : 장화홍련전, 숙영낭자전》, 황혜진, 천재교육, 2022

장화: 아기를 가졌다는 누명을 쓰고 연못에 빠져 죽음
홍련: 언니의 죽음에 연못에 빠져 죽음
정동우: 장화와 홍련의 억울함을 풀어 줌

　평안도 철산에 배 좌수라는 사람이 살았어요. 어느 날 배 좌수 부인의 꿈에 선녀가 내려와 아름다운 장미꽃과 붉은 연꽃을 주었어요. 부인은 그 꽃을 받고 딸을 가졌어요. 첫째는 장미꽃의 이름을 따서 장화, 둘째는 붉은 연꽃의 이름을 따서 홍련이라고 지었어요.

　장화가 여섯 살이 되던 해, 부인이 세상을 떠났어요. 배 좌수는 어머니 없이 크는 두 딸이 안쓰러워 딸들을 잘 키워 줄 여자를 찾아 허씨와 결혼했어요. 이후 허씨 부인과의 사이에서 아들 셋을 낳았어요. 배 좌수는 아들들을 보고 전 부인을 떠올리며 두 딸을 더욱 챙기자 허씨 부인은 딸들에게 질투를 느꼈어요. 어느덧 장화와 홍련은 예쁘고 교양 있는 처녀로 자랐어요.

　"좋은 집안이 있으면 소개해 주게. 우리 장화를 시집 보내야겠어."

　배 좌수는 장화가 스무 살이 되자 좋은 가문의 아들과 결혼시키려 했어요.

　계모는 그 사실을 알고 배 좌수가 외출한 틈을 타서 나쁜 계획을 세웠어요. 쥐의 껍질을 벗겨 장화의 이불 속에 몰래 넣은 후 자고 있는 장화를 깨웠어요. 계모가 장화의 이불을 걷자 이불 안에는 피가 잔뜩 묻은 쥐의 사체가 있었어요. 쥐의 사체는 꼭 태아처럼 보였어요. 허씨 부인이 장화에게 물었어요.

"양반집 처녀가 아기를 가졌던 거냐?"

갑작스러운 상황에 놀란 장화는 아무 말도 하지 못하고 그저 눈물만 흘렸어요. 며칠 후 배 좌수가 집에 돌아오자 계모는 집안에 큰일이 났다며 호들갑을 떨었어요.

"아니, 무슨 일이기에 이렇게 호들갑이오?"

"제가 며칠 전 장화를 깨우러 들어갔더니 글쎄, 장화가 낙태를 했습니다. 믿지 못하실까 봐 증거를 보관해 놓았습니다."

계모는 쥐를 보여 주었어요. 배 좌수는 그것을 보고 깜짝 놀랐어요. 얼핏 봐서는 쥐인지 태아인지 구분하기 힘들었어요. 계모는 은밀하게 말했어요.

"만일 이 일이 밖으로 새어 나가면 세상 사람들에게 용서받지 못할 겁니다."

머리끝까지 화가 난 배 좌수는 계모에게 알아서 처리하라고 했어요. 계모는 아들 장쇠를 불러 장화를 연못에 빠뜨려 죽이라고 시켰어요. 장화에게는 외삼촌이 보고 싶어 하니 외가에 다녀오라고 했지요. 이상한 예감이 든 장화는 홍련을 불렀어요.

"아무래도 느낌이 좋지 않구나. 내가 가고 나면 너는 아버지를 모시고 아무 일 없이 지내렴."

연못에 이르렀을 때 장쇠는 장화를 물속으로 밀어 빠뜨렸어요. 그

때 호랑이가 나타나 장쇠의 두 귀, 한 팔, 한 다리를 잡아먹었어요. 장쇠가 절뚝거리며 집으로 돌아왔어요. 장쇠의 모습을 보고 놀란 계모는 장쇠가 그렇게 된 것이 장화 때문이라며 홍련을 구박했어요.

어느 날 홍련의 꿈에 장화가 나타났어요. 장화는 홍련에게 아버지가 계모의 말을 믿고, 장쇠를 시켜 자신을 연못에 빠뜨려 죽였다는 사실을 이야기했어요. 홍련이 계모에게 달려가 꿈 이야기를 하며 언니가 죽은 것 같다고 했어요. 배 좌수는 아무 말도 하지 못하고 눈물만 흘리고, 홍련은 충격에 언니가 죽은 연못으로 달려가 몸을 던졌어요.

그때부터 마을에 가뭄이 들었어요. 귀신이 된 자매는 억울함을 호소하려고 관아를 찾았지만, 이들을 보고 놀란 수령들은 도망가거나 죽었어요. 마을의 인심은 점점 흉흉해졌어요. 조정에서는 누구를 보내야 마을의 인심을 되살릴 수 있을지 고민했어요. 마침 정동우라는 사람이 이야기를 듣고 철산 부사로 자원했어요.

정동우는 호롱불을 밝히고 귀신들을 기다렸어요. 밤이 깊었을 때, 장화와 홍련의 귀신이 나타나 슬피 울었어요. 귀신을 본 부사는 속으로 놀랐지만 침착하게 물었어요.

"너희는 귀신이다. 이렇게 나타나면 사람들이 두려워할 거라는 생각을 하지 않느냐?"

"저희는 본래 양반집 여인들로 누명을 쓰고 죽었습니다. 그 누명을 풀지 못해 이렇게 새로 오시는 부사께 저희의 억울함을 토로합니다."

"이렇게 무조건 억울함을 이야기한다고 문제가 해결되지 않는다. 너희의 집안, 이름, 전후 사정을 자세히 고하거라."

장화와 홍련은 그동안 있었던 일의 자초지종을 모두 이야기했어요. 장화와 홍련의 이야기를 들은 부사는 억울함을 풀어 주겠다고 약속했어요.

다음 날 아침이 되었어요. 사람들은 부사가 귀신을 만났으니 죽었을 거라고 생각했는데 살아 있는 부사를 보고 깜짝 놀랐어요. 부사는 그들을 보며 물었어요.

"내가 죽었을 거라고 생각했느냐?"

사람들은 그를 보며 벌벌 떨었어요.

"아닙니다. 혹시 어제 귀신이 다녀가지 않았습니까?"

"귀신이 다녀갔다. 그보다 자네들에게 궁금한 것이 있네."

부사는 마을에 배 좌수라는 자가 있는지, 부인을 다시 얻은 일이 있는지, 자녀는 몇인지 등을 물었어요. 그들의 이야기는 장화와 홍련 자매에게 들은 이야기와 똑같았어요. 부사는 즉시 배 좌수 부부를 불렀어요. 그들은 장화가 낙태를 하고 스스로 부끄러워 물에 빠져 죽었고, 홍련도 언니를 따라 죽었다고 하며 쥐 사체를 낙태의 증거로 내놓았어요. 증거를 본 부사는 그들을 돌려보냈어요.

그날 밤, 장화와 홍련이 다시 나타났어요. 그리고 부사에게 그들이 증거로 내놓은 것은 쥐이니 배를 갈라 보면 뱃속에 쥐똥이 있을 것이라고 했어요. 정말로 배를 가르니 그 속에는 쥐똥이 가득했어요. 크게 노한 부사는 배 좌수와 부인, 아들들까지 잡아들여 죄를 다그쳤어요. 고문 끝에 계모가 사실대로 말했어요.

부사는 조정에 사건을 보고했어요. 이 일을 꾸몄던 계모는 능지처참

하고 아들들은 처형했어요. 배 좌수는 감옥에 갇혔고요. 다음 날 부사는 장화와 홍련 자매의 시신을 건져 후하게 장례를 치러 줬어요.

그날 밤 장화와 홍련이 부사에게 다시 찾아왔어요. 그리고 아버지는 계모에게 속은 것뿐이니 아버지를 용서해 달라고 했어요. 장화와 홍련의 간청에 부사는 배 좌수를 풀어 주었어요. 집으로 돌아간 배 좌수는 두 딸의 억울한 죽음을 밤낮으로 슬퍼했어요. 그 모습을 본 주변 사람들이 배 좌수에게 용모와 심성이 뛰어난 윤씨 처녀를 소개했어요. 배 좌수는 윤씨와 결혼했어요.

어느 날 밤, 윤씨의 꿈에 선녀가 나타났어요. 선녀는 윤씨에게 장화와 홍련을 다시 내려보낼 테니 이번에는 잘 키우라고 했어요. 정말로 윤씨는 그 꿈을 꾸고 쌍둥이 자매를 낳았어요. 그리고 이름을 장화와 홍련이라 지었어요. 이 딸들은 자라서 과거에 급제한 쌍둥이 사위를 맞아 행복하게 잘 살았답니다.

Q. 계모인 허씨 부인은 왜 장화와 홍련을 죽이려 했을까요?

소설을 탐구하다

《장화홍련전》의 근원 설화

《장화홍련전》은 여러 설화가 섞인 이야기예요. 첫째, 《콩쥐팥쥐》같은 계모 설화가 바탕이 되었어요. 배 좌수의 부인이 두 딸을 낳고 세상을 떠나자, 허씨가 계모로 들어와 전 부인의 딸들을 괴롭혀요. 전형적인 못된 계모 설화지요. 둘째,《아랑 전설》같은 신원 설화가 바탕이 되었어요. 신원은 죽은 사람의 원한을 살아 있는 사람이 풀어 준다는 말이에요.《아랑 전설》에서도 죽은 아랑이 사또에게 자신의 억울함을 밝혀 달라고 찾아오는데, 장화와 홍련이 억울함을 풀어 달라고 찾아오는 모습과 비슷하죠? 셋째, 환생 설화에요. 죽은 사람이 다시 태어나는 이야기를 환생 설화라고 하는데, 억울하게 죽은 장화와 홍련이 윤씨의 쌍둥이로 환생해 훌륭한 남편을 만나 행복하게 살면서 전생에 이루지 못했던 삶을 이뤄요. 많은 고전 소설이 여러 설화를 바탕으로 만들어지는데, 이때 바탕이 되는 설화를 근원 설화라고 해요.

계모형 가정 소설

《장화홍련전》을 보면《신데렐라》이야기가 떠오르지 않나요? 신데렐라는 어려서 어머니를 잃고 아버지는 새엄마와 결혼했어요. 새엄마는 신데렐라를 구박하고 파티에도 데려가지 않았어요.《백설공주》도 마찬가지예요. 백설공주의 새엄마인 왕비는 백설공주가 자기보다 예쁘다는 말을 듣고 백설공주를 죽이려고 해요. 이렇게 전 세계적으로 못된 계모 이야기가 전해져요. 계모 이야기를 다루는 소설을 계모형 가정 소설이라고 해요. 대부분의 이야기는 어머니를 일찍 여의고 계모가 집에 들어와 주인공을 싫어하고 괴롭혀요. 주로 집 안에서 갈등이 벌어지죠. 계모의 모진 구박 끝에 누군가의 도움을 받아 주인공은 행복하게 살고, 계모는 큰 벌을 받게 돼요. 우리나라의 대표적인 계모형 가정 소설은《콩쥐팥쥐전》과《장화홍련전》이에요.

무능한 아버지, 배 좌수

배 좌수는 주변 말에 흔들리는 모습을 많이 보여요. 허씨와 재혼할 때도 그렇고, 장화의 이야기는 듣지도 않고 계모의 모함만 믿어 장화를 죽게 하는 점 등은 아버지가 너무 무능하다는 생각이 들게 해요. 서슴없이 나쁜 행동을 하는 계모에 비해 배 좌수는 양반의 체통만 중요하게 생각하고 소극적이기도 하고요. 이렇게 가정이 파탄 났지만, 조선은 가부장적 사회였기에 배 좌수의 죄는 전혀 다뤄지지 않고 모든 것이 계모의 죄이고, 배 좌수조차 계모에게 희생된 것처럼 그려져요. 정말로 배 좌수의 잘못은 하나도 없고 전부 계모의 잘못인 걸까요?

한국 문학의 한

한국 문학에서 중요한 정서 중 하나가 '한(恨)'이에요. 주로 운문 문학에서 한의 정서가 많이 다뤄지고, 산문 문학에서는 한보다 더 큰 원한을 다루는 경우가 많아요. 개인적 원한을 다루는《운영전》,《사씨남성기》등이 있고, 궁중의 원한을 다루는《한중록》,《계축일기》등이 대표적이에요. 한이 어느 정도 해결되는 내용으로는《홍길동전》,《춘향전》등도 있어요.《장화홍련전》도 한을 다루고 있어요. 두 자매가 억울하게 죽은 한을 철산 부사가 풀어 주기 때문이에요. 이렇듯 한국 문학에서 '한'은 떼려야 뗄 수 없는 정서랍니다.

실제 사건을 바탕으로 한 소설

《장화홍련전》은 효종 때 전동흘이 평안도 철산 부사로 재직할 때 실제로 처리한 사건인데, 그의 후손이 문집인 《가재사실록》을 편찬하면서 이 내용을 실어 소개한 작품이에요. 전동흘이 철산 부사로 있던 시절, 철산에는 배 좌수라는 양반이 살았어요. 그는 첫 번째 부인에게서 장화와 홍련이라는 두 딸을 얻었으며, 부인이 사망하자 허씨와 재혼하여 세 아들을 낳았어요. 조선시대는 지금과 달리 대를 잇는 것이 중요했기 때문에 아들을 낳으려 했어요. 또 당시에는 결혼한 여성의 사망률이 높아서 재혼하는 경우도 많았어요. 그런데 어느 날 장화, 홍련 두 자매가 차례로 자살하는 사건이 일어났어요. 전동흘에게 올라온 보고에 따르면 "장화가 시집을 가지 않았음에도 임신했다가 낙태를 하고 행동거지가 좋지 않아서 계모 허씨가 이를 꾸짖자 자살했으며, 홍련도 언니의 뒤를 따랐다"라는 내용이었어요.

CSI 못지않은 조선의 수사 능력

이를 석연치 않게 여긴 전동흘은 조선시대 법의학 지침서인《신주무원록》에 따라 조사했어요. 먼저 장화, 홍련 자매의 사인이 익사인지 아니면 살해당한 후 물에 던져진 것인지 조사했는데 익사가 맞는 것으로 확인됐어요. 다음으로 자살인지 타살인지를 조사했는데《신주무원록》에는 "자살하는 사람은 가진 것이 없고 신발도 벗어 놓는다"라고 되어 있었지만, 장화의 시신은 짐을 들고 있었고, 짐도 꼼꼼하게 싸여 있었어요. 이를 수상하게 여긴 전동흘은 검시를 명했어요. 계모 허씨와 아버지 배 좌수는 "양반 여식의 몸이니 검시할 수 없다"라고 반대했으나 전동흘이 밀어붙였어요. 장화의 옷을 벗기자 자살할 사람이 챙겼다고 보기에는 상당히 많은 은화가 발견되었어요. 부검으로 장화의 임신 여부를 확인했는데 장화는 한 번도 임신한 적이 없었던 것으로 판별됐어요. 계모가 낙태한 증거라고 가져왔던 태아는 조사해 보니 쥐껍질을 이용해 조작한 것으로 밝혀졌고요.

결국 아버지와 계모, 허씨 소생 아들들이 장화를 물에 빠뜨려 죽였고, 동생 홍련은 이 모든 사실을 알고 억울함과 슬픔에 뒤따라 자살했음을 밝혀 냈어요. 전동흘은 배 좌수에게는 유배형을, 허씨와 아들들에게는 사형을 내렸어요. 사건을 잘 처리한 전동흘을 철산군 백성이 칭송하였으며, 이 사건이 널리 퍼지게 되었답니다.

그렇다고 실제 사건과 똑같지는 않아

소설에서는 전동흘이 장화, 홍련의 억울함을 풀어 준 것처럼 쓰여 있어요. 하지만《장화홍련전》은 전동흘이 쓴 소설이 아니에요.《장화홍련전》도 전동흘이 살아 있을 때 소설로 나온 게 아니고요. 아마 이전부터 비슷한 이야기가 떠돌고 있었고, 거기에 전동흘과 관련된 이야기나 재미있는 요소들이 덧붙여지면서 지금의《장화홍련전》이 되었을 가능성이 훨씬 크답니다.

조선시대 상속법

명백한 증거를 통해 밝혀진 진상은 결국 돈 때문이었어요. 본래 재산 문제로 사이가 좋지 않았던 장화, 홍련 자매와 계모 허씨 간에는 다툼이 잦았어요. 장화, 홍련의 외삼촌까지 합세하며 갈등은 더욱 심해졌어요. 그러다 배 좌수가 스무 살이 된 장화를 시집보내려고 허씨에게 혼수를 마련하게 하자 허씨는 재산을 자기 아들에게 물려주고 싶은 욕심에 장화가 임신했다고 모함한 거예요.

배 좌수와 후처는 전처가 남긴 재물로 비교적 부유했으므로 혼수는 어렵지 않게 준비할 수 있었어요. 그런데《경국대전》에 따르면 당시 남녀균분상속이 이루어졌으며, 본래 죽은 모친의 재산은 친자녀인 장화와 홍련에게 상속되어야 했지요. 장화와 홍련이 없으면 계모의 아들들에게도 재산이 돌아갈 수 있었어요. 그래서 허씨는 전처가 남긴 재산이 장화의 혼인을 계기로 크게 줄어들까 걱정했고, 장화와 홍련만 없다면 자기 아들들에게 더 많은 재산이 상속될 거라 생각한 거예요. 결과적으로 장화가 혼인을 앞두고 죽은 이유는 이런 상속법 때문이라고 할 수 있지요.

05

은애전

김은애 살인 사건의 전말

"김은애는 그동안 감옥에 갇혀서 고생한 것으로
죗값을 충분히 치렀다."

《은애전》, 이덕무, 이프리북스, 2015

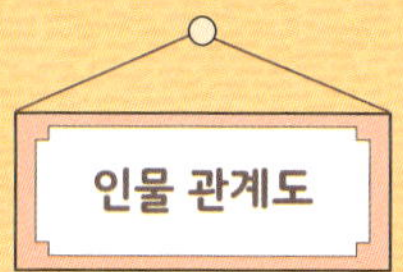

김은애: 참다못해 안 노파를 죽임

안 노파: 조카와 결혼할 뻔한 사이라고 헛소문을 퍼뜨림

김양준: 양반 출신의 남자 주인공. 은애를 진심으로 사랑하며 그녀를 지키려 노력함

강진현 탑동리에 김은애라는 양반집 딸이 살고 있었어요. 은애는 마음씨가 곱고 행실이 단정했어요. 같은 마을에 안 노파라는 할머니가 있었는데 말과 행동이 거칠고 툭 하면 거짓말을 해서 동네 사람들이 안 노파를 만나면 괜히 긴장하고 고개를 절레절레 흔들곤 했지요.

은애의 어머니는 안 노파에게 쌀·콩·소금·메주 등을 빌려주곤 했어요. 하지만 은애의 집도 넉넉하지 않아서 간혹 빌려주지 못할 때도 있었어요. 그러면 안 노파는 심하게 화를 내며 서운해했어요.

은애의 어머니가 안 노파에게 메주를 주지 못한 일이 있었어요. 그러자 안 노파는 마구 화를 냈어요. 안 노파는 그동안 잘해 준 것은 생각하지 않고 서운한 마음만 생각했어요. 그래서 은애를 곤란하게 만들 계획을 세웠어요. 안 노파는 시누의 손자 최정련에게 슬쩍 말을 건넸어요.

"정련아, 은애 같은 여자를 아내로 얻으면 어떻겠느냐?"

정련도 은애가 예쁘고 단아하다고 생각했기 때문에 이렇게 대답했어요.

“은애는 아름답고 마음씨도 참 좋지요.”

그러자 안 노파가 꾀를 냈어요.

“그렇다면 네가 이미 은애와 몰래 만나서 사랑하는 사이라고 소문을 퍼뜨리거라. 내가 그 소문이 사실인 것처럼 꾸며서 네 혼인을 이루어 주마.”

정련은 그렇게 하겠다고 대답했어요. 안 노파가 다시 말했어요.

“내가 병을 앓고 있는데 약값이 대단히 비싸다. 성공하면 네가 약값을 좀 보태다오.”

정련은 욕심이 생겼어요.

“성공한다면 당연히 말씀대로 하겠습니다.”

며칠 뒤 안 노파는 남편에게 이렇게 말했어요.

“은애가 정련을 좋아해 나더러 중매를 서 달라고 해서 내가 그러기로 약속했소. 그런데 정련의 할머니에게 들키자 은애가 담을 넘어 도망가 버렸소.”

남편은 깜짝 놀라며 은애는 양반집 아가씨이니, 그런 얘기는 입 밖에 내지 말라고 당부했어요. 하지만 안 노파는 남편의 말을 듣지 않았어요. 오히려 마을을 돌아다니며 은애가 정련과 결혼할 뻔했다는 헛소문을 퍼뜨렸어요. 소문은 삽시간에 온 마을로 퍼졌어요. 사람들이 은애를 오해해서 은애와 결혼하려는 집안이 아무도 없었어요. 은애는 너무 억울하고 답답했지만 꾹 참았어요.

다행히 김양준이라는 사람이 은애의 사람 됨됨이를 믿고 거짓 소문을 무시한 채 은애와 결혼했어요. 두 사람은 행복하게 살았어요. 그 모습을 보고 가만히 있을 안 노파가 아니었어요. 오히려 더 이상한 소문을 만들었어요.

"처음에 정련과 약속할 때는 중매를 해 주면 내 약값을 주겠다고 했는데, 다른 남자에게 시집가는 바람에 약값을 못 받았소. 그래서 내가 이렇게 병이 심해졌으니, 은애는 나의 원수요."

이런 말까지 퍼지자 마을 사람들은 은애를 더욱 오해했어요. 소문이 점점 커져서 차마 들을 수 없는 지경이 되었어요. 은애의 마음도 점점 더 힘들어졌어요.

본디 은애는 성격이 강직하고 바른 사람이었어요. 안 노파가 자신을 모욕해도 참고 견뎠지만, 안 노파의 험담이 몇 년 동안 계속되자 견딜 수가 없었어요. 더 이상 참았다가는 남편까지 안 노파에게 모욕당할 것 같았어요. 은애는 이대로는 안 되겠다고 생각해 안 노파를 직접 만나 험담을 그만하라고 말했어요.

"그동안 나를 얼마나 모욕했는지 아십니까? 오늘 그 모욕을 끝내려고 칼을 가지고 왔소."

안 노파는 은애를 보고 비웃었어요. 안 노파는 덩치가 은애의 몇 배나 되고 힘도 훨씬 셌거든요.

"나를 찌르고 싶거든 찔러 봐라."

그 말에 은애는 그동안 참아 왔던 분노를 억누르지 못하고 안 노파를 찔렀어요. 안타깝게도 안 노파는 그 자리에서 세상을 떠나고 말았어요.

화를 이기지 못한 은애는 정련의 집으로 가려고 했지만, 은애의 어머니가 울면서 은애를 말려 멈추게 했어요. 그때 은애는 겨우 18살이었어요.

누군가 이 일을 관에 알리자 현감 박재순이 마을에 와서 사건을 조사했어요. 현감은 안 노파의 몸을 살펴보고 은애에게 물었어요.

"왜 이런 짓을 했느냐? 너처럼 연약한 여인이 혼자 저지른 일이라고 믿기 어렵다. 혹시 다른 공범이 있느냐?"

은애는 두렵거나 슬퍼하는 모습 없이 당당하게 대답했어요.

"안 노파가 오래전부터 저를 모함하고 거짓 소문을 내서 저의 명예를 더럽혔습니다. 처음에는 참았지만 몇 년 동안 계속되니 더 이상 참을 수 없었습니다. 그냥 두었다가는 남편의 명예까지 실추될 것 같아 목숨을 걸고 찾아간 겁니다. 벌을 받을 텐데 제가 어찌 공범을 만들겠습니까? 죄는 달게 받겠습니다. 그러나 최정련도 거짓 소문을 퍼뜨린 장본인이니 벌을 주십시오. 그래야 제 원통함이 풀릴 것 같습니다."

현감은 은애의 이야기를 듣고 마음이 아팠어요. 은애가 억울한 것을 알았지만 법에 따라 죄를 묻지 않을 수 없었어요. 그래서 판결을 뒤로 미루면서 시간을 끌었어요.

마침 경술년 여름에 정조 임금의 아들이 태어났어요. 나라의 경사가 있을 때는 죄인들을 용서해 주는 관례가 있었어요. 관찰사 윤시동이 김은애의 사건을 보고하면서 은애가 당한 억울함을 자세히 적었어요. 보고서를 읽은 정조는 측은한 마음이 들어 형조에 명해 대신들과 의논했어요. 그리고 깊이 생각한 끝에 이렇게 말했어요.

"여자가 정절을 지키는 방법은 보통 자신을 해치는 것뿐이다. 그러나 이 여인은 자신의 억울함을 알리고자 원수를 직접 찾아가 행동으로 보였다. 죄는 크지만 이 사건으로 세상 사람들은 무엇이 옳고 그른지를 알게 될 것이다. 이미 이 여인은 충분히 벌을 받았으니 목숨은 살려 주어라. 단, 다시는 다른 이를 해치지 않겠다고 약속하게 하라.”

정조의 명령으로 은애는 무죄로 풀려났어요. 그리고 정조는 이덕무에게 은애의 이야기를 책으로 만들어 백성에게 이 일을 알려 풍속을 바로잡도록 했어요.

Q. 사람을 죽이는 건 정말 큰 죄예요. 김은애는 사람을 죽였지만 정조는 김은애의 죄를 사면했어요. 그 이유가 무엇인가요?

소설을 탐구하다

이덕무를 알다

이덕무는 조선 후기의 유학자이자 실학자예요. 이덕무의 별명은 간서치(看書痴)였는데, ‘책만 보는 바보’라는 뜻이에요. 자서전 격인 《간서치전》에서 스스로를 그렇게 불렀어요. 친구 박지원은 이덕무가 평생 2만여 권이 넘는 책을 읽었다고 전했어요. 책을 좋아했던 이덕무는 문장도 뛰어나 그의 명성이 중국에까지 알려질 정도였어요. 하지만 서얼이라는 신분으로 인해 벼슬에 오르지 못했어요. 그러다 정조 때 중용되어 박제가와 함께 청나라에 사신으로 가기도 했어요. 또 규장각 검서관으로서 《국조보감》,《장록》,《문원보불》 등 여러 서적의 편찬에 참여했답니다.

신여척 사건

《은애전》 뒷부분에는 신여척 사건이 함께 수록되어 있어요. 신여척 사건은 신여척과 같은 마을에 살던 김순창과 김순남 형제 이야기에요. 형인 김순창은 성격이 포악하고 의심이 많아 모든 안 좋은 일을 동생과 관련지어 형제 사이가 나빴어요. 하루는 보리 두 되가 없어졌는데 동생이 훔쳐 갔다고 의심했어요. 동생 순남이 억울해 화병이 나자 순창은 꾀병 취급을 하며 동생을 무지막지하게 팼어요.

순창이 패악을 부리는 모습을 본 전후담이라는 사람이 좋은 말로 타일렀지만, 순창은 오히려 후담에게 입에 담지 못할 욕을 퍼붓고 쫓아냈어요. 후담은 단단히 화가 나서 신여척에게 이야기했어요. 평소 강직하기로 소문난 신여척은 순창에게 갔어요. 신여척은 순창에게 고작 보리 두 되 때문에 병든 동생을 의심하고 때린 데다 타이르는 이웃에게 욕만 잔뜩 퍼부었다며 호통을 쳤어요. 순창은 끝까지 "내 동생을 내가 패겠다는데 무슨 상관이야"라며 신여척을 걷어찼어요. 이에 폭발한 신여척도 순창의 배를 걷어찼어요. 그런데 불행히도 순창은 내상을 크게 입고 다음 날 죽었어요.

평소 순창의 성품을 아는 사람들은 이 일을 고발하지 않았어요. 하지만 정조는 김은애 사건처럼 이 일을 살인 사건이 아니라 유교적 덕목을 실천한 미담으로 여겼어요. 이 사건들이 사람들에게 윤리의 중요성을 깨우치는 본보기가 될 거라고 생각했어요. 그래서 신여척도 벌을 받지 않고 풀려났답니다.

임금이 김은애를 용서한 이유

정조는 법과 풍속의 조화를 강조했어요. 백성을 통치할 때 법을 엄격하게 적용하는 것도 중요하지만, 사회의 도덕적 기준을 바로잡는 것이 더 중요하다고 생각했어요. 김은애 사건은 정조가 생각하는 도덕적 기준에 부합했던 거예요. 비록 살인을 저지르기는 했지만 자신의 정절과 명예를 지키기 위한 것이었고, 2년이라는 긴 시간을 견디기도 했으니까요. 김은애 사건은 도덕적 모범으로 널리 알릴 수 있는 좋은 사례였어요. 그래서 김은애의 죄를 용서한 거지요. 《은애전》 뒤에 수록된 신여척 사건도 김은애 사건처럼 풍속을 바로잡기 위한 사례로 여겼어요.

한문 소설

한문 소설은 한문으로 창작되고 읽혔던 고전 소설이에요. 지금 우리가 읽고 있는 많은 고전 소설은 한문으로 쓰인 작품을 누군가가 한글로 번역한 거예요. 한문으로 쓰였다고 해서 중국 문학은 아니에요. 조선의 사대부들이 주로 한문을 썼기 때문에 한문으로 소설을 썼을 뿐이에요. 우리나라 최초의 한문 소설은 김시습의 《금오신화》예요. 한문 소설은 우리 말이 아닌 한문으로 쓰였다는 한계가 있지만 한국 문학사에서 중요한 역할을 해요. 한문 소설이 처음에 만들어졌을 때는 중국 소설과 비슷한 부분이 있었지만, 시간이 지날수록 우리나라만의 독특한 성격을 갖추게 됐어요. 《은애전》도 정조 때 실제로 있었던 일을 양반 사대부였던 이덕무가 쓴 거예요. 이처럼 한문 소설은 작가와 저작 시기가 명확한 경우가 많아요.

김은애 살인 사건의 전말

정조 14년(1790년) 전라도 강진 지방에서 김은애 살인 사건이 일어났어요. 정조는 김은애에게 무죄 판결을 내렸을 뿐 아니라 후세에 본보기로 삼고자 이덕무에게 이 사건에 대해 글을 지으라고 했어요. 정조의 명령에 따라 이덕무는 김은애의 이름을 따서 《은애전》이라는 글을 썼어요. 여기에 일 년 전 발생했던 비슷한 성격의 신여척 사건도 함께 수록했어요.

《은애전》은 소설적 상상력을 더하긴 했지만, 실제 사건을 거의 그대로 다뤘기 때문에 완전히 소설이라고 보기는 어려워요. 사건 이후 정조는 이 이야기를 전국에 알리게 했어요. 김은애, 신여척 사건의 전말을 알려서 남을 모함하지 말고, 다른 사람들 사이의 갈등을 적극적으로 중재하라는 목적이 있었어요.

실제 사건과 소설의 비교

이 소설은 실제 사건과 큰 차이는 없어요. 다만 소설에서는 안 노파가 모든 일을 꾸미고 최정련은 안 노파가 시키는 대로 행동하는 등 소설 속 최정련의 비중은 거의 미미해요. 하지만 실제 사건은 달라요. 실제 사건에서는 최정련이 김은애의 오빠에게 가서 김은애와 이미 사랑을 나눈 사이라고 이야기하는 등 최정련의 죄도 상당히 크거든요. 또한 최정련이 안 노파보다 더 적극적으로 김은애와 결혼하고 싶어 했던 것처럼 보여요. 김은애가 관아에 잡히고 나서 최정련도 때려죽여야 원통함이 풀릴 것 같다고 말한 점으로 볼 때, 최정련도 김은애를 괴롭힌 죄가 결코 가볍다고 볼 수 없어요.

정조가 의외의 판결을 내린 이유는?

조선시대는 살인법에 대한 처벌이 지금보다 훨씬 더 엄격했어요. 조선의 법률 체계는 유교적 가치관에 의거해 사회 질서와 도덕을 중시했기 때문에 범죄에 대한 처벌이 강력했어요. 살인을 저지르면 대부분 사형에 처해질 정도였어요. 그런데 살인을 저지른 김은애를 사면한 정조의 판결은 당시에는 매우 파격적이고 충격적인 일이었어요. 정조는 왜 그런 판결을 내린 걸까요?

정조는 사도세자의 아들이에요. 그는 왕위에 오르는 과정에서 끊임없이 자신의 권위를 입증해야 했어요. 또한 왕을 중심으로 정치가 운영되어야 나라가 안정된다고 생각했어요. 그래서 정조는 법보다는 충과 효를 바탕으로 백성이 올바르게 살아야 풍속이 아름답고 나라가 건강해진다고 믿었어요. 법보다 예가 우위에 있어야 올바른 정치가 이뤄진다고 생각했던 거예요. 김은애 사건에서 정조는 법을 엄격히 적용하는 것보다 범죄의 배경과 그로 인해 발생할 수 있는 사회적 파장을 고려했을 가능성이 커요. 어떤 사건을 판결할 때 겉으로 드러난 사실보다 그 원인과 사정을 두루 살피는 게 합당함을 널리 알리는 길이라고 생각했지요. 이 사건으로 정조는 법의 엄정함을 지키면서도 인간적인 측면을 강조해 자신이 백성을 배려하는 임금임을 알리는 계기로 삼았을 거예요. 그리고 이러한 판결로 정조는 자신의 권위도 인정받으면서 동시에 통치의 정당성도 내세울 수 있었어요.

조선시대에도 3심제가 있었다

조선시대에도 사형수가 억울하게 처벌받지 않도록 오늘날의 3심제도와 비슷한 제도가 있었어요. 처음에는 해당 관청이 판결하고, 이에 불복하면 상급기관인 관찰사가 판결하고, 마지막으로 왕에게 보고해 판결을 받는 절차가 있었어요. 김은애 사건도 처음에는 강진현감이 판결하고, 그다음에 관찰사를 거쳐 중앙 형조에 올랐고, 마지막에 정조가 사형수 김은애를 석방하라고 판결한 거예요. 어느 시대나 법은 공평하고 억울함이 없어야 한다는 점을 정조의 명 판결을 통해 배울 수 있겠지요?

06

유충렬전
나, 영웅이야

"나는 청룡을 다스리는 천관인데, 이 집으로 오게 되었소."

《유충렬전》, 장경남, 휴머니스트, 2016

유충렬: 정한담, 최일귀를 물리치고, 호국의 왕과 왕비를 구함, 돌아오는 길에 부모님을 찾음

강소저: 유충렬의 아내

강희주(유충렬의 장인): 부인

정한담, 최일귀: 유심을 유배 보내고 유충렬 집을 망하게 함

　명나라의 유심은 선조 황제 때 개국 공신 유기의 13대 후손으로 성품이 강직한 사람이었어요. 부인 장씨와 함께 남악 형산에 가서 아들을 얻으려고 기도를 드리자 장 부인의 꿈에 신선이 청룡을 타고 내려와 말했어요. "나는 청룡을 다스리는 선관인데, 익성이라는 자가 도리에 어긋난 행동을 해서 귀양을 보냈더니 그 일로 백옥루에서 잔치할 때 싸움이 벌어져 유심의 집으로 오게 되었소."

　그날로 유심 부부는 아들을 낳았는데 아기의 두 팔뚝에는 북두칠성이 박혀 있고, 앞가슴에는 대장성이, 등에는 삼태성이 새겨져 있었어요. 유심은 아들의 이름을 유충렬이라고 지었어요. 유충렬은 아주 총명했지만 일곱 살 때 집안에 큰 변고가 생겼어요.

　조정에 도총 대장인 정한담과 병부 상서인 최일귀는 원래 하늘의 익성이었는데, 자미원 대장성과 백옥루 잔치에서 싸운 죄로 옥황상제에게 벌을 받아 명나라의 신하가 되었어요. 이들은 재주는 뛰어났지만, 성격이 포악했어요. 왕의 자리를 탐냈으나 유심과 강희주 때문에 그것을 이루지 못했어요.

정한담과 최일귀는 토벌과 가달이 조공을 바치지 않자 이를 구실로 삼아 그들을 치겠다고 했어요. 유심이 반대하자 정한담과 최일귀는 유심이 적과 내통하는 것이 분명하다며 처벌해야 한다고 아뢰었어요. 다행히 한림학사 왕공열이 반대해 유심을 연경으로 유배 보냈어요. 유심은 유배 가기 전, 유충렬에게 대나무칼을 주었어요. 유배 가는 중 유심이 멱라수에 빠져 죽으려 했으나 사신이 나타나 후일을 도모하라며 말렸어요.

정한담과 최일귀는 옥관 도사와 반역을 의논했어요. 옥관 도사가 하늘의 기운을 보니 천상의 삼태성이 유심의 집을 비추고 있었어요. 정한담과 최일귀는 유심의 집안을 멸망시키기로 했어요. 그날 밤, 장 부인의 꿈에 한 노인이 붉은 부채 한 자루를 가지고 와서 오늘 밤 큰일이 일어날 테니 불이 나면 부채를 흔들고 숨어 있다가 유충렬을 데리고 남쪽으로 도망가라고 했어요. 잠에서 깨니 정말로 붉은 부채 한 자루가 있었어요.

새벽이 되자 사방에서 불이 나서 집이 무너졌어요. 장 부인은 유충렬의 손을 잡고 부채를 흔들며 담장 밑에 숨어 있다가 불이 꺼진 후, 남쪽으로 도망가 회수 강가에 다다랐어요. 정한담과 최일귀는 집이 완전히 불타고 삼태성이 회수를 비추고 있는 걸 보고 유심의 가족을 죽이기 위해 회수로 군사를 보냈어요.

회수에서 작은 배 한 척이 장 부인과 유충렬을 태워 주겠다고 했어요. 그러나 그 배에는 정한담이 보낸 군사가 있었어요. 강 한가운데에서 갑자기 해적들이 달려와 장 부인을 해적선에 묶어 매달고, 유충렬을 물속으로 던져 버렸어요.

장 부인은 도적들이 있는 곳에 끌려가 '명나라 도원수 유충렬은 열어 보아라'라고 황금색으로 새겨진 신비한 상자를 봤어요. 장 부인은 그 상자를 가지고 도망치다 잃어 버리고, 먼 친척인 이 처사의 집에서 지내게 되었어요.

물에 빠져 허우적거리던 유충렬은 지나가던 상인들 덕분에 살아났어요. 이리저리 떠돌아다니던 유충렬은 유심이 죽으려고 마음먹었던 멱라수에 도착했어요. 그곳에서 '모년 모월 모일에 남경 유 주부는 간신에게 패해 연경으로 귀양을 가다가 멱라수에 빠져 죽노라'라는 글을 보고 아버지가 물에 빠져 죽은 줄 알고 엉엉 울었어요.

한편, 재상 강희주는 간신의 모함으로 고향에 있었어요. 강희주가 본부에 갔다가 돌아오는 길에 오색구름이 멱라수에 어렸는데 청룡이 물속에 빠지려 하다 하늘을 향해 통곡하며 백사장을 배회하는 꿈을 꿨어요. 이상하게 여겨 멱라수에 가니 한 동자가 물가에 앉아 울고 있었어요. 강희주는 그 아이가 유심의 아들임을 알고 딸과 혼인시켰어요. 그리고 임금께 유심을 풀어 달라는 상소문을 올렸으나 임금은 오히려 강희주를 유배 보냈어요. 유충렬은 강희주의 집을 떠나 절에서 병서를 공부하고 불경도 배웠어요.

남쪽에 오랑캐가 일어났다는 소식이 들리자 정한담과 최일귀는 자신들이 임금이 될 수 있을지 옥관 도사에게 물었어요. 도사는 하늘의 기운을 살피더니 때가 되었다고 했어요. 정한담과 최일귀는 오랑캐를 물리치겠다고 나섰다가 적에게 항복해 버렸어요. 그러고는 오히려 오랑캐와 함께 임금을 공격했어요. 결국 왕은 항복하기로 결심했어요.

유충렬이 고향을 생각하며 쓸쓸히 하늘을 보고 있는데 스님이 상자 하나를 가지고 왔어요. 장 부인이 잃어버렸던 상자였어요. 상자 안에는 갑옷과 투구, 칼과 책이 있었어요. 유충렬은 갑옷을 입고 칼을 찬 후 전장에 나서 최일귀의 목을 베었어요. 최일귀가 죽었다는 소식을 들은 정한담은 도술을 사용해 유충렬과 싸웠어요. 유충렬도 신화경을 펼쳐서 정한담의 도술을 흐트러뜨리며 치열하게 싸웠어요.

결국 유충렬이 이겼어요. 유충렬은 정한담을 잡아 형틀을 갖추고 죄목을 낱낱이 밝힌 뒤 호국(북방의 오랑캐 나라)으로 달려가 왕비와 세자를 구했어요. 그리고 호국의 옥새와 지도책까지 찾아 돌아왔어요. 명나라로 돌아오던 유충렬은 아버지가 살아 있다는 소식을 듣고 아버지를 찾았어요. 유충렬은 아버지를 만나 자신이 갖고 있던 대나무칼을 보여 주었어요. 유심은 죽은 줄 알았던 아들이 살아 돌아온 것에 기뻐하며 놀랐어요.

유심은 유충렬과 함께 돌아왔어요. 명나라로 돌아온 유심과 유충렬은 사람들이 모여 있는 저잣거리에서 정한담의 목을 베게 했어요.

유충렬은 가달에 잡혀 있던 장인 강희주도 구해 돌아오는 길에 회수에 도착했는데, 어머니가 돌아가셨다고 생각하고 그곳에서 장례를 치렀어요. 이 처사가 강가에 갔다가 그 광경을 보고 유충렬의 어머니인 장 부인에게 이야기했어요. 장 부인은 그곳으로 가 유충렬을 만났어요.

유충렬은 명나라에 돌아왔지만 여전히 아내를 찾지 못했어요. 강 낭자는 영릉 고을의 관비에게 잡혀 있었어요. 그 관비는 강 낭자의 절개를 꺾으려고 온갖 방법을 사용했지만 강 낭자는 그때마다 꾀를 내어서 피했어요. 유충렬이 그 마을에 왔다는 소식을 들은 관비는 강 낭자를 보냈어요. 하지만 그 사람이 유충렬인지 몰랐던 강 낭자는 또 피했어요.

유충렬은 그 여인이 누군지 모르고 어찌 된 일인지 묻자, 강 낭자는 자신의 일을 사실대로 말했어요. 유충렬은 여인이 강 낭자라는 사실을 알고 깜짝 놀랐어요. 유충렬은 어머니와 아내를 황성으로 데리고 와서 행복하게 살았어요.

소설을 탐구하다

영웅 소설의 대표작

《유충렬전》은 고귀한 혈통을 지닌 인물이 비범하게 태어나 어려서부터 뛰어난 능력을 보이지만, 죽을 위기에서 조력자의 도움으로 살아남아 나라를 구하고 영웅이 된다는 영웅 소설 형식을 따르고 있어요. 그래서 《유충렬전》은 영웅 소설의 대표작으로 평가받아요. 영웅 소설은 임진왜란과 병자호란 이후 많이 창작되었어요. 조선은 임진왜란 때 초반에 패배하면서 큰 피해를 입었고, 병자호란 때는 인조가 항복하는 치욕을 당했어요. 당시 쓰인 소설들을 살펴보면 전쟁에서 진 치욕과 패배감을 해소하려는 듯 대부분 영웅이 등장해 전쟁에서 승리하는 내용으로 이루어져 있어요. 《유충렬전》에서도 유충렬이 호국을 정벌하고 통쾌하게 이기는 장면을 통해 병자호란 이후 우리 민중이 청나라에 얼마나 강한 적개심을 갖고 있었는지 짐작할 수 있어요.

군담 소설

군담 소설은 주인공의 군사적 활약상을 주요 내용으로 하는 소설을 이르는 말이에요. 전쟁과 무장의 활약을 중심으로 충성심, 의협심, 애국심을 강조했어요. 실제 역사적 인물이나 사건을 바탕으로 허구와 역사를 결합해, 독자에게 영웅적 인물에 대한 존경과 교훈적 가치를 전달하는 역할을 했어요. 군담 소설은 소재에 따라 창작 군담 소설, 역사 군담 소설, 번역 군담 소설로 나눌 수 있어요. 창작 군담 소설은 등장인물이나 사건이 허구인 이야기, 역사 군담 소설은 임진왜란과 병자호란을 배경으로 쓴 이야기, 번역 군담 소설은 중국에서 유행한 연의 소설 중 전쟁과 관련된 흥미로운 부분을 번역한 거예요. 군담 소설은 대체로 주인공이 고난을 극복하고 영웅적인 모습을 보여 주는 내용으로, 조선 후기에 유행하며 많은 독자를 확보했어요. 독자는 현실적으로 불가능한 일들을 주인공이 도술 등을 사용해 해결하는 과정에서 통쾌함을 느꼈어요.

재자가인

《유충렬전》의 등장인물들은 모두 외모와 능력이 뛰어나요. 이렇게 뛰어난 인물을 '재자가인(才子佳人)'이라고 해요. '재자(才子)'는 '재주가 있는 사람'이라는 뜻이고, '가인(佳人)'은 '외모가 아름다운 사람'이라는 뜻이에요. 실제로 모든 사람이 외모와 재주가 뛰어나기는 어렵죠. 그래서 이들은 원래부터 인간계 사람이 아니라는 소설적 장치를 추가했어요. 원래는 신선이었는데 하늘나라에서 잘못을 저질러 인간 세상으로 내려왔다는 설정을 만드는 거죠.

적강 모티프

소설 속 유충렬과 정한담은 하늘나라에서 죄를 짓고 인간 세상에 내려온 인물들이에요. 이렇게 하늘나라에 살던 존재가 인간 세상으로 내려오는 것을 적강 모티프라고 해요. 대개 영웅 소설들은 천상계와 지상계라는 이원적 공간을 만들어 주인공이 어떤 잘못으로 지상계에서 추방된다는 구성으로 이루어져요. 인간 세상에서는 볼 수 없는 능력을 발휘하니 그것이 어디서 왔는지 설명해야 하기에 하늘나라의 인물이 내려왔다는 설정을 사용하는 거예요. '적강(謫降)'은 '귀양갈 적(謫)', '내릴 강(降)'으로, '귀양 가다', '유배 가다'라는 뜻이에요. 《단군신화》나 《주몽신화》에서도 환웅, 해모수가 천상계에서 인간계로 내려오는 적강 모티프가 사용되었어요. 이들이 죄를 지은 건 아니지만, 천상계에서 자신의 능력을 발휘하거나 아버지의 자리를 계승할 수 없는 처지여서 인간 세상으로 내려온 거죠.

병자호란

병자호란(1636-1637년)은 여진족이 세운 청나라가 조선을 침략해 벌인 전쟁이에요. 청나라 태종이 명나라를 공격하기 전에 배후의 안전을 확보하려고 조선을 침공했고, 인조와 조정이 남한산성에 들어가 청의 군대와 맞섰어요. 그때 남한산성에서 조정의 신하들은 척화파와 주화파로 나뉘어 대립했어요. 척화파는 명분에 따라 청나라와 끝까지 맞서 싸워야 한다는 주장이고, 주화파는 실리에 따라 우선 화친을 맺어 백성을 구하고 후일을 도모해야 한다는 주장이었어요. 평소 전쟁을 대비해 무기와 식량을 준비해 둔 남한산성이었기에 짧은 기간은 버틸 수 있었지만, 혹독한 추위 속에 군사들이 오랫동안 버티기란 쉽지 않았어요. 눈보라를 피할 옷도, 굶주림을 면할 식량도 넉넉하지 않았으니까요. 게다가 왕실이 피난한 강화도가 함락되어 왕실 사람들이 포로가 되었다는 소식도 전해졌어요. 결국 남한산성에서 47일 동안 항전했던 인조도 항복할 수밖에 없었어요. 인조는 삼전도에서 청나라 황제 숭덕제에게 세 번 무릎 꿇고 아홉 번 머리를 조아리는 삼배구고두례를 행하는 치욕을 감수해야 했어요. 병자호란은 조선에게 짧은 기간의 전쟁이었지만, 수십만 명의 백성이 전쟁 포로로 청나라로 끌려가는 등 피해가 막심했던 전쟁이에요.

병자호란 전후 역사

여진족의 조선 침공은 병자호란이 처음이 아니에요. 10년 전인 1627년에도 정묘호란이 있었지요. 당시 여진족이 세운 나라는 '후금'이라고 했어요. 후금은 요동과 만주 지역을 차지하고 세력이 커졌어요. 당시 조선이 명과 가까이 지내고 후금을 배척한다는 핑계로 조선에 쳐들어왔다가 조선과 평화협정을 맺고 돌아갔어요. 이때 조선과 후금은 형제 관계를 맺었지요. 그 뒤 후금의 태종은 '청'으로 이름을 바꾸고 황제라고 자처하면서 조선과 군신(임금과 신하) 관계를 맺자고 요구했어요. 조선이 거부하자 이를 구실로 삼아 쳐들어왔어요. 실제로는 명나라를 공격하기 위해 명과 가까운 조선을 굴복시키려는 의도였어요.

어쨌든 미처 방비하지 못했던 조선은 국왕 인조가 청의 태종에게 항복하게 되었으니 역사상 한 번도 없었던 큰 사건이었어요. 조선은 그동안 무시하던 오랑캐에게 패배했다는 수치심과 충격이 매우 컸어요. 그런 마음을 달래고자 청나라에 대한 복수심을 자극하면서 유충렬이라는 영웅을 등장시켜 현실의 패배를 소설로 극복하려 한 거예요.《유충렬전》에는 이러한 전쟁의 아픔과 상처받은 자존심을 문학적으로 회복하고 보상받으려는 심리가 반영되어 있어요.《유충렬전》이 성행했던 조선 후기에는 임진왜란 때 우리를 도운 명나라를 받들고 병자호란을 일으킨 청나라를 물리쳐야 한다는 '숭명배청' 의식이 지배적이었어요. 그리고 병자호란 때 청나라에 인질로 잡혀갔다 온 효종과 척화파들은 여전히 청나라에 반대하는 북벌론을 주장했어요. 하지만 북벌론은 청나라의 중국 지배가 곧 끝나고 명이 다시 부흥한다는 희망을 전제로 했는데, 청의 중국 지배가 확고해지면서 서서히 사그라들었어요. 대신 중국 대륙에서 중화 왕조가 끝났으니 이제 조선이 진정한 중화 문명의 계승자라고 자부하는 소중화 의식이 등장했어요.

호국으로 잡혀간 수많은 포로

결국 전쟁에서 항복한 조선은 왕비와 세자뿐 아니라 수많은 사람을 호국에 포로로 보내야 했어요. 유충렬은 그들을 구해오지요. 이것은 병자호란 당시 조선의 현실을 반영한 거라고 볼 수 있어요. 전쟁에서 패배한 조선은 세자와 대군 등 수많은 사람을 청나라에 포로로 보내야 했어요. 가족이 생이별해야 했던 거예요. 하지만 조선은 그 상황을 무기력하게 견딜 수밖에 없었어요. 그래서 청나라에 대한 적대감과 분노가 극에 달했어요. 소설 속에서 왕비와 세자 등이 다시 조선으로 돌아오고, 몇몇 백성도 돌아와 가족을 만나요. 이를 통해 호국으로 잡혀간 포로들이 돌아오기를 간절히 바랐던 마음을 엿볼 수 있답니다.

07

박씨전
남자만 잘 싸우는 줄 알아?

나는 네 아우의 머리에 옻칠을 해서 술잔으로 만들 것이다

《박씨 부인, 전쟁에서 사람들을 지키다》, 장성자, 천개의바람, 2023

박씨: 재주가 뛰어나나 못생긴 외모 때문에 무시를 받음

이시백: 외모가 못난 아내를 푸대접함

박 처사: 박씨 아버지

이득춘: 박씨 시아버지

계화: 박씨 몸종

용골대: 청나라 장군

인조 때, 한양에 이춘복이라는 재상은 일찍이 과거에 급제해 이름을 떨쳤으며 사람을 알아보는 안목이 탁월했어요. 아들 시백 역시 아버지를 닮아 성품이 훌륭하고 문장을 잘 지어 사랑을 한몸에 받았어요. 이춘복은 바둑과 퉁소(가는 대로 만든 목관악기)를 매우 잘했는데, 아쉽게도 맞수가 없었어요. 어느 날 한 사람이 찾아와 하룻밤 묵어가기를 청했어요. 행색이 초라했지만 범상치 않았어요.

"저는 금강산에 있는 박 처사라는 사람입니다. 퉁소를 불며 세상을 보내지요. 상공께서 저와 같은 취미를 가지고 있다고 해서 이렇게 찾아왔습니다."

두 사람은 여러 날 동안 바둑과 퉁소를 즐기며 시간을 보냈어요. 하루는 처사가 이춘복에게 자신의 여식을 시백과 혼인시키자고 했어요. 혼인날, 신부는 얼굴을 숨기고 있어서 얼굴을 볼 수 없었어요. 부인과 첫날밤을 보내려고 방에 들어간 시백은 깜짝 놀랐어요. 부인의 외모가 너무나 흉측했거든요. 시백이 부인을 외면하자 이춘복은 시백을 불러 말했어요.

"요조숙녀라도 **칠거지악**[*]이 있으면 가문을 보전하지 못하고, 비록 평범한 여자라도 덕행이 있으면 만복의 근원이 된다. 그러니 너는 부인과 잘 지내거라."

옳은 말이나 시백은 도저히 부인을 사랑할 수 없었어요. 박씨 부인이 상공에게 홀로 지낼 별당을 마련해 달라고 했어요. 이춘복이 말렸지만 박씨 부인은 끝까지 뜻을 꺾지 않았어요. 이춘복은 별당을 지어 박씨 부인과 여종 계화를 별당에서 지내게 했어요.

박씨 부인은 별당 이름을 화를 피하는 곳이라는 뜻의 '피화당'이라고 짓고 정성껏 돌보았어요. 상공이 '피화당'이라고 이름을 지은 이유를 물었어요.

"훗날 화를 당하면 이 나무로 적의 침입을 막고 대비할까 합니다. 자연스럽게 아실 날이 있을 것입니다."

이시백이 과거에 응시할 때 박씨 부인의 꿈에 푸른 옥으로 만든 연적이 청룡으로 변해 바다에서 여의주를 물고 하늘로 올라갔어요. 깨어 보니 푸른 빛을 띤 옥 연적이 놓여 있는 것을 보고 박씨 부인은 시백을 만나려고 찾아갔으나 시백이 화를 내어 계화에게 연적을 전하게 했어요. 과거시험에서 자신 있게 쓸 수 있는 문제가 나와 가장 빨리 답을 쓴 시백은 장원을 받았어요. 하지만 시백은 부인에게 고맙다는 말도 하지 않았어요.

하루는 박 처사가 이춘복의 집에 학을 타고 찾아왔어요. 이춘복은

★ **칠거지악**: 여자가 지니면 안 되는 일곱 가지 잘못을 말하며, 시부모에게 불손함, 자식 없음, 음탕함, 질투심, 큰 병, 수다스러움, 도둑질에 해당함

아들이 부인을 박대하는 것을 미안해했지만 박 처사는 빙그레 웃었어요. 그리고 박씨 부인에게 액운이 다했으니 허물을 벗으라고 했어요. 박씨 부인은 목욕재계하고 허물을 벗었더니 천상의 선녀가 되었어요.

다음 날 계화와 이춘복이 박씨 부인을 보고 기뻐했어요. 이춘복이 시백에게 가보라고 했어요. 시백은 투덜거리며 피화당으로 향했어요. 그런데 피화당에 절세가인이 있는 게 아니겠어요? 시백은 깜짝 놀라 부인에게 사과했어요. 박씨 부인은 시백의 말과 뉘우치는 모습에 마음이 움직였어요. 그날 이후 시백과 부인은 사이좋게 지냈어요.

시간이 흘러 이춘복은 우의정에서 물러나고 오랑캐들은 시백과 임경업 장군이 두려워 조선을 침범하지 못했어요. 하지만 호국의 힘이 세지자 조선을 칠 방법을 궁리했어요. 호국 왕비가 별자리를 보니 조선에 비범한 인물이 있는 것 같다고 했어요. 호왕이 물었어요.

"나는 평생 임경업이 두려웠는데, 또 신이한 인물이 있다고 하니 어떻게 하면 좋겠소?"

"조선은 재물과 미인에 약합니다. 젊고 예쁜 자객을 시켜 그 인물을 없앱시다."

호왕은 기홍대라는 시녀에게 신이한 인물의 머리와 임경업의 머리를 베어 오라고 했어요. 하지만 이를 눈치챈 박씨 부인 덕분에 위험을 피했어요.

기홍대는 본국에 돌아가 자신이 겪은 일을 말했어요. 그 말을 들은 왕비는 한우와 용골대를 대장으로 삼고 잘 훈련된 병사 10만 명을 선발했어요. 용골대의 동생 용울대도 함께 떠났어요. 왕비는 장수들에게 말했어요.

“이시백의 집에 간다면 고국에 돌아올 수 없으니 그 집은 근처에도 가지 마시오.”

박씨 부인은 피화당에서 천기를 살피다가 놀라서 시백에게 호적들이 동대문으로 쳐들어오니 임경업에게 막게 하라고 했어요. 시백이 급히 대궐에 가 임금께 아뢰었어요. 임금은 신하들을 모아 방법을 의논했어요. 그러나 김자점은 박씨 부인이 민심을 어지럽힌다며 반대했어요. 나라의 권력을 잡은 김자점의 말을 아무도 반대하지 못했어요.

병자년 12월 말, 갑자기 동대문 방향에서 대포 소리가 나며 호적들이 쳐들어왔어요. 임금은 남한산성으로 피했지만, 용골대가 군사를 몰아 남한산성으로 가서 임금의 항복을 받아 냈어요.

한편, 용울대는 성안을 뒤지고 있었어요. 그때 초당이 하나 보였어요. 전리품을 차지할 생각에 그곳으로 들어서자, 천둥번개가 치고 사방의 나무가 군사로 변했어요. 그제야 이시백의 집에 온 걸 알고 도망가려 했지만 이미 늦었어요. 계화가 나타나 용울대의 목을 쳤어요. 박씨 부인은 용울대의 머리를 후원 나무 꼭대기에 달아 두었어요.

용골대가 왕비와 세자, 대군을 생포해 장안으로 돌아오는데, 용울대가 아녀자의 손에 죽었다는 소식이 들렸어요. 정말로 용울대의 머리가 달려 있었어요. 용골대는 이시백의 집인 줄 알고 나무에 불을 놓자 나무가 군사로 변해 공격했어요. 그때 계화가 나타나 호령했어요.

“네 동생이 내 칼에 죽었는데 너도 죽고 싶은 거냐?”

용골대는 분이 나서 화살을 쏘았지만, 화살이 멀리 날지 못했어요. 대포를 쏘았으나 박씨 부인이 풍향을 바꾸어 오히려 호국 군대가 피해를 입었어요. 모두 죽게 되자 용골대가 박씨 부인에게 용서를 빌면서 동생의 머리를 내어 달라고 애걸했어요. 하지만 박씨 부인은 단호했어요.

"나는 네 아우의 머리에 옻칠을 해서 술잔으로 만들 것이다."

그 말을 들은 용골대는 포기할 수밖에 없었어요.

호국 장수들은 돌아가는 길에 임경업 장군에게 전멸당할 뻔했으나 왕명을 받고 그들을 보내 주었어요. 임 장군은 대성통곡했어요.

"슬프구나. 국운이 불행해 조정의 소인배들이 극성을 부리더니 나라를 망하게 했구나. 너희 오랑캐를 다 죽이려 했지만, 왕명을 받들어 살려 보내겠다."

임금은 박씨 부인의 말을 듣지 않은 것을 후회하며 절충부인으로 봉하고 정1품의 녹을 내렸어요. 이후 박씨 부인은 자손을 낳아 화목하게 지내며 이름을 널리 떨쳤어요.

Q. 실제 전쟁에서는 조선이 졌지만, 소설에서는 이긴 것으로 그려져요. 병자호란의 결말을 역사적 사건과 다르게 쓴 이유가 무엇일까요?

소설을 탐구하다

전기적 요소

'전기적'이라는 말은 '기이하여 세상에 전할 만한, 비현실적인'이라는 뜻이에요. 귀신과 인연을 맺거나 하늘나라나 용궁에 가는 등의 기괴하고 신기한 초현실적인 내용을 다루어요. 《박씨전》에서도 박씨 부인이 도술을 부리거나 용울대, 용골대와 싸울 때 있었던 일들이 '전기적'이라고 볼 수 있어요.

전기적이라는 말은 다른 뜻으로 사용되기도 해요. 전기(傳記)는 한 사람의 일생을 기록한 행적이라는 뜻으로, 위인전의 '전'이 바로 이 뜻이에요. 전기적이라는 말은 여러 뜻이 있으니 문맥을 보고 잘 파악하는 것이 중요해요.

변신 모티프

박씨 부인은 추한 외모에서 아름다운 외모로 변신해요. 박씨 부인의 변신 이전과 이후로 내용이 달라져요. 박씨 부인이 변신하기 이전을 전반부라고 한다면, 전반부에서는 박씨 부인의 추한 외모 때문에 이시백이 아내를 차갑게 대하고, 상공이 이를 혼내는 등 가정 내부의 갈등을 다룬 가정 소설의 특징을 지녀요. 변신 이후인 후반부에는 청나라가 침입해 전쟁이 일어나는 군담 소설의 성격과 박씨 부인이 신통력을 행사하며 활약하는 영웅 소설의 성격이 드러나요.

소설 전반부에서는 개인적 차원의 이야기가 이루어졌다면 후반부에서는 사회적 차원의 이야기로 의미가 달라지는 점도 눈여겨볼 만해요. 이렇게 소설 내에서 '변신'이 사건 전개의 중요한 전환점 역할을 하는 것을 '변신 모티프'라고 해요.《박씨전》에서는 변신이 첫째, 박씨 부인의 우수한 능력을 보이는 계기가 되었고, 둘째, 흉측한 외모는 전생의 죄에 대한 벌이었으나, 변신을 통해 양반 사회에서 인정받게 되었어요. 셋째, 변신 이전에 피화당에서 지냈던 시간은 한 사회의 구성원이 되고자 거치는 관문 역할을 해요. 이렇게 변신을 통해 많은 것이 바뀌었기 때문에《박씨전》은 변신 모티프를 사용했다고 볼 수 있어요.

외모지상주의 비판

대부분의 고전 소설은 여성 주인공이 절세 미녀로 나오고, 인물이 못나면 나쁜 사람으로 등장하는 경우가 많아요. 하지만《박씨전》은 조금 달라요. 박씨 부인이 추한 외모를 가지고 있을 때 남편이 구박하고 집안에서 환영받지 못하지만, 박씨 부인은 능력이 부족하거나 나쁜 사람은 아니었어요. 그런데 아름다운 외모로 변신하고 나서 남편을 비롯해 박씨 부인에게 부정적이었던 사람들이 한순간에 긍정적으로 바뀌어요. 아마《박씨전》을 만든 사람은 이 이야기를 통해 외모만으로 사람을 판단하는 행태를 비판하고, 능력은 외모와 상관없다는 이야기를 하고 싶었던 것이겠죠?

여성 영웅의 등장

　《박씨전》의 주인공은 여성이에요. 《박씨전》속 전쟁에서 박씨 부인의 남편인 이시백을 비롯해 남자들은 크게 활약하지 않아요. 박씨 부인, 하녀 계화, 호국 왕비, 기홍대까지 뛰어난 능력을 보이는 인물은 모두 여성으로 등장해요. 특히 박씨 부인은 남성보다 우월한 위치에서 신이한 능력을 발휘하지요. 당시 소설들과 비교하면 독특하다고 볼 수 있어요. 이전의 고전 소설은 남성 중심의 영웅 소설이 대부분이었어요. 여성들은 소극적이고 수동적이었고요. 그런데 《박씨전》은 그렇지 않아요. 《박씨전》은 본격적인 여성 영웅 소설로 볼 수 있어요. 남존여비 사상이 팽배했던 시대에 《박씨전》을 읽은 여성들은 통쾌함과 대리 만족을 느꼈을 거예요. 《박씨전》외에도 여성 영웅의 이야기를 다루는 작품이 많아요. 그중 《숙영낭자전》이 가장 대표적이니 꼭 함께 읽어 보길 권해요.

피화당의 의미

'피화당'은 '화를 피해 머무르는 곳'이라는 뜻이에요. 피화당은 박씨가 추한 외모 때문에 자신을 박해하는 남편을 피해 머문 초당의 이름이기도 하고, 여성들이 안전하게 전쟁을 피할 수 있는 공간이기도 해요. 전쟁이 나면 많은 사람이 죽임을 당해요. 특히 사회적 약자였던 여성의 경우, 전쟁이 일어나면 그 피해가 더욱 컸어요. 전쟁의 상처와 적으로부터 자신을 안전하게 보호할 수 있는 피난처, 그것이 바로 당시 여성들이 꿈꾸었던 '피화당'이에요. 병자호란이 일어난 후 많은 여성이 청나라에 끌려가서 모진 수모를 당했어요. 청나라에 끌려갔다가 살아 돌아온 여성들을 '환향녀(還鄕女:고향으로 돌아온 여성)'라고 불렀는데 여기서 비롯된 말이 '화냥년'이에요. 여성들은 갖은 수모 끝에 겨우 살아 돌아왔지만 전혀 환영받지 못했고 어떤 경우에는 시집이나 친정에서 쫓겨나기도 했어요. 비록 소설 속이지만 전쟁에서 안전한 공간이 있다는 점은《박씨전》을 읽는 여성 독자에게 큰 위로가 되었을 거예요.

실존 인물을 더하다

《박씨전》은 소설이지만 허구로 만든 인물뿐만 아니라 실존 인물도 뒤섞여 등장해 현실감과 사실감을 더하고 있지요. 이시백, 용골대, 임경업 등이 실존 인물이에요. 이시백은 병자호란 당시 남한산성을 지키는 책임자로 활약했고, 병자호란을 수습해 인조의 총애를 받아 훗날 우의정과 영의정까지 올랐어요. 임경업은 병자호란 때에는 백마산성을 지켰고, 그 뒤에도 마지막까지 청나라를 인정하지 않았던 장군이었어요. 용골대는 청나라 장군으로 병자호란 때 10만 대군을 이끌고 조선을 침략한 인물이에요. 영의정 김자점도 실존 인물로, 광해군을 끌어내리는 데 큰 역할을 했고, 병자호란에서 공을 세운 임경업 장군을 처형하라고 주장하기도 했어요. 소설에 실존 인물들이 등장하니 좀 더 사실적으로 느껴지죠? 반면에 용골대의 동생 용울대와 작품의 주인공 박씨 부인, 박씨 부인의 아버지 박 처사, 몸종 계화 등은 허구적인 인물이에요. 이렇게 실존 인물과 허구적 인물이 섞여《박씨전》을 더욱 생생하게 만들어 준답니다.

민족의 자긍심을 고취하다

조선이 병자호란에서 청나라에 패배해 굴욕적인 항복을 한 것은 역사적 사실이에요.《박씨전》에서도 조선이 청나라와의 전쟁에서 패배하지만, 박씨 부인은 청나라 군대와의 싸움에서 이겨요. 심지어 용골대의 동생인 용울대의 목도 베어 버려요. 이 점은 실제 역사적 사실과 많이 다르죠.《유충렬전》,《박씨전》이 역사적 사실과 다르게 쓰인 이유가 있어요. 당시 조선은 그동안 무시했던 청나라에게 전쟁에서 패했다는 사실이 큰 충격이었어요. 그 충격을 완화할 무언가가 필요했어요. 유충렬과 박씨 부인을 내세워 대신 복수함으로써 병자호란의 굴욕적인 패배와 복수심을 대리 충족하면서 위안을 삼고, 이를 통해 민족의 자긍심을 지키려 한 거예요. 당시 백성의 수치심과 수모가 얼마나 극심했으면 이런 소설을 써서라도 설욕하고자 했을지 민중의 분노가 느껴지는 듯해요. 또 박씨 부인의 모습을 통해 당시 민중이 어떤 지도자를 바랐는지도 짐작할 수 있어요.

08

춘향전
최고의 이본을 남긴 작품, 나야 나

금동이의 향기로운 술은 만백성의 피요,
옥소반의 좋은 안주는 만백성의 기름이라.

《춘향전》, 김영희 해설, 홍인숙 역, 서해문집, 2022

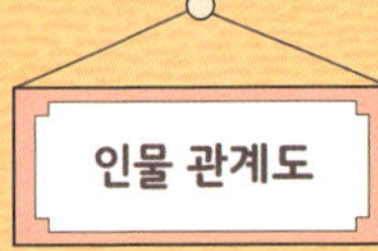

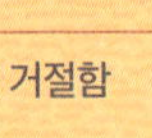

춘향: 기생 월매의 딸, 몽룡과 사랑에 빠짐
이몽룡: 장원급제해 춘향과 결혼함
변사또: 춘향에게 수청을 들라고 요구함
월매: 기생 춘향의 엄마

조선시대 숙종 때 전라도 남원 고을에 월매라는 기생이 성 참판의 첩이 되어 오순도순 살았어요. 월매는 딸을 낳아 '춘향'이라 이름을 짓고 애지중지 곱게 키웠어요. 춘향의 아름다움은 남원에 널리 퍼졌어요. 춘향이 열여섯 살 되던 해, 이한림이라는 사또가 고을에 새로 부임해 왔어요. 이 사또에게는 몽룡이라는 지혜롭고 총명한 열여섯 살의 아들이 있었어요.

오월 단오, 이몽룡은 방자와 함께 바람도 쐴 겸 남문 밖 광한루에 경치를 구경하러 갔어요. 광한루와 오작교의 아름다운 경치에 이몽룡도 마음이 싱숭생숭했어요. 춘향이도 꽃단장하고 향단이와 그네를 뛰러 나왔어요. 선녀같이 아름다운 춘향의 모습이 이몽룡의 눈에 띄었어요.

이몽룡은 방자를 시켜 그 여인을 불렀지만, 춘향은 거절했어요. 하지만 춘향도 이몽룡에게 마음에 있었는지 저녁에 집으로 찾아오라고 했어요. 이몽룡은 집으로 돌아와 공부하려 했지만, 춘향 생각에 집중이 되지 않았어요. 밤이 깊어 이몽룡은 춘향의 집으로 향했어요. 이몽룡이 말했어요.

“너를 보니 너와 영원히 함께 행복하게 살고 싶구나.”

“싫습니다. 서방님과 저는 신분이 달라 후일 도련님이 저를 버리면 제 신세가 한탄스러우니, 그런 말은 하지 마소서.”

“무슨 소리냐. 너와 인연을 맺게 된다면 너와 영원히 함께하겠다.”

이몽룡은 춘향에게 함께하겠다고 굳게 약속했어요. 그날 밤 두 사람은 약소하게 혼례를 치렀어요. 하지만 가을이 되어 이 사또가 동부승지로 승진해 한양으로 가게 되었어요. 이몽룡은 춘향을 데리고 가려고 어머니께 말씀드렸지만 허락받지 못했어요. 이몽룡은 어머니가 반대하신다며 춘향에게 헤어지자고 했어요.

“도련님, 그게 무슨 말이어요? 분명 제게 영원히 함께하겠다고 하지 않았나요?”

춘향은 서럽게 울었어요.

“이 서방, 이렇게 가면 우리 춘향이는 뭐가 되나. 우리 춘향이를 어쩌란 말인가.”

“장모님, 미안합니다. 내 꼭 장원급제하여 춘향을 데리러 오겠습니다.”

이몽룡은 한양으로 올라갔어요. 갑작스럽게 이몽룡을 떠나보낸 춘향은 그리움에 사무쳐 눈물로 세월을 보냈어요. 이 사또가 올라가고 변학도라는 새로운 사또가 부임했어요. 변학도는 남원에 천하일색이라는 춘향을 만날 생각에 들떠 있었어요. 변학도는 사또가 되자마자 춘향이를 데리고 오라고 명령했어요.

“사또. 춘향은 기생의 딸이지만 기생이 아닙니다. 그리고 이미 전임

사또의 자제와 백년가약을 맺어 사또의 수청을 들 수 없습니다."

"잔말이 많구나. 이 도령이 백년가약을 맺었다면 춘향을 데리고 갔겠지."

춘향은 결국 포졸들에게 끌려왔어요. 변 사또는 수청을 들라고 했지만, 춘향은 끝까지 거절했어요. 화가 난 변 사또는 춘향을 감옥에 가두었어요. 옥에 갇힌 춘향은 창밖에 앵두꽃이 하얗게 떨어지고, 거울 한복판이 깨지고, 문 위에 허수아비가 걸려 있는 이상한 꿈을 꾸었어요. 마침 봉사가 점을 친다는 이야기를 듣고 춘향은 봉사에게 꿈을 해몽해 달라고 했어요.

"꽃이 떨어지면 열매가 맺히고, 거울이 깨지면 큰 소리에 사람들이 쳐다볼 것이고, 문 위의 허수아비는 사람들이 우러러보며 쌍가마를 탈 일이 있다는 겁니다. 곧 좋은 일이 있겠습니다."

이몽룡은 춘향의 소식을 모른 채, 글공부에 전념했어요. 춘향과 헤어진 지 삼 년째 되는 때, 이몽룡은 장원급제해 전라도 암행어사로 임명되었어요. 이몽룡은 허름한 차림을 하고 남원으로 향했어요. 이몽룡은 춘향이 절개를 지키다 모진 매질을 당하고 옥에 갇혀 있다는 이야기를 듣고 발걸음을 재촉했어요. 월매는 이몽룡의 남루하고 초라한 행색을 보고 놀랐어요. 이몽룡은 집안이 풍비박산 나서 돈을 얻으러 왔다고 거짓말했어요. 옥에 갇힌 춘향은 몽룡의 남루한 행색에 마음이 아팠어요.

"향단아, 내가 죽으면 패물을 팔아 서방님 옷과 갓, 신발을 사드려라. 그리고 서방님, 내 죽으면 양지바른 곳에 묻어 주시고, 그저 지나

다가 풀이나 한번 뽑아 주시오.”

이몽룡은 가슴이 아팠지만, 묵묵히 춘향의 말을 듣고만 있었어요.

다음 날, 변 사또의 생일잔치에서 이몽룡은 잔칫상 끄트머리에 앉아 음식을 얻어먹고, 음식을 먹은 값이라며 시를 짓고 생일잔치를 떠났어요.

금동이의 향기로운 술은 만백성의 피요,

옥소반의 좋은 안주는 만백성의 기름이라.

촛불의 눈물이 떨어질 때 백성의 눈물 떨어지고

노랫소리 높은 곳에 원망 소리 높구나.

이 시를 본 옆 고을 사또인 운봉은 깜짝 놀라 자리를 떠났어요. 그것도 모른 채 변 사또는 춘향을 대령하라고 했어요. 그때 밖에서 소리가 들렸어요.

“암행어사 출두요!”

변 사또는 그 소리에 깜짝 놀라 도망가다가 잡히고, 이웃 고을의 관장들까지 잡혔어요. 어사또는 변 사또의 죄를 물어 파면시키고 옥에 가둔 후 죄수들을 데리고 오라고 했어요. 죄수의 죄를 하나하나 묻던 어사또는 춘향의 차례가 되자 춘향에게 물었어요.

“너는 이전 사또의 수청을 거절해 죄를 받았구나. 내 수청도 거절할 것이냐?”

“아이고, 오는 사또마다 다들 명관이구려. 어사또라고 하시기에 이번에는 좀 괜찮을 줄 알았더니, 당신도 똑같은 사람이구려. 차라리 나를 죽이시오.”

이몽룡은 더 이상 춘향을 속일 수 없었어요. 이몽룡은 춘향에게 옥반지를 건넸고, 이를 본 춘향은 깜짝 놀랐어요. 그 옥반지는 자신이 이몽룡에게 준 정표였거든요. 춘향이 고개를 들어 어사또의 얼굴을 보고 또 한 번 놀랐어요. 자신의 앞에 있는 사람은 바로 이몽룡이 아니겠어요!

“아니, 서방님. 어제는 서방님을 보고… 흐흐흑.”

“그래, 춘향아. 내 너의 마음을 안다. 어제 네 모습을 보고 마음이 아팠다. 하지만 춘향아, 이제 걱정하지 마라. 내가 왔다.”

월매는 어깨춤을 덩실덩실 추며 기뻐했어요. 이몽룡이 임금께 남원의 일을 상세히 보고하자 임금은 이몽룡을 이조 참의 겸 대사성에 임명했고, 춘향은 정렬부인(정절과 지조를 굳게 지킨 부인에게 내리던 칭호)에 봉했어요. 그 뒤 이몽룡은 이조 판서, 호조 판서, 좌의정, 우의정, 영의정을 지내고 벼슬에서 물러나 춘향과 함께 백년해로했어요. 이몽룡과 춘향을 닮아 총명하고 효심 지극한 아들딸들은 모두 높은 벼슬에 올랐어요.

Q. 기생의 딸이었던 춘향이 정렬부인에까지 오르다니, 정말 대단하지 않나요? 이 이야기를 즐기던 사람들이 춘향의 이야기를 통해 하고 싶던 말은 무엇이었을까요?

소설을 탐구하다

배경 설화

《춘향전》의 바탕이 되는 배경 설화는 아주 많아요. 춘향이 이몽룡과 맺은 인연을 끝까지 지키는 '열녀 설화', 양반인 이몽룡이 신분을 초월한 사랑을 나누는 '염정 설화', 권력자인 변 사또가 춘향에게 수청을 들라고 강요하는 '관탈 민녀 설화', 이몽룡이 암행어사가 되어 변 사또를 벌주는 '암행어사 설화', 이몽룡이 억울한 춘향을 풀어 주는 '신원 설화' 등이 《춘향전》에 반영되어 있어요. 또 못생긴 처녀가 이웃집 도령을 좋아하다 거절당하고 물에 투신해 자결했다는 '박색 설화(박색 춘향 설화)', '성이성과 남원 기녀 설화'도 《춘향전》의 배경 설화예요. '성이성과 남원 기녀 설화'는 《춘향전》과 앞부분 내용이 비슷하지만, 뒷부분은 달라요. 설화에서는 두 사람이 헤어지고 나서 다시 만나지 못하거든요. 이렇게 많은 설화가 섞여 만들어진 것이 《춘향전》이에요. 판소리계 소설은 다양한 배경 설화를 바탕으로 하고 있답니다.

판소리계 소설

판소리계 소설은 대체로 여러 설화가 합쳐져 판소리라는 노래로 공연이 되었고, 그것을 기록하면서 소설의 형태가 되었어요. 《춘향전》도 여러 배경 설화가 섞여 판소리인 춘향가로 발전했고, 판소리에서 이야기를 들려주는 부분인 사설이 소설로 각색되어 전해진 거예요. 판소리는 너른 마당에서 양반과 서민이 함께 즐겼던 공연이에요. 판소리와 판소리계 소설은 내용상 큰 차이가 없어요. 판소리계 소설은 판소리의 운문적 성격과 글로 기록되면서 산문적 성격이 함께 드러나요. 당시 백성이 즐겼던 판소리계 소설은 풍자적, 해학적 표현으로 당대의 삶을 폭넓게 반영하고 있어요. 서민층이 주로 즐겼는데 양반층도 이 소설들을 즐기게 되면서 두 계층의 언어가 함께 드러나는 특징도 있어요. 판소리계 소설에는 《흥부전》, 《심청전》, 《토끼전》, 《화용도》, 《배비장전》, 《옹고집전》, 《장끼전》, 《숙영낭자전》 등이 있어요. 판소리는 그때그때 청중의 반응에 따라서 내용이 조금씩 달라지기도 했어요. 소설로 정착될 때도 마찬가지였어요. 작품에 따라 내용이 조금씩 달라지는 것을 '이본'이라고 해요. 판소리계 소설에는 여러 이본이 있는데, 그중 《춘향전》의 이본이 가장 많아요.

표면적 주제와 이면적 주제

《춘향전》과 같은 판소리계 소설은 서민층과 양반층이 함께 즐겼기 때문에 향유층에 따라 주제가 달라요. 겉으로 드러나는 주제를 표면적 주제, 그 이면에 숨어 있는 주제를 이면적 주제라고 해요. 주로 겉으로 드러나는 주제는 양반층을 대상으로 한 유교적인 내용이 많아요. 《춘향전》도 표면적 주제는 '신분을 초월한 사랑과 춘향의 정절'이라고 볼 수 있어요. 하지만 서민들은 같은 작품이지만 다르게 보았어요. 보통 이면적 주제는 서민층이 양반층을 보며 가졌던 솔직한 마음을 다루어요.《춘향전》의 이면적 주제는 '신분적 한계의 극복을 통한 인간 해방', '사회적 불평등에 대한 비판과 부정한 관리에 대한 저항'이에요. 표면적 주제와 이면적 주제 사이에 차이가 상당하죠?

다른 판소리계 소설을 볼 때도 표면적 주제와 이면적 주제를 생각하면서 읽으면 더 재미있게 읽을 수 있을 거예요.

이몽룡이 실존 인물이라고?

이몽룡이 실존 인물이었다는 견해가 있어요. 잠깐 소개해 볼게요. 선조 41년부터 광해군 3년까지 남원 부사를 지낸 성안의의 아들 성이성의 행적을 살펴보면 이몽룡과 비슷한 면이 있어요. 성이성은 13세부터 17세까지 아버지가 다스리는 남원에 머물렀어요. 또 33세 때 문과에 급제해 사헌부, 홍문관, 사간원 등을 거치고 암행어사 임무를 네 차례나 수행했어요. 똑같지는 않지만 성이성의 행적을 보면 왠지 이몽룡이 떠오르지 않나요?

변 사또의 생일잔치에서 쓴 이몽룡의 시도 성이성이 호남 열두 고을 수령 잔치에서 읊었던 시와 비슷해요. 이 시는 원래 중국 시인데, 성이성의 스승이 기록한 《난중잡록》에 소개되어 있어요. 스승이 알고 있던 시라면 제자도 알고 있었을 가능성이 높겠죠?

마지막으로 춘향의 성이 '성'씨라는 점도 성이성이 이몽룡의 모델일 것이라는 추측을 뒷받침해요. 아무래도 직접적으로 '성몽룡'이라고 짓는 것보다 여자 주인공에게 '성춘향'이라고 이름을 붙여 우회적으로 표현한 것이라고 추정할 수 있어요.

엄격한 신분제 사회인 조선

조선시대는 양반, 중인, 상민, 천민 등으로 계급을 구분하는 신분 제도가 있었어요. 양반은 본래 문반과 무반이라는 관리를 합하여 이르는 말이었지만, 점차 지배 신분층 전체를 가리키는 말로 쓰였어요. 이들은 조선의 지배 계급이었어요. 양반은 농업이나 공업, 상업에 종사하지 않고 유학을 공부해 과거를 거쳐 벼슬을 지내며 나라를 다스렸어요. 중인은 외국어, 의학, 천문학, 법률학 등 특수 기술을 익혀 양반을 도와 궁궐이나 관청에서 일했어요. 양반과 중인은 지배층에 속했어요. 상민은 농업, 공업, 상업에 종사하는 사람들이었지만 대부분은 농민이었어요. 국가에 세금을 내고 군대에 가는 등 나라를 유지하는 데 큰 역할을 담당한 사람들이었어요. 천민은 대부분 노비였는데, 사람으로 대접받기보다 일종의 재산으로 여겨졌어요. 이 외에도 기생, 무당, 광대, 백정(소나 개, 돼지 따위를 잡는 일을 직업으로 하는 사람) 등도 천민이었어요. 천민은 인간 이하의 대접을 받았어요. 이들은 피지배층으로 양반과 중인으로부터 온갖 차별을 받았지만, 성실하게 자신의 역할을 하면서 조선 사회를 지탱하는 역할을 했어요.

조선 후기, 신분제가 흔들리다

임진왜란과 병자호란이란 큰 전쟁을 겪고 나서 조선 사회는 여러 변화의 모습이 나타났어요. 그중 엄격했던 신분제가 서서히 흔들리기 시작했어요. 먼저 지배층인 양반층이 여러 갈래로 나뉘었어요. 붕당정치의 변화로 일부 양반 세력과 가문이 중앙 권력과 관직을 독차지했고, 많은 양반이 몰락해 갔어요. 중앙 정권에서 밀려난 양반들은 자신의 향촌에서 양반의 위세를 지키는 수준이었고, 이마저도 안 되는 양반들은 일반 서민처럼 농사를 지으면서 생활을 이어 갔어요. 오히려 상업 활동이나 농사를 통해 재산을 모은 서민들이 돈을 주고 관직과 양반 신분을 사거나 족보를 위조하기도 했어요. 그 결과 양반의 수가 크게 늘었고, 너도나도 양반이다 보니 양반 신분층의 권위는 점점 떨어졌어요. 신분제가 흔들리면서 상민과 양반의 결혼도 늘고 가짜 양반도 많이 생겼어요. 19세기에는 인구의 절반 이상이 양반으로 등록되었다고 하니 어느 정도로 신분제가 흔들렸는지 짐작할 수 있겠죠?

이런 상황에서 백성에게 양반은 더 이상 감히 다가갈 수도 없는, 무섭거나 두려운 존재가 아니었어요. 그래서 백성이 즐기던 문화에도 양반을 조롱하거나 풍자하는 내용이 많아졌어요. 조선 후기에 크게 유행했던 판소리와 탈춤도 그런 대표적인 서민 문화랍니다.

《춘향전》에 반영된 신분제의 변화

《춘향전》에는 조선 후기 신분제가 변화하는 모습이 반영되어 있어요. 이몽룡이 과거에 떨어져 거지 같은 행색을 하고 있는 모습은 완전히 몰락한 양반층을 뜻하고, 기생 딸로 천한 신분인 춘향이 양반인 이몽룡과 결혼한 이야기도 이미 신분제가 많이 흔들렸던 현실을 보여 주는 것이지요. 게다가 춘향이가 왕으로부터 정렬부인의 호칭을 받는 이야기는 비록 서민의 염원을 담은 내용이라고 하더라도 그런 꿈을 꿀 수 있을 만큼 신분제가 이전과는 달라졌음을 보여 주는 이야기지요. 《춘향전》만을 보더라도 조선 전기에는 굳건했던 신분제가 조선 후기가 되자 많이 흔들리게 되었다는 것을 느낄 수 있어요. 그뿐 아니라 향촌에 있는 양반 세력도 약해졌어요. 변 사또의 기분을 맞추려는 향촌 양반의 모습에서 이를 엿볼 수 있어요.

배비장전
혹독한 신고식 납시오

"자네, 그 꼴이 웬일인고?"

《배비장전_절개 높던 배비장 홀딱 벗은 꼴 좀 보소》, 박일환, 나라말, 2013

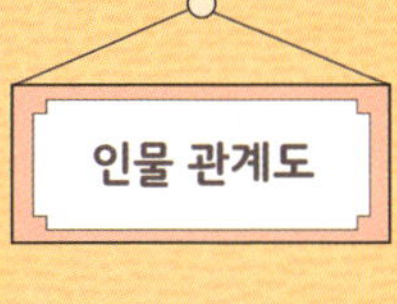

인물 관계도

배비장: 겉과 속이 다른 위선적인 조선 양반의 전형
애랑: 배비장을 꼬득임
제주 목사: 상황을 만든 배후, 사회적 권위자의 조롱과 방관

김경은 스무 살이 되기 전에 장원급제해 임금에게 직접 제주 목사 벼슬을 받았어요. 김경이 제주로 가려고 서강에 사는 배선달에게 예방(예전에 관한 일을 맡아보던 부서)을 맡긴 후 그를 비장(조선시대에 감사, 유사, 병사, 수사, 견외 사신을 따라다니며 일을 돕는 무관 벼슬)으로 삼았어요. 배비장은 팔도강산에 경치 좋은 곳을 안 가 본 데가 없었어요. 하지만 제주는 육지에서 멀리 떨어진 섬이라 가 보지 못한 터라 제주에 갈 수 있다니 무척 기뻤어요. 그 모습을 보고 아내가 주의를 주었어요.

"제주라는 곳이 육지에서 멀리 떨어졌으나 색향이라 합니다. 그곳에서 주색에 빠져 집에 돌아오지 못하면 부모님께 불효하고 첩의 신세도 망칠 것입니다."

그 말을 들은 배비장은 펄쩍 뛰었어요.

"그건 염려 마시오. 명심하고 절대로 계집은 가까이하지 않겠소."

한편, 제주에서는 청춘 남녀 한 쌍이 이별을 안타까워하고 있었어요. 구관 사또의 부하인 정비장과 수청기생 애랑의 이별이었지요. 정비장은 애랑이 한동안 먹고 쓰기 넉넉할 만큼 볏섬을 주었어요. 하지만 애랑은 부족한 듯 계속 흐느꼈어요. 결국 정비장은 자신이 갖고 있던 노리개, 갓두루마기, 휘양, 칼까지 다 주었어요. 배비장이 이들의 모습을 보고 비웃으며 말했어요.

"허랑한 장부로구나. 천리 밖에 와서 아녀자에게 현혹되어 저러니 체면이 꼴이 아니다."

"남의 말씀 쉽게 하지 마십시오. 나으리도 애랑을 보시면 저렇게 될지도 모릅니다."

배비장은 그럴 리가 없다며 방자를 꾸짖었어요. 방자는 배비장에게 내기를 하자고 했어요. 배비장이 애랑에게 한눈팔지 않으면 방자가 배비장의 하인이 될 것이고, 애랑에게 반하면 말을 방자에게 주기로 한 거예요.

그날 밤, 잔치가 열렸어요. 배비장은 자신이 한 말 때문에 기생들과 함께 있기 껄끄러웠어요. 사또는 낯선 곳에서 힘들어하는 배비장을 위로하고 싶다며 기생들에게 배비장을 기쁘게 할 수 있는 사람이 있냐고 물었어요. 그러자 애랑이 나서서 자신이 배비장을 꼬득여 보겠다고 했어요. 사또는 애랑의 속셈을 눈치채고 애랑을 돕기로 했어요. 애랑은 사또의 도움을 받아 배비장을 홀리기로 했어요.

다음 날 한라산에 꽃놀이를 갔어요. 하지만 배비장은 혼자 소나무 아래 남아 다른 사람들이 노는 것을 구경했어요. 우연히 숲속을 바라보았는데 한 미인이 목욕을 하고 있는 게 아니겠어요. 배비장은 그 여인이 누구인지 궁금해 사람들이 돌아가려고 하자 갑자기 배가 아픈 척했어요. 사람들은 배비장이 애랑에게 넘어갔다는 걸 눈치채고 웃음을 참으며 방자에게 배비장이 진정되면 모시고 오라고 했어요. 사람들이 떠나자 배비장이 말했어요.

"너 저 거동을 좀 보아라."

"저기 무엇이 있소?"

"네 눈에는 저기 목욕하는 여인이 안 보이느냐?"

"예! 소인은 나으리께서 뭘 보고 그러시나 했지요. 저 건너 목욕을 하는 여인 말씀이군요."

"옳다. 너도 이젠 보았구나. 상놈의 눈이라 많이 무디구나."

"예. 소인의 눈이 나리 눈보다 무디어 예의에 어긋나는 것은 안 보입니다. 그러나 양반 나으리가 남녀유별의 체면도 모르고 규중 처녀가 목욕하는 것을 구경한단 말씀이구려."

"뭐라구? 이놈이?"

"유부녀 목욕하는 걸 엿보는 못된 버릇을 알면 혼날 것이니 저 여자 볼 생각 꿈에도 마시오."

"다시는 안 본다. 그러나 자석에 바늘 달라붙듯 눈이 자꾸 그리로 가니 어쩐단 말이냐?"

배비장은 여인에게 눈을 떼지 못했어요. 방자가 기침을 하자 여인이 깜짝 놀란 듯 몸을 웅크리며 물 밖으로 뛰어나와 숲속으로 숨었어요. 배비장은 그 여인을 잊지 못해 상사병에 걸렸어요. 배비장은 방자에게 일백 냥을 주며 도와 달라고 사정했어요. 방자는 못 이기는 체 승낙했어요.

"나으리께서 정 그러시다면 편지를 써 주십시오."

배비장은 자신의 절절한 마음을 편지로 썼어요. 배비장의 편지를 받은 애랑은 답장을 보냈어요. 배비장은 애랑의 답장을 보물처럼 소중히 받아 읽었어요. 상사병이 다 나은 것 같았어요. 밤이 되어 배비장은 애랑에게 가려고 옷을 차려입었어요. 방자는 밤에 몰래 가는데 비단옷이 말이 되냐며 다 벗고 가라고 했어요. 결국 배비장은 허름한 옷을 입고 갔어요.

배비장은 여인의 방에 들어갔어요. 그때 밖에서 방자가 여인의 남편인 척하며 고함을 쳤어요. 배비장은 깜짝 놀라 알몸으로 이불을 뒤집어썼어요.

"저희 남편은 무척 흉포하고 무섭습니다."

배비장이 바들바들 떨며 살려 달라고 하자 커다란 자루 안으로 들어가라고 했어요. 여인은 배비장이 들어간 자루를 방구석에 세워 두었어요. 방자가 남편인 척 들어와 방구석에 세워 놓은 것이 무엇이냐 묻자 여인은 거문고라고 했어요. 방자가 소변을 보고 오겠다고 하자 배비장에게 윗목에 놓인 피나무궤에 들어가라고 했어요. 배비장은 얼른 궤 속으로 들어갔어요. 너무 놀라서 그 모든 일이 방자와 애랑이 자신을 속이려 꾸민 짓이라고는 생각도 하지 못했어요.

방자가 다시 와서 거문고와 피나무궤에 액이 붙었으니 불에 태워야 한다고 했어요. 배비장이 무서워 소리를 질렀어요. 방자는 궤에 귀신이 붙었다며 물에 던져 버리겠다고 하고 진짜 물에 던지는 듯이 궤 틈으로 물을 붓고 흔들었어요. 궤 속에 있던 배비장은 꼼짝없이 죽었다고 생각했어요. 얼마 후 "어기어차! 어기어차!" 하는 소리가 들렸어요.

사령들이 가짜로 배 젓는 소리를 낸 거예요. 하지만 아무것도 모르는 배비장은 반가운 마음에 소리를 질렀어요.

"거기 가는 배는 어디로 가는 거요?"

"제주 배요."

살려 달라고 했지만 사람들은 궤 속의 소리가 이상하다며 그냥 가자고 했어요. 배비장은 목이 터져라 살려 달라고 부탁했어요. 누군가 유부녀에게 몰래 갔다가 그 지경이 되었나 보다 하니 맞다며 살려 달라고 애원했어요. 배에 태우면 부정이 탈 수 있으니 궤문을 열어 주면 바닷물이 눈에 들어가지 않게 눈을 감고 헤엄쳐서 가라고 했어요. 궤를 열자 알몸의 배비장은 두 눈을 꼭 감고 팔다리를 허우적거렸어요.

한참을 허우적거리던 배비장은 머리를 부딪쳐 눈을 떴어요. 동헌에 사또가 앉아 있고 주변에는 관속과 기생, 노비 들이 배비장을 보고 웃음을 참느라 입을 막고 있지 않겠어요? 사또가 웃으며 물었어요.

"자네, 그 꼴이 웬일인고?"

배비장은 고개를 들 수 없었어요.

Q. 새로운 단체에 들어갈 때 일명 '신고식'이라는 것을 해요. 배비장도 호되게 신고식을 치른 거죠. 신고식이라는 게 뭐길래 이렇게까지 하는 걸까요?

소설을 탐구하다

해학과 풍자

해학과 풍자는 웃음을 유발한다는 점에서는 비슷하지만, 대상에 대한 태도는 정반대예요. 해학은 인물에 대해 연민과 동정을 불러일으키는 따뜻한 웃음이고, 풍자는 인물에 대해 날카로운 비판이 숨어 있는 차가운 웃음이거든요.

해학은 웃음과 익살이 담겨 있어서 인생을 낙관적으로 바라봐요. 해학에서 웃음은 상대에 대한 애정, 관조적 태도, 익살을 띤 웃음이라고 볼 수 있어요. 반면, 풍자는 현실의 문제점을 드러내 비판하고 그것을 변화시키거나 개혁하고자 하는 의지를 담고 있어요. 풍자에서 웃음은 상대에 대한 빈정거림, 조소, 비꼬기, 냉소, 공격성을 띤 웃음이라고 볼 수 있지요.

배비장을 우스꽝스럽게 만든 것을 보면 겉과 속이 다른 양반을 비웃고 있음을 알 수 있어요. 이런 것이 바로 풍자랍니다. 뒤에서 살펴볼 채만식의 작품에도 해학과 풍자가 잘 드러나요. 채만식의 작품을 함께 보면서 둘을 비교해 봐요.

남성 훼손 소설

남성 훼손 소설은 남성 중심 사회의 권위, 위선적인 남성 인물의 이

미지를 조롱하고 해체하는 이야기 구조를 말해요. 흔히 위선적인 사대부 남성이 여성 또는 하층 인물에게 조롱당하거나 굴욕을 당하는 내용을 담고 있어요.

《배비장전》은 대표적인 남성 훼손 소설이에요. 남성 훼손 소설은 자신이 생각하는 규범을 어떤 상황에서도 절대 변하지 않는 진리인 듯 믿고 따르는 남자 주인공이 등장해요. 주변 사람들은 그 생각이 틀렸다고 여겨 남자 주인공이 생각하는 진리를 훼손하려고 해요. 남자 주인공의 신념도 그다지 도덕적이지 않아요. 그렇다고 그 사람의 신념을 꺾으려고 모의하는 사람들도 옳다고 할 수는 없지요. 남성 훼손 소설은 이렇게 도덕적이지 않은 신념을 가진 사람과 그것을 꺾으려는 사람 양쪽을 모두 비판해요.

남성 훼손 소설은 기본 골격이 있어요. '어떤 남자가 여색을 멀리함 – 그 태도를 못마땅하게 여기는 다른 남자가 절개를 훼손시키려고 모의함 – 기녀가 계획적으로 남자를 유혹함 – 기녀의 유혹에 넘어가 절개를 훼손함 – 기녀와 모의한 남자에 의해 그 사실이 폭로됨'의 구조인데,《배비장전》은 이 골격을 충실히 따르죠.

조선 후기에 달라진 현실과 생각

조선 후기에 접어들면서 양반 인구가 급증하고 가난한 양반과 부유한 상민이 뒤섞였어요. 그 결과, 양반의 권위는 점점 약해졌고, 오랫동안 유지되어 온 신분 질서도 흔들리게 되었어요. 또한 실학이 등장하면서 현실 개혁을 주장하는 목소리가 커졌고, 사람들의 사고방식도 점차 명분보다 실제 삶과 인간 중심으로 바뀌어 갔어요.

이러한 시대 변화에 따라 사람들의 현실에 대한 인식도 달라지기 시작했어요. 부정부패, 빈부 격차, 신분 차별 등 현실의 모순에 대한 민중의 불만이 커졌고, 이러한 불만은 문학에서 풍자와 해학으로 표현되었어요. 또한 여성의 지적이고 문화적인 능력이 드러나면서 이전까지 소극적인 인물로 그려지던 여성이 점차 이야기의 중심에서 주체적 인물로 자리 잡기 시작했어요. 이러한 다양한 인식 변화는 문학에서 기존 권위에 대한 비틀기와 비판 그리고 웃음을 담는 방식으로 이어졌고, 대표적인 예가 《배비장전》과 같은 남성 훼손 소설이에요.

유배의 땅, 제주도

관광으로 유명한 요즘과 달리 조선시대 제주도는 그리 살기 좋은 곳은 아니었어요. 육지에서 가장 멀리 떨어진 곳으로 모든 정보가 차단되고 경제적 여건도 좋지 않았거든요. 게다가 무거운 세금을 피해 도망가거나 뱃일 중 풍랑에 떠내려가면서 남자들의 수가 줄어들자, 조선 후기에는 제주도 사람은 절대 섬을 떠나지 못하게 하는 정책을 내리기도 했어요. 이러다 보니 제주도는 유배지 중에서 가장 꺼리는 유배지가 되었어요. 김정, 송인수, 김상헌, 정온, 송시열 등이 제주도로 유배 온 대표적인 인물이에요. 아이러니하게도 이들 덕분에 당시 학문의 불모지나 다름없던 제주도에서 학문을 발전시킬 수 있었어요. 추사 김정희도 제주도에 유배를 왔는데, 이 기간 동안 어려운 환경 속에서도 서예에 정진해 자신만의 독창적인 글씨체인 추사체를 완성했다고 해요. 그런 제주도를 소설의 배경으로 삼았다니 《배비장전》의 작가는 분명 제주도와 관련 있는 인물이었을 거예요. 그래서 제주의 아름다움을 사람들에게 알리고자 《배비장전》을 쓴 것이 아닐까요?

비장이 뭐야?

이 작품의 제목을 풀어 보면 '배씨 성을 가진 비장의 이야기'라는 뜻이에요. 배비장의 이름은 배선달이에요. 그렇다면 비장은 뭘까요? 조선시대에 감사, 유수, 병사, 수사, 견외 사신 등을 따라다니며 일을 돕던 무관 벼슬이에요. 감사나 절도사가 새로 부임한 수령을 맞이하는 인사를 해야 할 때 비장에게 시키거나, 백성이 어떻게 지내고 있는지 살펴볼 때 비장을 대신 내보내기도 하는 등 꽤 중요한 자리였어요. '막비, 막객, 막빈, 막중, 좌막'이라고 부르기도 했어요.

비장이 맡은 일을 한마디로 정리하기는 어렵지만, 조선 후기 병영이나 순영에 있던 비장은 다양한 업무를 수행했어요. 공문을 전달하거나, 산성과 관청을 새로 짓거나 수리했어요. 또한 특수 업무를 담당할 하급 관원 선발 시험인 취재를 감독했고, 떠들썩한 사건이 일어나면 범인을 찾아 체포하는 일도 했다고 해요. 특히 군영의 비장은 회계장부를 감독하기도 했어요.

애랑과 방자는 누구일까?

조선 후기는 기존 체제, 질서, 사상 등이 서서히 해체되고 새로운 질서와 사상이 꿈틀거리던 시기였어요. 정비장이나 배비장은 지배 계층을, 애랑이나 방자는 피지배 계층을 대표한다고 볼 수 있어요. 이 작품에서 애랑과 방자는 매우 중요한 인물이에요. 사건의 중심에 있을 뿐 아니라 배비장의 위선을 폭로하는 역할을 담당하거든요. 전략적이고 치밀한 애랑과 방자는 배비장보다 훨씬 똑똑하고 신분과 상관없이 우월한 위치에 있는 것처럼 보여요. 이들의 행동에는 조선의 현실을 비판하려는 의도가 담겨 있어요. 현실에서는 이들이 지배 계층보다 우월한 위치에 있을 수 없었지만, 작품 속에서나마 통쾌한 복수를 함으로써 백성은 대리만족하지 않았을까요?

신참례 문화

신고식은 새로 어떤 집단에 들어온 사람이 그 집단에 있던 사람들에게 자신을 알리는 의식이에요. 괴롭힘의 형태로 이루어지는 경우가 대부분이에요. 조선시대에도 신고식이 있었어요. '신참례'라고 하는데, 바로 배비장이 당한 것이 신참례였어요. 신참례는 고려 후기 권문세족의 자제들이 부정한 방법으로 관직을 차지하자 이들의 버릇을 고치고 기강을 바로잡으려고 만들어졌는데 시간이 흐를수록 변질돼 새로 온 사람을 괴롭히는 수단이 되어 버린 거예요. 연못에 들어가 사모(紗帽: 문무백관이 관복을 입을 때 갖추어 쓴 모자)로 물을 퍼내게 하거나 더러운 물을 마시게 하는 등 방법은 다양했어요. 율곡 이이는 신참례를 몹시 싫어해 국왕에게 아뢰어 신참례를 없애 버렸다고 해요. 신참례는 새로운 구성원이 빠른 시일 내에 새로운 환경에 적응할 수 있는 계기가 되기도 하지만, 그 의식이 너무 과도하면 오히려 문제가 될 수 있어요. 《배비장전》은 당시 가혹한 신참례 문화를 풍자하고 있어요.

양반전

왜 양반이 양반을 비판하는 거지?

참으로 맹랑합니다 그려.
당신네들이 나를 도둑놈이 되라 하시는군요.

《허생전 · 양반전》, 박지원, 청솔출판사, 2024

양반: 관청의 쌀을 빌려 먹으나 갚을 능력이 없음
부자: 돈은 많으나 신분이 낮아 양반 신분을 사려 함
군수: 양반 신분을 사고파는 문서를 만듦

　‘양반’은 사족(士族)과 마찬가지로 조선의 지배층을 가리키는 말이에요. 정선 고을에 한 양반이 있었는데, 그는 어질면서 글 읽기를 좋아했어요. 그래서 마을에 군수가 새로 부임할 때마다 그 집에 직접 가서 존경의 뜻을 표했어요. 그러나 살림이 가난해 해마다 관가에서 백성에게 꾸어 주는 곡식을 타 먹었는데 여러 해 동안 쌓이니 빌린 곡식만 천 석이나 되었어요. 관찰사가 여러 고을을 돌아다니다가 이곳에 이르러 관청 쌀의 출납을 조사하고는 매우 노했어요.

　“어떤 놈의 양반이 군량을 이렇게 축냈단 말이냐?”

　관찰사는 그 양반을 가두었어요. 군수는 그 양반이 빌린 곡식을 갚을 길이 없는 것을 불쌍하게 여겼어요. 양반은 밤낮으로 훌쩍거리며 울었으나 아무런 대책도 없었어요. 울고 있는 남편을 본 아내는 혀를 차며 이렇게 말했어요.

　“당신이 한평생 글 읽기를 좋아했지만, 관가의 환곡을 갚는 데는 아무런 도움도 못 되는구려. 쯧쯧, 양반 양반 하더니 한 푼 어치도 못 되는구려.”

마침 그 마을의 부자가 그 이야기를 듣고 가족에게 이야기했어요.

"양반은 아무리 가난해도 언제나 높고 영광스럽지만, 우리는 아무리 부유해도 언제나 낮고 천하거든. 양반이 아니니 감히 말을 탈 수도 없고 양반만 보면 저절로 기가 죽어서 굽실거리며 엉금엉금 기어가 뜰 밑에서 절해야 하지. 코가 땅에 닿도록 무릎으로 기다시피 하면서 줄창 이렇게 창피를 당해야 하거든. 마침 저 양반이 가난해 환곡을 갚지 못해 몹시 곤란해질 모양이야. 참으로 그 양반이라는 자리도 지킬 수 없는 형편이 되었지. 내가 그것을 사서 가져야겠어."

부자는 곧 양반의 집을 찾아가 그 환곡을 대신 갚겠다고 청했어요. 양반은 부자의 제안에 크게 기뻐하면서 허락했어요. 부자는 곧 곡식을 관가에 보내어 대신 갚아 주었어요.

군수는 양반이 곡식을 갚자 놀랐어요. 군수는 직접 양반에게 찾아가 위로하며 환곡을 갚은 사정을 물었어요. 군수를 본 양반은 벙거지를 쓰고 베잠방이를 입은 채 길바닥에 엎드려, '쇤네'라고 칭하면서 감히 군수를 올려다보지도 못했어요. 군수가 깜짝 놀라 내려가서 그를 부축하자 양반은 더욱 황송하여 어쩔 줄 몰라 하며, 머리를 조아리고 엎드렸어요.

"황송하옵니다. 쇤네가 감히 일부러 이런 짓을 하는 것은 아니옵니다. 쇤네는 양반을 팔아 환곡을 갚았으니, 마을의 부자가 바로 양반이옵니다. 쇤네가 어찌 다시금 뻔뻔스럽게 옛날처럼 양반 행세를 하면서 스스로를 높이겠습니까?"

양반의 이야기를 들은 군수는 감탄했어요.

"군자답구려 부자시여. 양반답구려 부자시여. 부유하면서도 아끼지 않으니 정의롭고, 남의 어려움을 돌봐주니 어질도다. 낮은 신분을 싫어하고 높은 자리를 그리워하니 슬기롭도다. 이야말로 참된 양반이로다. 그냥 두면 소송의 꼬투리가 되리다. 내가 고을 사람들을 모아 놓고 증인을 세운 뒤에 증서를 만들어 주리다."

군수가 곧 동헌으로 돌아와서 온 고을의 양반들과 농민, 공장, 장사치까지 모두 불러 뜰에 모았어요. 부자는 향소의 오른쪽에 앉히고 양반은 공형 아래에 세운 뒤에 증서를 제작했어요.

"건륭 10년 9월 며칠에 아래와 같이 문권을 밝힌다.

양반을 팔아서 관가의 곡식을 갚은 일이 생겼다. 양반의 이름은 여러 가지다. 글만 읽으면 '선비'라 하고, 정치에 종사하면 '대부'라 하며, 덕이 있으면 '군자'라 한다. 무관의 계급은 서쪽에, 문관의 차례는 동쪽에 자리 잡았으며 이들을 통틀어 '양반'이라고 한다. 이 여러 양반 가운데서 그대 마음대로 골라잡되, 오늘부터는 옛사람을 본받아 뜻을 고상하게 가져야 한다.

새벽 다섯 시가 되면 일어나서 등불을 켜고, 정신을 가다듬어 눈으로 코끝을 내려다보며, 두 발굽을 한데 모아 볼기를 괴고 앉아서《동래박의》같은 글을 얼음 위에 박 밀 듯이 외워야 한다. 굶주림을 참고 추위를 견디며, 가난하다는 말을 입에 내지 않아야 한다. 가는 기침이 나면 가래침을 씹어 넘기고, 털 감투를 쓸 때는 소맷자락으로 털어서 물결을 일으킨다. 세수할 때는 주먹을 비비지 말고, 양치질은 지나치게 하지 말아야 한다. 긴 목소리로 계집종을 부르고, 느리게 걸으며 신 뒤

축을 끌어야 한다.《고문진보》나《당시품휘》같은 책을 베껴 쓰되, 한 줄에 백 자씩 써야 한다. 손에 돈을 지니지 말 것이며, 쌀값도 묻지 말아야 한다. 날씨가 더워도 버선을 벗지 말며, 밥을 먹을 때에도 맨상투 꼴로 앉지 말아야 한다. 식사 때 국물부터 마시지 말며 훌쩍거리는 소리를 내지 말아야 한다. 젓가락을 내릴 때는 소리 내지 말고, 생파를 씹지 말아야 한다. 막걸리를 마시고 수염을 빨지 말며, 담배도 볼이 오목 파이도록 빨아들이지 말아야 한다. 아무리 분해도 아내를 때리지 말고, 화가 나도 그릇을 차면 안 된다. 맨주먹으로 아녀자를 때리지 말며, 종이 잘못하더라도 죽이면 안 된다. 병이 들어도 무당을 부르지 말고, 화롯가에 손을 쬐지 말며, 말할 때 침이 튀지 않아야 한다.

이러한 여러 행위 가운데 부자가 한 가지라도 어기면, 양반은 이 증서를 가지고 관청에 와서 송사하여 바로잡을 수 있음을 증명한다.

성주 정선 군수 서명하고 좌수 별감 문서를 씀.”

증서를 다 쓰고 통인이 도장을 받아 찍었어요. 도장을 찍는 소리는 마치 엄숙하게 북을 치는 소리 같고, 도장은 아주 경건했어요.

“양반이 겨우 요것뿐이란 말씀이오? 나는 ‘양반은 신선과 같다’라고 들었지요. 정말 이것뿐이라면 억울하게 곡식만 빼앗긴 거지유. 아무쪼록 좀 더 이롭게 고쳐주시오.”

그래서 증서를 다시 만들었어요.

“하늘이 백성을 낳으실 때, 그 갈래를 넷으로 나누었다. 네 갈래 백성 가운데 가장 존귀한 이가 선비이고, 양반이라 부른다. 이 세상에서 양반보다 더 큰 이문은 없다. 그들은 농사를 짓지도 않고 장사도 하지 않는다. 옛글이나 역사를 대략만 알면 과거를 치를 수 있는데, 크게 되면 문과요, 작아도 진사다. 문과의 홍패는 온갖 물건이 갖추어지니 돈 자루나 다름없다. 진사는 나이 서른에 첫 벼슬을 해도 이름난 음관이 될 수 있다. 방 안에서 귀고리로 기생과 놀고, 뜰 앞에 곡식을 쌓아 학을 기른다. 비록 그렇지 못하여 궁한 선비로 시골에 살더라도, 마음대로 행동할 수 있다. 이웃집 소를 몰아다가 내 밭을 먼저 갈고, 동네 농민을 잡아내어 내 밭을 김매게 하더라도 어느 놈이 감히 괄시하랴. 네 놈의 코에 잿물을 붓고 상투를 범벅으로 만들며 수염을 뽑더라도 원망조차 못하리라."

"아니, 잠깐 멈추시오. 그만두시오. 제발 그만두시오. 참으로 맹랑합니다 그려. 당신네들이 나를 도둑놈이 되라 하시는군요."

부자는 고개를 흔들면서 달아났어요. 그는 죽을 때까지 '양반'을 입에 담지도 않았다고 해요.

Q. 박지원은 자신이 양반임에도 양반 신분을 사고파는 이야기를 썼어요. 왜 이런 소설을 썼을까요?

소설을 탐구하다

실학자 박지원의 생각

《양반전》을 쓴 박지원은 실학자예요. 박지원(1737~1805)은 상업이 경제 발전의 핵심이라고 생각했어요. 그는 상업이 발전하면 농촌 경제도 성장할 수 있다고 생각해《열하일기》를 통해 청나라 문물을 받아들이고 서양의 과학 기술을 도입할 것을 주장했어요. 이를 북학사상이라고 해요. 또한 문학 작품을 통해 사회 문제를 비판하며 조선이 나아가야 할 방향을 제시하는 등 시대를 앞서간 인물이었어요. 박지원이 쓴 《열하일기》는 문체나 내용이 당시로서는 파격적이고 재미있어서 엄청난 인기를 끌었어요.

박지원은《양반전》을 쓴 이유를 "양반은 몸이 비록 곤궁하더라도 본분을 잃어서는 안 될 것이다. 지금 소위 선비들은 명절(명분과 절의를 아울러 이르는 말)을 닦는 데 힘쓰지 않고, 부질없이 문벌만을 진귀한 보화로 여겨 그 세덕(대대로 쌓아 내려오는 미덕)을 사고파니, 장사치에 비해서 무엇이 낫겠는가. 이에 나는 이《양반전》을 써 보았노라"라고 했어요.《양반전》에는 도리를 잃고 부도덕해진 양반들에 대한 비판이 담겨 있어요. 선비의 도를 잃어 버린 양반의 부도덕성을 비판하고, 무능하면서도 서민을 착취했던 양반의 위선을 풍자하려고 이 작품을 썼다고 볼 수 있어요.

양반 매매 증서

부자가 양반이 되고자 쓴 양반 매매 증서를 읽어 보았나요? 양반 매매 증서는 첫 번째 증서와 두 번째 증서의 내용이 완전히 달라요. 첫 번째 증서에는 양반으로서 지켜야 할 덕목과 행실만을 나열해요. 그 속의 내용은 체면을 지키기 위한 허례허식에 얽매여 있지요. 박지원은 이를 통해 겉치레와 형식적인 관념에 얽매인 양반의 모습을 풍자해요. 두 번째 증서에는 무위도식하며 비생산적인 양반의 모습, 개인 이익만 취하며 부당한 특권을 남용하거나 다른 계층에게 횡포를 부리는 양반의 모습이 나타나요. 즉, 신분을 이용해 백성을 괴롭히고 부당한 특권을 남용하는 양반을 풍자하고 있어요.

분수를 모르는 평민 풍자

그뿐 아니에요. 양반 매매 증서는 신분을 이용해 횡포를 부리는 양반을 풍자하는 동시에, 자신을 도둑으로 만들 거냐며 도망가는 부자의 모습을 통해 자신의 분수를 모르고 신분 상승을 꾀하는 평민층도 풍자하고 있어요. 이렇게 양반과 평민 양쪽을 모두 풍자하는 것이《양반전》이에요. 작가는 이러한 모습을 통해 양반 계층이 몰락하고 신분 질서가 흔들리던 당시 사회를 적나라하게 보여 주면서 진정한 양반의 모습을 되찾자는 뜻을 함께 담았을 거예요.

《양반전》 인물들이 하는 말의 뜻은?

《양반전》에는 박지원의 생각을 대신 말하는 인물들이 등장해요. 첫째는 양반의 아내예요. 양반의 아내는 곡식을 갚지 못하는 남편에게 "당신이 한평생 글 읽기를 좋아했지만, 관가의 환곡을 갚는 데 아무런 도움도 못 되는구려. 쯧쯧, 양반 양반 하더니 한 푼 어치도 못 되는구려"라고 말하며, 글만 읽는 양반들의 경제적 무능력을 비판해요. 양반 아내의 입을 빌려 말했지만, 실학자인 박지원이 양반들을 보며 한 생각이었을 거예요. 다음으로 군수가 두 번째 문서를 작성할 때 부자가 그것을 멈추게 하고 달아나며 하는 말에서 양반의 부도덕한 행위를 비판하려는 박지원의 의도가 드러나요.

등장인물들이 하는 말에는 작가의 의도가 포함되어 있어요. 소설을 읽을 때, 이 등장인물이 '왜 이런 이야기를 했을까' 생각하면서 읽는다면 작가의 의도를 좀 더 잘 파악할 수 있을 거예요.

실학이 뭐지?

박지원은 실학자 중 한 사람이었어요. 조선 후기의 여러 문제를 해결하고 현실 사회를 개혁하려는 학문과 사상을 우리는 '실학'이라고 불러요. 실학에는 조선 후기 왕조의 통치가 흔들리고, 기존의 성리학은 한계를 드러내고 있으며, 경제와 사회, 신분제 등은 크게 변화하는 현실을 바라보는 진보적 지식인의 고민이 담겨 있어요.

실학자들은 무엇보다 일반 백성의 삶에 관심이 있었어요. 그래서 농업과 상업 문제에도 새로운 주장을 펼쳤어요. 그중에서도 백성이 자기 토지를 갖고 농사를 지어야 나라가 튼튼해진다는 토지개혁을 주장한 실학자들이 있어요. 유형원, 이익, 정약용 등이 그런 실학자들이에요. 유형원은 토지를 나누어 자영농이 많아져야 한다고 주장했고, 이익은 한 가정이 필요한 만큼만 땅을 가지고, 나머지는 팔 수 있게 하자고 했어요. 정약용은 땅을 공동으로 소유하고 함께 경작하자고 제안했어요. 또한 상공업을 크게 일으켜야 나라가 부강해진다고 주장하는 실학자들도 있어요. 박지원, 박제가, 홍대용 등 북학파라고 불리는 인물들이 그들이에요. 이들은 청나라의 문화와 기술을 받아들이고 상공업을 발전시켜야 한다고 강조한 거예요. 또한 실학자 중에는 우리나라의 역사와 언어를 연구하고, 우리 역사와 문화의 독자성을 강조하는 인물도 있어요. 하지만 이러한 실학자들의 주장은 당시 정치와 사회에서 크게 반영되지 못했어요.

조선 후기 사회 모습

조선 후기는 큰 사회 변화가 일어나던 시기였어요. 양반 신분도 여러 계층으로 나뉘었어요. 일부 양반은 권력과 관직을 독차지했고, 일부는 경제적으로 어려워져 '잔반'이라고 불리기도 했어요.《양반전》에 나오는 환곡을 갚지 못하는 양반이 바로 그런 '잔반'들이지요. 이들은 과거 양반들이 하지 않던 농사를 짓거나 소작을 하며 살기도 했어요. 상업이나 수공업으로 생계를 유지하기도 했고요.

양반층의 몰락과는 반대로 농민이나 상인 중에서는 재산을 모으며 신분을 상승하는 사람들도 있었어요.《양반전》에 나오는 양반을 사려고 한 부자가 바로 그런 사람들이에요. 이들은 법적으로 신분을 올리는 방법인 **납속책***이나 **공명첩****을 이용하기도 했지만, 부유한 농민이나 노비는 관청에 뇌물을 주거나 족보를 사서 양반이 되기도 했답니다.

★ **납속책**: 곡물을 바치게 하고 그 대가로 상이나 벼슬을 주던 정책

★★ **공명첩**: 국가의 재정이 궁핍할 때 국고를 채우던 수단, 성명을 적지 않은 백지 임명장으로 돈이나 곡식을 바치는 사람의 이름을 적어 넣어 관직을 줌

열녀함양박씨전

열녀 조장 사회 때문에

남편을 따라 죽어서 처음 자신의 생각을 이루었으니
어찌 열녀가 아니겠어요?

《박지원 소설집》, 박지원, 서해문집, 2022

어머니 수절하기 위해 동전을 굴림
아들들 높은 벼슬에 있음

　연나라 왕이 제나라의 왕촉을 장수로 기용하겠다고 했어요. 왕촉은 '충신은 두 임금을 섬기지 않고 정숙한 여자는 지아비를 둘로 바꾸지 않는다'라며 자결했어요. 시경에서도 위나라 세자 공백이 일찍 죽은 뒤 그의 아내인 공강에게 부모가 재혼을 권하자, 공강은 이를 거부했어요. 우리나라《경국대전》에 '재혼한 여자의 자손에게는 벼슬을 주지 말라'라고 기록되어 있는데, 이것은 평민을 위해 만든 게 아니에요. 이것이 오랜 시간 당연시되면서 풍속이 되어 모든 사람이 수절해야 하고, 절개를 지키려면 죽음을 강요해요.

　옛날 어떤 형제가 높은 벼슬을 하고 있었는데, 어떤 사람의 등용을 막고자 어머니께 의논했어요. 어머니는 그 사람이 무슨 잘못을 했길래 벼슬길을 막느냐고 물었어요. 그 사람의 선조에 과부가 있는데 소문이 좋지 않다고 했어요.

　어머니는 엄숙한 표정으로 말했어요.

　"바람은 소리만 나지 형태가 없다. 눈으로 살펴도 보이지 않고 손으로 잡아도 얻을 수가 없다. 공중에서 일어나 만물을 흔들리게 하니 어찌 이따위 형편없는 일로 남을 흔든단 말이냐? 너희도 과부의 자식이 아니냐? 과부의 자식이 어찌 과부에 대해 논할 수 있단 말이냐? 잠깐 기다려라. 너희에게 보여 줄 게 있다.”

어머니는 품속에서 동전 한 닢을 꺼냈어요. 그 동전을 보이며 물었어요.

“이 동전에 테두리가 있느냐?”

아들들은 동전을 유심히 보았지만, 테두리는 보이지 않았어요.

“그럼 글자가 있느냐?”

“글자도 없습니다.”

그제야 어머니가 눈물을 흘리면서 말했어요.

“이것이 네 어미의 죽음을 참게 한 부적이다. 이 동전에 테두리가 없는 이유는 십 년 동안 만져서 닳았기 때문이다. 사람의 혈기는 음양에 뿌리를 두고 있다. 혈기는 때에 따라 왕성해지기도 한다. 과부라고 해서 어찌 혈기가 없고, 누군가를 사랑하는 마음이 없겠느냐? 가물거리는 호롱불이 내 그림자를 비추는 것처럼 외로운 밤에는 새벽도 천천히 오더구나. 처마 끝에 빗방울이 떨어지는 소리가 들릴 때, 창가에 밝은 달빛이 비칠 때, 나뭇잎 하나가 뜰에 떨어질 때 쓸쓸한 마음에 잠을 이루지 못하는 밤에 내가 누구에게 고충을 하소연하겠느냐? 그때마다 이 동전을 꺼내어 굴리기 시작했단다. 방 안을 돌아다니다 모퉁이를 만나면 멈추었지. 그러면 이놈을 찾아서 다시 굴렸는데, 대여섯 번 굴리고 나면 하늘이 밝아지곤 했단다. 십 년 동안 동전을 굴리는 횟수가 점점 줄어들었고 십 년 뒤에는 닷새에 한 번 정도 굴리게 되었지. 혈기가 쇠약해진 뒤부터 이 동전을 굴리지 않게 되었단다. 그런데도 이 동전을 오늘날까지 간직한 이유는 엽전의 고마움을 잊지 않기 위해서야. 가끔은 이 동전을 보면서 나 자신을 반성하기도 한단다.”

이 말을 듣고 아들들은 어머니가 그동안 자신들을 키우느라 얼마나 고생했는지 알게 되었어요. 그들은 서로 껴안고 울었어요.

이 이야기를 들은 군자들이 “이야말로 ‘열녀’라고 할 수 있겠구나” 하며 감탄했어요. 이들의 사연이 알려지지 않고, 이름조차 몰라서 후세에 전해지지 않은 이유는 죽음으로 증명하지 않으면 과부의 절개가 인정받지 못했기 때문이에요.

내가 안의(安義) 고을을 다스리기 시작한 이듬해 계축년(1793) 몇 월 며칠이었어요. 새벽 무렵 잠에서 깼는데 청사 앞에서 몇 사람이 소곤거리는 소리가 들렸어요. 슬퍼하며 탄식하는 소리도 들렸어요. 무슨 급한 일이 생겼는데 나를 깨울까 봐 걱정하는 것 같아 일부러 큰 소리로 물었어요.

“닭이 울었느냐?”

“벌써 서너 번이나 울었습니다.”

“밖에 무슨 일이 있느냐?”

“심부름꾼 박상효의 조카딸이 함양으로 시집가서 일찍 과부가 되었습니다. 지아비의 삼년상이 끝나자 바로 약을 먹고 죽으려 했습니다. 그 집에서 급하게 연락이 왔는데 상효가 오늘 숙직 당번이어서 가지 못하고 있었습니다.”

나는 '빨리 가보라' 전하고 나중에 그 과부가 살았냐고 물었더니 이미 죽었다고 했어요.

"함양에 열녀가 났는데, 그가 본래는 안의 사람이라고 했지. 그 여자의 나이가 올해 몇 살이며 함양 누구의 집에 시집을 갔었느냐? 어릴 때부터 어떠했는지 잘 아는 사람이 있느냐?"

여러 아전이 한숨을 쉬면서 말했어요.

"박씨의 집안은 대대로 이 고을 아전이었는데 아비 이름은 상일이었습니다. 그가 일찍 죽은 뒤로 외동딸만 남았는데 어미마저 세상을 떠나 할아비, 할미의 손에서 자라며 효도를 다했습니다. 열아홉에 함양 임술증의 아내가 되었지요. 술증도 대대로 함양 아전이었는데 평소 몸이 여위고 약해 결혼하고 반년이 채 못 되어 죽었습니다. 박씨는 남편의 초상을 치르면서 예법대로 하고 시부모에게도 며느리의 도리를 다했습니다. 두 고을의 친척과 이웃들 가운데 그 어진 태도를 칭찬하지 않는 사람이 없었는데, 이제 그 행실이 드러난 것입니다."

늙은 아전이 감격한 말투로 이렇게 말했어요.

"시집가기 몇 달 전에 어느 사람이 '술증의 병이 깊어 살 가망이 없는데 어찌 결혼하려고 하느냐?'라고 했답니다. 여자의 집에서 알아보니 인물은 좋지만 병이 깊고 기침을 자주 해서 그림자가 걸어 다니는 것 같았답니다. 다른 중매를 놓으려고 했더니, 색시가 '지난번에 바느질한 옷은 누구의 몸에 맞게 한 것이며 누구의 옷이라고 불렀지요? 저는 처음 바느질한 옷을 지키고 싶어요'라고 했답니다. 그 뜻대로 사위를 맞았지만 실은 빈 옷만 지켰다고 합니다."

박씨는 '나처럼 나이 어린 과부가 세상에 오래 있으면 끝없이 친척에게 동정이나 받을 것이다. 이웃 사람들이 나를 보고 나쁜 소문도 많이 낼 것이니 빨리 이 몸이 죽는 것이 낫겠다'라고 생각하지 않았을까요?

슬픈 일이에요. 처음 초상이 났을 때 박상효의 조카딸이 자결하지 않은 것은 장례가 남았기 때문이고, 장례가 끝나고 죽음을 참은 것은 사람이 죽고 일 년 만에 지내는 제사가 남았기 때문이었어요. 제사가 끝난 뒤에도 죽지 않은 것은 죽은 지 이 년 만에 지내는 제사가 또 남았기 때문이었어요. 모든 제사가 끝나고 남편을 따라 죽어서 처음의 생각을 이루었으니 어찌 열녀가 아니겠어요?

Q. 열녀가 되려면 남편을 따라 죽어야 한다니요. 이것이 진정한 열녀라고 할 수 있을까요?

박지원의 문학론

박지원은 작가란 자기가 속한 시대와 풍속을 표현해야 한다고 했어요. 그는 작가 자신이 살고 있는 현실을 그려 내는 것이 작가의 임무이지 당대 현실과 동떨어진 과거의 문장을 모방해서는 안 된다고 주장했어요. 박지원의 이러한 생각은 당대에 유행했던 고문을 그대로 따르는 것을 부정적으로 보고 자신이 살고 있는 세상에서 참다운 모습을 찾아야 한다고 주장한 거예요.

박지원은 옛사람의 글을 흉내 내거나 옛날 형식에 얽매이면 글에 생명력이 없고 당대의 모습을 담으려면 상스러운 말도 버릴 수 없다고 했어요.

무슨 이야기야?

《열녀함양박씨전》은 박지원이 안의 현감으로 있을 때, 절개를 지키고자 죽음을 선택한 한 여인을 보고 느낀 점을 쓴 한문 단편소설이에요. 늙은 과부가 눈물겨운 노력으로 평생을 수절한 이야기와 젊은 과부가 남편의 삼년상을 치른 후 남편을 따라 목숨을 끊은 이야기, 이렇게 두 이야기로 구성되어 있어요. 이 두 이야기를 통해 당시 우리나라의 열녀 풍속에 대해서 다시 생각해 보게 해요.《열녀함양박씨전》은 박씨의 정절을 세상에 드러내려고 쓴 것이 아니에요. 이미 그 전에 이들의 이야기는 알려져 있었거든요. 그보다는 수절이라는 행위를 인간의 행복이라는 측면에서 살펴보고 있어요. 어떤 일이 사람을 고통스럽게 하거나 목숨을 앗아 간다면 그것이 과연 옳은 일일까요? 박지원도 비슷하게 생각했을 거예요. 결국 《열녀함양박씨전》은 과부에게 수절을 강요하는 사회적 분위기를 비판하려고 쓴 작품이라고 볼 수 있어요.

역설은 뭐야?

역설은 의미가 모순되고 이치에 맞지 않는 표현을 뜻해요. 예를 들어 유치환의 〈깃발〉이라는 시 중에 '소리 없는 아우성'이란 표현이 있는데요. 처음에 들었을 때는 무슨 말인지 잘 이해되지 않을 거예요. 아우성은 마구 소리를 지르고 시끄럽게 하는 건데, 소리가 없다니 말이 안 되죠? 하지만 그 의미를 곰곰이 생각해 보면 그 속에 담긴 의미를 이해할 수 있어요. 깃발 자체는 소리가 없지만 바람에 세차게 펄럭이는 모습이 마치 아우성을 치는 것처럼 보여요. 이렇게 역설은 겉으로 보기에는 이치에 맞지 않지만, 찬찬히 의미를 따져 보면 의도를 짐작할 수 있답니다.

반어는 뭐야?

그러면 반어는 뭘까요? 표현 자체가 이치에 맞지 않는 역설과 다르게 반어는 잘못된 표현이 아니에요. 하지만 그 상황과 관련지어 생각해 보면 무언가 어긋나는 점이 있어요. 예를 들어, 엄마 몰래 나쁜 짓을 하다가 들켰을 때 엄마가 "잘~한다"라고 하는 것도 반어예요. 지금 잘하고 있는 게 아닌데 잘한다고 말했으니까요. 사랑하는 사람과 헤어질 때, '죽어도 아니 눈물 흘리우리다'라고 말하는 것도 마찬가지예요. 사랑하는 사람이 떠났는데 죽어도 눈물을 흘리지 않는다는 건 말이 안 되거든요. 이렇게 표면적인 의미와 그 속의 의미가 서로 반대되는 표현을 반어라고 해요. 《열녀함양박씨전》은 처음부터 열녀에 대해 부정적인 생각을 이야기하고, 자신의 생각과 상반되는, 정절을 지킨 두 여인의 이야기를 제시하고 있어요. 이것은 역설일까요, 반어일까요? 말의 겉뜻과 속뜻이 반대되는 표현으로 풍자하는 효과를 주고 있으니 반어법이 맞겠죠.

열녀가 뭐지?

열녀의 원래 의미는 남편을 위해 정성을 기울여 살아가는 아내를 뜻하는 말이에요. 그런데 실제로는 남편이 죽은 후에 재혼하지 않고 홀로 살거나 죽음으로 남편에 대한 정절을 지킨 아내를 뜻하는 말로 쓰였어요. 이 작품의 제목인《열녀함양박씨전》은 열녀인 함양의 박씨 부인 이야기를 전한다는 의미예요. '충신은 두 임금을 섬기지 않고 열녀는 두 남편을 섬기지 않는다'라는 말이 중국 전국시대부터 있었던 것을 보면 '열녀'라는 말의 어원은 매우 오래되었다고 볼 수 있어요. 우리나라에서도《삼국사기》에 열녀라고 할 수 있는 설씨녀와 도미 부인의 이야기가 수록되어 있답니다.

조선시대 열녀 장려 정책

조선시대가 되자 조선 왕조는 유교적 여성관을 장려하고자 열녀를 포상하는 이른바 정표 정책을 실시했어요. 정표 정책은 '효도, 우애, 절의 등 선행을 한 자를 해마다 연말에 예조에서 선정해 국왕에게 보고 하고 열녀문을 세우거나 부역, 조세를 면하게 해 주는' 정책이었어요. 조선시대 왕들은 매년 전국의 관찰사들에게 열녀를 조사해 기록하고 보고하도록 해서 여러 혜택을 주며 부녀자의 정절을 장려했어요. 양반 사대부들도 《열녀전》을 지어서 열녀 이념을 널리 퍼뜨렸어요.

조선 후기에 이르러 사회가 점점 혼란해지자 국가는 질서 회복과 안정 추구를 위해 정절을 더욱 강조했어요. 그러다 보니 정절을 목숨보다 소중히 여기고 과부의 수절을 의무로 여기는 풍속이 생겼어요. 실제로 많은 여성이 젊은 나이에 과부가 되어도 평생 재혼하지 않고 수절했다고 해요. 이런 분위기가 점점 강조되면서 19세기에는 남편이 죽은 후 평생 수절하는 것은 당연하게 여겨졌고, 남편을 따라 죽는 경우만 열녀라고 인정받기도 했어요. 이와 같이 열녀 풍속이 널리 확산되는 현상은 조선 후기에 남성 중심의 유교 가부장제가 자리 잡는 사회 분위기와 관련이 있어요. 심지어 개혁적인 실학자 이익은 남편이 죽어도 재혼하지 않는 여성이 양반뿐 아니라 전 계층으로 확대되는 상황을 "중국도 따라오지 못할 아름다운 풍속"이라고 자랑했지요. 실학자 이덕무도 《양열녀전》을 지어 열녀를 칭송했어요.

이런 분위기 속에서 여성들이 스스로 열녀 의식을 마음속에 새겼고, 이로 인해 열녀들이 점점 늘어나게 되었지요. 이처럼 여성들에게만 정절을 강요하는 사회가 얼마나 잘못되었는지를 생각해 보면 좋겠어요.

조선시대 가부장제

조선시대는 남성인 아버지가 가족의 최고 가장으로 모든 결정을 했어요. 반대로 여성은 역할과 권리가 제한되어 있었어요. 가족의 재산이나 권력은 대부분 남성에게 집중되어서 재산은 주로 아들에게 상속되었어요. 양반 사회일수록 가부장적 구조가 더욱 심했으며 여성의 사회적 활동은 극히 제한되어 가사와 육아가 주된 역할이었지요.

가부장제에서 남성들은 경제 활동에 집중하고 집안일은 여성이 전담해야 한다는 인식이 있었지만, 실제 일부 양반들은 요리를 하거나 식재료를 직접 장만하는 등 가사 노동에 참여하기도 했어요. 박지원은 경상도 함양 현감으로 부임해서 자신의 집에 반찬을 만들어 보내기도 했고 정약용은 채소를 키우고 된장까지 담궜다고 해요.

조선시대의 가부장제는 사회적 안정을 지탱하는 틀이었지만 다른 한편으로는 개인의 자유와 평등을 제한하는 구조적 한계도 지닌 제도였어요.

12

구운몽

어머니, 읽어 보세요

대사의 자비하심을 입어 하룻밤 꿈에 크게 깨달았습니다.

《구운몽》, 서정오, 보리, 2023

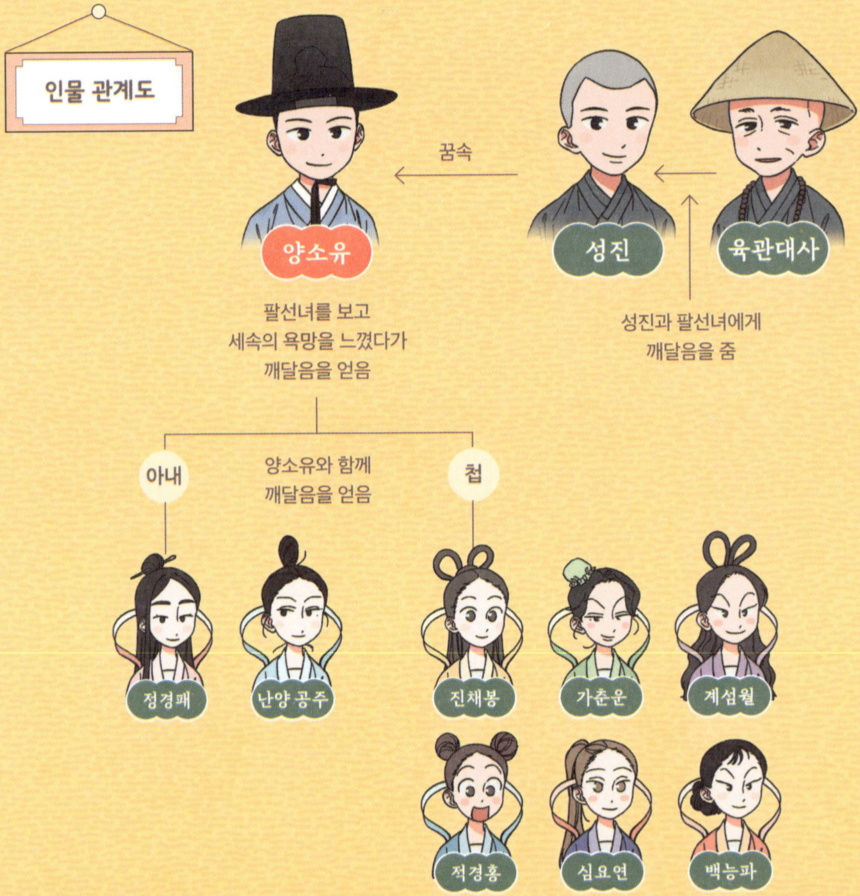

중국 당나라 때 인도에서 온 육관대사가 남악 형산 영화봉에 절을 짓고 부처님의 가르침을 전했어요. 동정호의 용왕이 육관대사에게 감사의 뜻을 전하려고 용궁으로 초대하자 제자인 성진이 자청해서 나섰어요. 그때 남악에 사는 위부인이 팔선녀를 보내 육관대사에게 선물을 전했어요. 성진은 동정호 용왕이 건넨 술을 마시고 돌아오다가 연화봉을 구경하던 팔선녀를 만났어요. 팔선녀와 성진은 서로 이야기를 나누며 즐거운 시간을 보냈어요.

성진은 돌아와서도 아리따운 선녀들의 모습을 계속 떠올렸어요. 성진은 인간 세상에서 아름다운 여인들과 부귀영화를 누리며 살고 싶었어요. 육관대사가 성진에게 무슨 일이 있냐고 물었지만, 성진은 말하지 않았어요. 육관대사는 스스로 잘못을 깨닫지 못한 성진을 인간 세상에 보냈어요.

인간 세상에서 성진은 양 처사의 아들로 태어나 양소유라는 이름을 얻었어요. 어릴 때부터 총명하고 효자였던 양소유는 15세에 과거를 보러 가다가 화주 화음현에서 진 어사의 딸 진채봉을 만나 혼인했어요.

그러나 전쟁이 일어나 피난 중에 헤어졌어요. 양소유는 산에서 도사를 만나 거문고를 배워 거문고와 퉁소를 들고 내려오니, 진 어사는 죄인으로 몰려 죽었고 진채봉은 장안으로 끌려가고 없었어요. 양소유는 고향으로 돌아갔다가 이듬해에 다시 과거를 보러 길을 떠났어요. 양소유가 낙양에 이르렀을 때 술집 천진교의 누각에서 풍류를 즐기는 선비들의 모임에 참석했다가 기생 계섬월과 인연을 맺었어요.

장안에 도착한 양소유는 어머니의 외사촌이자 유명한 여자 도사인 두련사를 찾았어요. 두련사는 양소유의 배필로 정경패를 추천했어요. 양소유는 청혼하기 전에 거문고를 타는 여자 도사로 변장해 정경패를 몰래 보았어요. 정경패는 시녀 가춘운이 양소유를 사랑하는 것을 눈치 채고 양소유가 여장했던 일을 되갚아준다며 가춘운에게 귀신으로 변장해 양소유를 유혹하라고 했어요. 그렇게 해서 양소유는 가춘운과도 인연을 맺었어요.

양소유는 고향의 어머니를 모셔 와 혼례를 치르려 했지만 하북 지방의 세 절도사가 반란을 일으켰어요. 양소유는 글을 보내 조나라와 위나라의 항복을 받고 연나라로 군사를 끌고 가서 항복을 받았어요. 돌아오는 길에 낙양에서 계섬월을 만났다가 계섬월의 친구이자 하북의 유명한 기생인 적경홍과도 인연을 맺었어요. 양소유는 정경패와 혼인을 맺은 뒤, 계섬월과 적경홍도 데리고 가겠다고 약속하고는 장안으로 돌아갔어요.

황제는 양소유에게 예부 상서 벼슬을 겸하게 하고 큰 상을 내려 아꼈어요. 하루는 궁에서 일하던 양소유가 어디선가 들려오는 퉁소 소리에 자신의 퉁소로 답했어요. 그때 어디선가 푸른 학 한 쌍이 내려와 춤을 추었어요. 그 퉁소 연주를 한 사람은 황제의 여동생 난양 공주였어요. 이 이야기를 들은 황제는 크게 기뻐했어요.

한편, 진채봉은 문서와 문장을 관리하는 궁녀로 일하며 난양 공주의 시중을 들고 있었어요. 하루는 황제가 양소유를 시켜 궁녀들에게 수건과 부채에 시를 써서 주었는데 진채봉도 양소유의 시를 받았어요. 진채봉은 양소유가 자신을 알아보지 못하자 안타까운 마음에 양소유의 시 아래에 자신의 마음을 적었고 황제는 그것을 본 후 양소유와 진채봉의 일을 알게 되었어요.

양소유는 정경패와 혼인을 취소하고 난양 공주와 혼인하라는 황제의 명령을 거절했어요. 그러던 중 오랑캐가 쳐들어오자 양소유는 군대를 이끌고 전쟁에 나갔는데 여자 자객 심요연이 양소유를 찾아왔어요. 심요연은 양소유를 죽이려 온 것이 아니라 양소유를 섬기러 왔다고 하고 돌아갔어요.

며칠 뒤 양소유의 군대가 적에게 둘러싸였을 때, 꿈속에서 동정호 용왕의 딸인 백능파를 도와주고 인연을 맺었는데, 그 꿈 덕분에 오랑캐를 물리치고 항복을 받아 냈어요.

한편, 난양 공주는 정경패를 직접 만난 뒤 마음에 쏙 들어서 정경패와 함께 양소유의 부인이 되겠다고 했어요. 황태후도 정경패가 마음에 들어 양녀로 삼고 영양 공주에 봉했어요. 황제와 황태후는 진채봉과 가춘운을 양소유의 첩으로 삼기로 했어요. 전쟁에서 승리하고 돌아온 양소유는 대승상이 되었고 영양 공주와 난양 공주, 궁녀 진씨와 혼례를 올렸어요. 그제서야 양소유는 궁녀 진씨가 진채봉임을 알게 되었어요.

양소유가 어머니를 모셔 와 잔치를 열던 날 계섬월과 적경홍이 양소유를 찾아왔고, 뒤이어 심요연과 백능파도 양소유를 찾아왔어요. 양소유는 두 명의 아내와 여섯 명의 첩을 두며 자식을 낳고 부귀영화를 누리며 살았어요. 어느 날 양소유는 부귀영화의 덧없음을 느껴 불도를 닦아 불생불멸하는(죽지도 살지도 아니하고 겨우 목숨만 붙어 있음) 도를 얻고자 스승을 찾아 떠날 마음을 먹었어요. 그때 자신을 알고 지냈다는 스님이 양소유 앞에 나타났어요. 그 스님은 신비로운 기운이 느껴지는 범상치 않은 인물이었어요. 스님이 양소유에게 아직도 꿈에서 깨어나지 않았다고 말했어요.

"무슨 말씀이오. 나는 성진이 아니고 양소유라고 하오."

"성진아, 아직도 꿈에서 깨어나지 못했구나."

스님이 지팡이로 돌난간을 두드리자 구름이 자욱해지며 눈앞이 흐려졌어요. 양소유는 놀라서 소리쳤지만, 아무것도 보이지 않았어요. 정신을 차리자 다시 성진의 모습으로 깨어났어요.

지금까지 있었던 일이 모두 꿈이었던 거예요. 성진은 막 잠에서 깨어나 주변을 살펴보고 자신의 몸을 만져 보았어요. 만져지는 건 까칠까칠한 까까머리와 팔에 걸려 있는 백팔염주뿐이었어요. 여덟 부인도, 대궐 같은 저택도 보이지 않았어요. 그저 자신이 불도를 닦던 곳이었어요.

'아, 그 모든 것이 대사께서 내게 깨달음을 주려고 주셨던 꿈이었구나.'

성진은 곧 육관대사를 찾아가 눈물을 흘리며 말했어요.

"스님, 스님 덕분에 속세에서 남녀 간의 욕정, 부귀가 모두 허사인 줄을 알게 되었습니다."

육관대사는 성진에게 말했어요.

"장자가 꿈에서 나비가 되었다가 다시 인간이 되는 꿈을 꾸었다. 성진과 소유 중 누가 꿈이며 누가 꿈이 아니냐."

성진이 무엇이 꿈인지 깨닫게 해 달라고 하자 새로 올 제자를 기다리라고 했어요. 그때였어요.

"스님, 저희를 제자로 받아주십시오."

문밖을 바라보니 자신이 만났던 두 명의 아내와 여섯 명의 첩이었어요. 그 여인들은 대사의 자비하심을 입어 하룻밤 꿈에 크게 깨달았다고 하며 얼굴의 연지분을 씻고, 소매의 가위를 꺼내 머리를 자르고 비구니가 되어 같이 도를 닦겠다고 했어요. 육관대사는 정성에 감동해 경전을 경론하고 네 구절 진언을 외웠어요. 이에 성진과 여덟 비구니가 동시에 깨달아 불생불멸할 도를 얻고 성진은 대사에게 받은 가르침으로 대중을 교화하며 존경을 얻었어요. 여덟 비구니는 성진을 스승으로 섬겨 보살의 도를 얻어 결국 아홉 사람 모두 극락세계로 갔어요.

Q. 꿈속에서 성공한 삶을 살았던 양소유의 이야기가 하룻밤 꿈이었다니 너무 허무하지 않나요? 김만중은 왜 이런 소설을 쓴 걸까요?

한글로 소설을 쓴 양반, 김만중

김만중(1637~1692)은 다른 사대부들과 달리 한글로 소설을 썼어요. 당시 사대부들은 한글을 '언문'이라고 부르며 천하게 여겼어요. 그런 점에서 사대부인 김만중이 한글로 소설을 쓴 것은 굉장히 이례적인 일이에요. 김만중은《서포만필》에서 "자기 나라의 말을 버리고 남의 말을 배워 사용하는 것은 앵무새가 사람의 말을 흉내 내는 것과 다르지 않다"라며 한글로 쓴 문학이라야 진정한 국문학이라고 주장했어요. 이러한 김만중의 태도는 한글 소설을 천시하던 당시에 매우 혁신적이었어요. 그는 한글 소설의 가치를 인식하고 직접 한글로 소설을 씀으로써 이후 한글 소설의 황금시대를 열었어요.

구운몽 뜻

구(九)는 한자로 숫자 9를 의미해요. 소설의 주인공 성진과 여덟 선녀를 합하면 모두 아홉 명이거든요. 운(雲)은 '구름'을 의미하는데, 인간의 삶이 구름처럼 금방 지나가 버린다는 뜻이에요. 마지막 몽(夢)은 '꿈'을 뜻하고요. 구운몽은 아홉 명이 부귀영화를 얻지만 깨어 보니 꿈이었다는 뜻으로, '헛된 꿈에서 깨어나 깨달음을 얻어야 한다'라는 의미를 담고 있어요.《구운몽》은《삼국유사》에 실려 있는《조신의 꿈》의

틀을 활용해 지었어요.

몽자류 소설

몽자류 소설은 글자 그대로 소설 제목에 '몽(夢)' 자가 들어가고 작품에서 꿈이 중요한 기능을 하는 소설을 말해요. 몽자류 소설은 현실에서 꿈을 꾸고 다시 현실로 돌아오는 구조를 이루고 있어요. 주인공은 꿈속에서 새로운 인물로 태어나 새로운 삶을 체험하고 꿈에서 깨면서 깨달음을 얻어요. 꿈에서 현실에 대한 깨달음을 얻기 때문에 현실과 꿈 모두 의미가 있어요. 몽자류 소설에서 꿈과 현실의 관계는 독립적이에요. 성진과 양소유처럼 대부분 꿈속과 꿈 밖의 인물이 전혀 달라요. 꿈속 내용만으로도 완성된 하나의 작품이 될 정도로 꿈속과 꿈 밖의 이야기가 독립적이에요. 그러다 보니 꿈속과 꿈 밖의 주제가 달라요. 꿈 밖의 주제는 대부분 꿈에서 이룬 성취가 허망하다는 깨달음을 담고 있어요.《구운몽》이후로 남영로의《옥루몽》,《옥련몽》등의 몽자류 소설이 많이 나왔어요.

김만중은 왜 《구운몽》을 썼을까?

중국에 사신으로 간 김만중이 중국 소설을 사 오라고 한 어머니의 부탁을 잊어버려 돌아오는 길에 부랴부랴 《구운몽》을 썼다는 이야기도 있지만, 그보다는 김만중이 남해로 유배를 간 시절인 1687년경에 어머니 윤씨 부인을 위로하고자 지었다는 이야기가 더 믿을 만해요. 김만중은 당시 정치에서 핵심 위치에 있던 노론 계열로, 숙종이 남인을 중용하려는 시도에 반대해 장희빈 일가를 혹독하게 비판하다가 유배형을 받았어요. 아들이 유배를 가게 되었다니 어머니의 근심이 얼마나 컸을까요? 아마 김만중은 자신이 귀양을 가면서 어머니가 받을 충격을 달래 드리고, 유배 생활 중 어머니께 위로가 되기를 바라는 마음으로 이 작품을 썼을 거예요. 《구운몽》은 김만중의 효심을 엿볼 수 있는 작품이지요.

김만중은 명문 집안 유복자

김만중은 왜 이렇게 효심이 깊었을까요? 김만중은 병자호란 때 강화도에서 나오는 피난선에서 유복자로 태어났어요. 김만중의 집안은 당대 엄청난 명문가였어요. 김만중의 아버지 김익겸은 조선 후기 내내 절의의 상징으로 칭송받았으며, 형인 김만기는 송시열의 제자이자 숙종의 비 인경왕후의 아버지로 노론의 핵심에서 정치활동을 했어요. 김만중의 외가는 해평 윤씨 집안인데, 이 또한 명문 집안이었어요. 외증조부 윤방은 율곡 이이의 문인이면서 인조 때 영의정을 지냈어요. 외조부 윤신지는 선조의 딸 정혜 옹주의 남편이었어요.

청나라가 강화도로 쳐들어왔을 때, 김만중의 아버지가 죽었어요. 김만중의 어머니는 만삭이었는데 남편이 죽은 것을 알고 자결하려 했지만, 종들이 말리는 바람에 죽지 못하고 김만중을 낳았어요. 외조부까지 돌아가시자 어머니는 극심한 가난 속에서도 자녀 교육에 힘썼어요. 김만중은 외가에서 자라며 어머니에게 글을 배우는 등 어려운 가정환경 속에서도 학문에 열중했어요. 다행히 어머니의 기대에 부응해 16세에 진사에 합격하고, 29세에 문과에 장원으로 급제한 뒤 관직에 나갔어요. 어머니를 생각하는 마음이 깊을 수밖에 없었겠지요?

정치 소용돌이의 한가운데 있던 김만중의 삶

조선 후기 현종과 숙종 대는 붕당정치의 혼란기로, 특히 두 차례의 예송 사건을 통해 서인과 남인 간의 갈등이 격화되었어요. 1차 예송은 효종의 상에 계모인 장렬왕후 상복 문제로 시작되어, 2차 예송에서는 효종의 왕비인 인선왕후의 상에 자의대비의 상복 문제로 확대되었어요. 예송 사건은 표면적으로는 단순한 상례에 대한 이론적 차이였지만 왕가의 종법 문제와 관련되어 있어 매우 민감한 사안이었어요. 1차 예송에서 서인이 승리했지만, 2차 예송에서는 남인이 승리했어요. 정권이 갑자기 바뀌는 것을 환국이라고 하는데, 숙종 대에는 경신환국, 기사환국, 갑술환국 등 세 번의 환국으로 서인과 남인 정권이 차례로 바뀌었어요. 이 과정에서 서인은 노론과 소론으로 나누어졌고, 최종적으로 노론이 정권을 잡았어요. 얼마나 정계가 혼란스러웠을지 짐작할 수 있겠지요. 김만중은 노론이었는데 두 차례 예송과 환국의 중심에 서서 정치적 혼란을 직접 경험했어요. 그 때문에 유배 생활도 여러 번 했고요. 김만중은 유배 생활을 하며 많은 문학 작품을 창작했어요. 명문가 집안이었기에 정치 소용돌이 속에서 그의 삶은 결코 평탄하다고 할 수 없었어요. 하지만 평탄치 않은 정치가의 삶 속에서도《구운몽》,《사씨남정기》등 한글(언문) 소설을 창작했으니, 어쩌면 정치가보다 문학인으로서 역사에 더 큰 자취를 남기게 된 것은 아닐까요?

《구운몽》의 배경인 당나라는?

소설《구운몽》의 배경이 되는 당나라는 우리 역사로 보자면 삼국시대 말기인 7세기에 등장하여 고려가 세워지기 전(10세기)에 망한 나라이지요. 당나라는 신라와 동맹해 백제와 고구려를 차례로 멸망시킨 나라로 우리 역사와 깊이 관련이 있어요. 그래서 당나라는 우리 통일신라와 같은 시대에 나란히 번성했던 나라였어요. 당나라는 과거시험 제도를 시행해서 실력이 있으면 출세할 수 있었고, 관리가 되면 지배 신분층에 오를 수 있었어요. 또한 당나라는 크게 부강한 나라였어요. 당의 수도 장안은 양소유가 과거시험을 보러 간 곳으로, 당시 세계 최대 도시였으며 전 세계 사람들이 모여들었어요. 지금도 '장안의 화제'가 되었다는 말을 쓰고 있지요. 당 정부는 수도에서 멀리 있는 국경 지방은 '도호부', '도독부'로 정하고 '절도사'를 파견하여 다스리게 하였어요. 그런데 그 지역을 다스리며 세력을 키운 절도사들은 나중에 중앙 정부에 대항해 반란을 일으켰어요. 이 소설에서 등장하는 절도사들이 바로 그들이에요.

勤政

개화기~
1910년대

13

혈의 누

새로운 문명이 열리다

나와 같이 미국에서 공부해
네가 부인 교육을 맡아 문명 길을 열어 주어라.

《혈의 누》, 이인직, 현대문학, 2010

옥련: 우수한 성적으로 졸업 후 구완서와 미국으로 가서 공부함
김관일: 강한 나라가 되길 바라며 공부하러 떠남
최춘애: 가족이 죽은 줄 알고 죽으려 했으나 살아 있음을 알고 기다림
구완서: 옥련을 구해 미국으로 가서 공부하고 나라를 위해 일하겠다며 고국으로 돌아옴

평양에서 일본과 청의 치열한 접전이 있었어요. 일청전쟁 중에 남편도 잃고 딸도 잃은 젊은 부인이 헝클어진 모습으로 허둥거렸어요.

"옥련아, 죽었느냐 살았느냐. 죽었거든 죽은 얼굴이라도 한번 다시 만나 보자. 옥련아, 살았거든 어미 애를 그만 태우고 어서 빨리 내 눈에 보이게 하여라. 옥련아, 총에 맞아 죽었느냐, 창에 찔려 죽었느냐, 사람에게 밟혀 죽었느냐. 어리고 고운 살에 가시가 박힌 것을 보아도 어미 된 마음에 내 살이 지겹게 아프던 내 마음이라. 오늘 아침에 집에서 떠나올 때 옥련이가 내 앞에 서서 아장아장 걸어 다니면서, 어머니 어서 갑시다 하던 옥련이 어디로 갔느냐."

그 부인은 아내를 잃은 어떤 농군에게 끌려가다가 일본 헌병 덕분에 구출되었어요. 그날은 평양에서 나쁜 짓을 많이 한 청나라 사람들이 쫓겨난 날이었어요.

여인의 남편인 김관일은 아내와 딸 옥련을 잃고 집으로 돌아왔지만, 집에는 아무도 없었어요. 그는 아내와 딸이 죽었다고 생각했어요. 그는 살아 있는 사람들이 나중에 또 이런 일들을 당하지 않게 해야 한다고 결심했어요. 우리나라도 밝은 세상, 강한 나라가 되어야 목숨과 재물을 보전할 수 있으니 다른 나라에서 많이 배워 와야겠다고 결심하고 날이 밝는 대로 짐을 싸서 떠났어요.

그 여인은 풀려나 집에 돌아오니 남편이 다녀간 흔적은 있는데 아무리 기다려도 남편이 돌아오지 않자, 여인은 남편이 죽은 줄 알고 대동강에 뛰어들었어요. 다행히 사공 두 명이 구해 주었어요. 그 여인의 이름은 최춘애였어요. 춘애가 대동강에 빠지러 갔을 때, 춘애의 아버지 최 주사는 김관일이 유학을 간다는 소식을 전하러 집에 갔다가 딸이 보이지 않자 집을 살폈어요. 벽에 자살하러 간다는 글이 있어서 놀라고 있는데 춘애가 집으로 들어왔어요. 최 주사는 김관일이 유학을 갔다는 말을 전해 주었어요. 춘애는 죽은 줄 알았던 남편이 살아 있다는 사실에 기뻐하며 기다렸지만 언제 돌아올지는 알 수 없었어요.

한편, 옥련은 부모를 잃고 헤매던 중 모란봉에서 다리에 철환(엽총 따위에 넣어서 쓰는 탄알)을 맞았어요. 이를 본 일본 적십자 간호사가 야전병원으로 실어 보냈는데 다행히 중상은 아니었어요.

"철환이 다리를 뚫었군. 청나라의 철환을 맞았으면 독한 약이 섞여 있어 다음 날 독이 몸에 많이 퍼졌을 거야. 하지만 다행히 일본의 철환이라 치료하기 쉽군."

군의의 말대로 옥련의 다리는 삼 주일도 안 되어 완전히 나았어요. 병이 나았지만 옥련은 갈 곳이 없었어요. 이를 불쌍하게 여긴 일본인 군의 이노우에 소좌는 옥련을 양녀로 삼았어요. 옥련은 일본으로 가는 배 안에서 친절하게 대접받았어요. 일본에 도착하니 새엄마가 기다리고 있었어요. 처음에는 새엄마가 무서웠지만 곧 잘 지냈어요. 새엄마인 정상 부인은 옥련이 일본에 온 지 6개월도 안 되어 일본어를 깨우치는 것을 보고 자랑스러워했어요.

어느 날 대판 매일 신보에서 요동이 공격받아 남편이 전사했다는 소식을 들은 정상 부인은 조선인인 옥련이 순간 미워졌지만, 곧 옥련의 가엾은 처지를 생각하며 더욱 잘 키워야겠다고 다짐했어요. 소학교를 우등으로 졸업한 옥련을 두고 사람들이 정상 부인에게 딸을 잘 키웠다며 칭찬했어요. 하지만 정상 부인은 옥련을 키우느라 아무것도 하지 못한 자신의 처지가 억울하고 답답했어요.

옥련과 정상 부인의 사이는 점점 멀어졌어요. 괴로웠던 옥련은 강으로 갔어요. 강물에 뛰어들려고 할 때 어미보다 먼저 세상을 뜨는 것은 불효라는 친엄마의 목소리를 떠올렸어요. 옥련이 집으로 돌아가려 했지만 차마 집에 들어가지 못하고 자목행 열차를 탔어요. 그 열차에서 조선 서생인 구완서를 만났어요. 구완서는 옥련의 처지를 듣고 함께 미국에 가자고 했어요.

"학비는 염려 말거라. 우리는 나라의 백성이 되어서 공부도 하지 못하고 문명을 배우지 못하면 살아서 쓸 데가 있겠느냐. 우리나라 사람 모두 일청전쟁을 당했다. 너 혼자 겪은 일이 아니다. 그런 것도 모르고 이 세상이 평화롭다고 생각하는 사람들은 밥벌레다. 밥벌레가 득실득실하면 일청전쟁 같은 난리를 또 당할 것이다. 나와 같이 미국에서 공부해 네가 부인 교육을 맡아 문명 길을 열어 주어라."

옥련은 그 말에 미국에 가기로 결심했어요.

구완서와 옥련은 미국에 도착해 말이 통하지 않아 고생했어요. 다행히 청나라 사람을 만나 그의 도움으로 워싱턴에 가서 5년 만에 고등소학교를 우수한 성적으로 졸업했어요. 그 소식은 옥련의 기구한 운명과 함께 지역 신문에 났어요. 옥련의 아버지인 김관일이 마침 그 신문을 보았어요.

"아니, 이 아이는 옥련이 아닌가."

김관일은 옥련을 찾아갔어요. 하지만 방학이라 옥련은 학교에 없었어요. 그날 밤 옥련은 꿈을 꾸었어요. 부모님 산소에 가서 상석에 사과 두 개를 놓았는데 무덤이 없어지고 엄마 아빠의 해골이 사과를 맛있게 먹고 있는 거였어요. 옥련은 꿈에서 깼어요.

"이 꿈은 분명 부모님이 살아계신다는 뜻이야."

마침 신문을 보던 옥련은 깜짝 놀랐어요. 신문에 아버지가 자신을 찾는다는 광고가 있었거든요. 옥련은 아버지에게 바로 연락했어요. 아버지를 만난 옥련은 펑펑 울었어요. 옥련과 함께 울던 아버지가 옥련에게 편지를 건넸어요. 어머니의 편지였어요.

"아버지, 당장 조선으로 가요!"

옥련은 아버지에게 지난 일을 이야기하며 은인인 구완서의 이야기도 했어요. 김관일은 구완서를 찾아가 감사한 마음을 전하고 옥련과 결혼해 달라고 부탁했어요. 구완서는 옥련이 조선 부인들을 깨우칠 수 있을 만큼 함께 공부한 후 조선으로 가서 옥련과 결혼하겠다고 대답했어요.

옥련의 어머니 춘애는 편지를 한 통 받았어요. 옥련의 편지였어요.

춘애는 아버지를 찾아가 미국에 갈 돈을 보태 달라고 부탁했어요. 최 주사는 사위와 손녀도 볼 겸 딸과 함께 미국에 가기로 했어요. 최 주사와 춘애가 워싱턴에 도착해 가족이 모두 만나 행복한 시간을 보냈어요. 조선으로 돌아오는 전날, 옥련의 가족과 구완서까지 다섯 사람이 옥련의 결혼에 관해 이야기를 나누었어요. 구완서는 결혼도 중요하지만, 자신은 나라를 위해 일하는 것이 더 중요하다고 말했어요.

춘애와 최 주사는 부산으로 떠나고 김관일 부녀는 그들을 배웅했어요. 옥련은 그동안 고생한 어머니를 생각하며 마음 아파했지만, 춘애는 그동안 몰랐던 남편과 딸의 큰 뜻을 알고 즐거운 마음으로 고국으로 돌아갔어요.

Q. 이 작품 속의 등장인물들은 새로운 문화를 배우고, 나라를 위해 일하는 것을 중요하게 생각해요. 그 이유가 무엇일까요?

소설을 탐구하다

혈의 누란?

'혈의 누'라는 제목은 피눈물이라는 뜻이에요. 개화기를 배경으로 옥련 가족의 기구한 이별과 만남이 피눈물 나는 이야기라는 의미예요. 주인공들의 운명은 변화하는 세계 정세를 따르지 못하는 조선의 현실과 관련이 있으며, 이를 극복하려면 신교육을 통한 개화사상을 고취해야 한다는 메시지를 담고 있어요.

이인직의 친일 의식과 문학사적 가치

이인직(1862~1916)은 일본에 유학을 다녀온 후 최초로 산문성이 강하고 언문일치에 가까운 문장으로 신소설을 개척한 대표적인 작가예요. 또 원각사라는 극장과 연구 단체를 만들어서 신파극을 처음 도입했지요. 하지만 나라를 빼앗길 때 이완용을 돕고, 다이쇼 일왕 즉위식에 충성을 다짐하는 글을 바치는 등 친일 행동을 하고 친일 의식을 드러낸 작품을 많이 썼어요. 《혈의 누》에서도 '청일전쟁'이 아닌 '일청전쟁'이라고 표현하고, 주인공인 옥련이 일본인의 도움으로 성공하는 것으로 묘사함으로써 일본인은 약자를 배려하고 존중하는 문명인으로 그려지는 등 작품 곳곳에 친일 성향이 드러나요. 그래서 문학사적으로 의의가 있음에도 불구하고 이인직과 《혈의 누》에 대한 평가가 좋은 편은 아니에요. 그럼에도 근대적 교육을 받고 새로운 조선을 건설하려는 옥련과 구완서는 이전 소설에서는 볼 수 없는 새로운 유형의 인물이라고 할 수 있어요. 특히 옥련과 구완서의 평등한 관계는 당시 조선의 상황을 생각하면 혁명적이라고 할 수 있지요. 《혈의 누》는 부정 평가와 긍정 평가를 동시에 받는 작품이랍니다.

신소설이란?

신소설은 고전 소설에 비해 새로운 소설이라는 의미로, 1906년 이인직의《혈의 누》부터 1917년 이광수의《무정》이전까지 발표된 개화기 때 소설을 말해요.《혈의 누》는 이인직이《만세보》에 연재 발표한 우리나라 최초의 신소설이에요. 신소설은 고전 소설과 현대 소설의 과도기적 성격을 갖고 있어 고전 소설과 현대 소설의 특징을 동시에 갖고 있어요. 옥련의 삶을 살펴보면 어렸을 때 부모를 잃고 고생했지만, 도움을 주는 인물을 만나 위기를 극복하고 결국 행복한 결말을 맺는 이야기 구조는 고전 소설인 영웅 소설과 비슷해요. 하지만 청일전쟁의 현장인 평양성을 배경으로 삼고, 그 속에서 난리를 당해 곤경에 빠진 옥련 가족의 처지를 상세하게 묘사하고 있는 점, 사건 진행이 시간 순서를 따르지 않는 점 등은 현대 소설의 특징이라고 볼 수 있어요.

신소설의 특징

신소설은 주로 개화기 시기에 새로운 문물을 받아들이자는 개화사상을 고취하려고 쓰였어요. 대부분 자주 의식을 각성하고 신학문 교육을 강조하는 주제를 갖고 있어요. 특히《혈의 누》에서는 김관일의 생각과 대사를 통해 독자에게 자주 의식을 각성시켜요. 김관일은 전쟁의 소용돌이에서 목적이나 의무 없이 희생되고 피폐한 삶을 살고 있는 동포들의 모습을 안타깝게 여기며 우리가 강한 나라가 되어야 남의 싸움터가 되지 않는다고 생각했어요. 국권을 회복해 정치를 혁신하겠다는 생각에 외국으로 유학을 떠나는 김관일의 모습에서 자주 의식을 고취해야 한다는 작가의 생각을 엿볼 수 있어요. 작품은 김관일의 유학, 옥련과 구완서의 신학문을 위한 노력 등을 보여 줌으로써 신문학 교육의 필요성을 강조해요. 특히 17세인 구완서가 옥련에게 청일전쟁 같은 난리를 겪지 않으려면 신문학을 공부해야 한다고 강조하는 부분은 작가의 생각을 강하게 드러내요. 여자인 옥련에게도 우리나라 부인 교육을 맡아 문명의 길을 열어 달라고 부탁하는 등 개화사상을 고취하려는 모습이 여러모로 드러나요.

《혈의 누》의 한계

《혈의 누》는 신소설이라는 새로운 영역을 개척한 소설이지만 신교육, 신문명에 의한 개화 가능성을 비현실적인 차원에서 이상적으로만 설정하고 있다는 점에서 한계가 있어요. 사회의 문화를 바꾸려면 민족 전체의 노력이 필요해요. 지식인 몇 사람의 힘으로 민족 전체를 각성시키고 부국강병을 이룰 수 있다는 발상 자체는 비현실적일 수밖에 없어요. 옥련의 어머니가 일본 헌병에게 구출되거나 옥련이 일본 군의의 도움으로 자라는 등 일본을 지나치게 우호적으로 묘사하고 있다는 점도 한계라고 볼 수 있어요. 이 때문에 친일 성향의 작품이라고 비판받기도 해요. 또한 옥련의 어머니가 일본 헌병에게 도움받거나 사공들에게 구출되는 내용, 군의가 옥련을 양녀로 받아들이는 내용, 집에서 나온 옥련이 구완서를 만나는 내용 등 작품 전체에 우연적인 사건이 많고 등장인물들의 행동 동기가 부족한 것도 약점으로 지적돼요. 그래서 당시에 볼 수 없었던 일본이나 미국이라는 배경을 제시한 것 외에는 고전 소설과 다른 신선함은 느낄 수 없다는 점이 한계랍니다.

개화기란?

개화기는 1876년 강화도 조약 체결 이후 한국에 서양 문물이 유입되면서 조선이 점차 근대적인 제도와 문물을 갖추며 변화해 가던 시기를 말해요. 개화기의 끝은 여러 의견이 있지만, 대체로 1910년, 일본이 강제로 대한제국을 병합한 때까지로 보고 있어요.

이 시기 조선 정부는 서구 문명과의 접촉으로 전문 통역관의 필요성을 느끼고, 1883년 동문학(외국어교육기관)을 설립하는 등 근대교육기관이 많이 만들어지면서 교육계도 근대화되었어요. 문학 분야에서도 신체시와 신소설이 등장해 새로운 형식을 보여 주었는데, 최남선의《해에게서 소년에게》와 이인직의《혈의 누》가 대표작으로 꼽혀요. 예술계에서는 서양화와 서구 클래식 음악이 도입되었고, 일반 생활에서도 태양력과 서구식 도량형이 공식적으로 채택되기도 했어요. 또 여성 운동이 시작되어 신여성들이 여성 교육과 애국 운동을 결합한 〈여권통문〉[*]

★ **여권통문**: 서울 북촌 양반 여성들이 주축이 되고 300여 명의 여성이 참여한 대한민국 최초의 여성인권선언

을 발표했어요. 개신교와 천주교가 공식적으로 선교할 수 있게 되고, 불교도 부흥하면서 종교계의 변화가 이루어졌어요. 조선 사회를 근대 사회로 바꾸어 갔던 시기가 바로 개화기에요.

작품의 배경인 청일전쟁

청일전쟁(1894~1895년)은 조선의 지배권을 놓고 청나라와 일본 사이에 벌어진 전쟁이에요. 동학농민군이 전주를 차지하자 조선 정부는 청나라에 군대를 요청했고, 청나라는 군대를 조선에 주둔시켰어요. 청을 견제하던 일본도 조선에서 영향력을 키우려고 군대를 보내면서 두 나라의 군대가 충돌하게 되었어요. 이 전쟁에서 일본이 큰 승리를 거두었어요.

전쟁을 벌이는 나라는 청과 일본인데, 전쟁터는 조선 땅인 평양과 아산만 일대였어요. 전쟁의 무대가 된 사실만으로도 조선은 큰 피해를 입게 되었어요.

1895년, 전쟁이 끝나고 일본과 청나라는 시모노세키 조약을 체결했어요. 이 조약으로 청나라는 조선에 대한 권리를 포기했고, 일본은 조선에 커다란 영향력을 갖게 되었어요. 또한 일본은 대만과 평후 제도를 얻고 배상금도 받았어요. 청일전쟁은 조선 역사에서 중요한 전환점이었어요. 이 전쟁으로 인해 일본이 아시아에서 강국으로 떠오르게 되었고, 조선은 일본의 영향력 아래에 들어가게 되었답니다.

14

무정

최초의 근대 소설이라고?

가난하고 열악한 조선을 바꿀 수 있는 것은 바로 교육이었소!

《무정》, 이광수, 서연비람, 2020

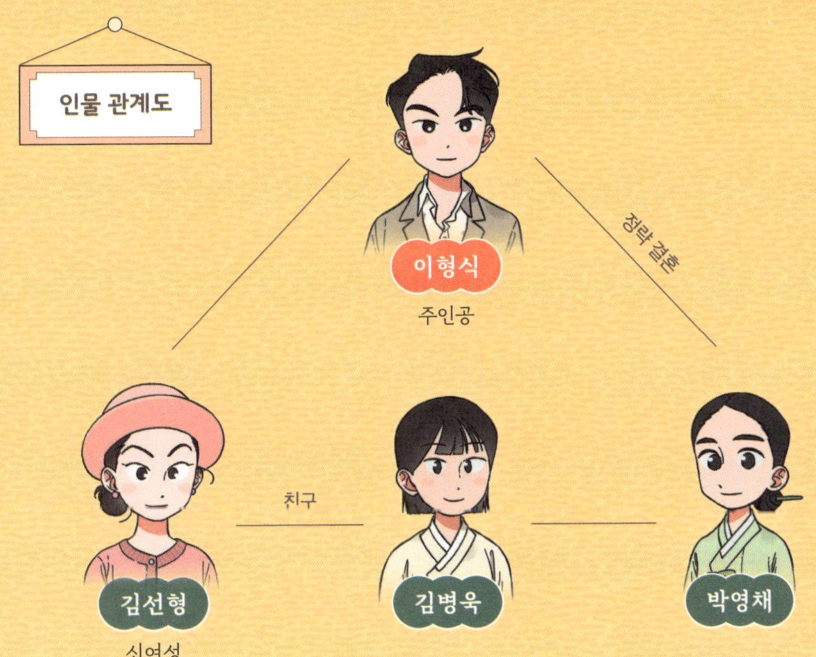

이형식: 미국 유학파 출신의 계몽적 지식인. 이상과 현실, 두 여성 사이에서 갈등
김선형: 이형식을 사랑하지만, 주체적이고 독립적 사고를 가진 근대 여성
김병욱: 개화기적 교육자·의사로, 선형을 이해하고 돕는 우군 역할
박영채: 아버지 뜻에 따라 이형식과 정혼한, 순수하고 희생적인 여성

경성학교 영어 교사인 이형식은 성실하고 우유부단한 청년이에요. 개화한 기독교인인 김 장로의 딸 김선형을 개인 지도하며 애정을 느낄 무렵 옛 은인이자 은사의 딸인 박영채가 7년 만에 이형식을 찾아왔어요. 형식은 어린 시절 부모를 여의고 돌아다닐 때 영채의 아버지에게 신세를 지며 민족사상을 배웠어요. 형식은 어릴 적 영채와 정혼한 사이나 다름없었죠. 형식의 스승인 영채의 아버지 박 진사와 두 아들이 감옥에 갇히게 되면서 집안이 몰락했고, 영채는 가족의 옥바라지를 하려고 기녀가 되었다는 이야기를 들었어요. 형식은 영채에 대한 의무감과 선형에 대한 연정으로 고민했어요.

그 사이 정혼자인 형식을 위해 정절을 지켜 왔던 영채는 경성학교의 배 학감에게 순결을 잃고 절망감과 부끄러움에 죽기로 결심하고, 형식에게 유서를 남긴 후 평양으로 떠났어요. 뒤늦게 그 사실을 안 형식은 영채를 만류하려고 영채네 집 노파와 함께 평양으로 가는 밤 기차를 탔어요.

형식은 평양 경찰서로 갔지만 결국 영채를 찾지 못했어요. 기생 계향의 인도로 칠성문으로 나가 박 진사와 두 아들의 무덤만 보고 돌아왔어요. 칠성문 밖에 한 노인이 있었는데 형식은 그 노인을 보며 과거의 화석이자 구시대의 유물이며 새 시대의 낙오자라고 생각했어요. 형식은 집으로 돌아왔으나 영채에 대한 걱정보다 계향과 헤어지는 것만 아쉬워했어요.

형식은 어려서 외롭게 자랐고, 경성과 동경 유학 때 친구를 사귀지 못해 교사가 되어 학생들에게 사랑을 채워 주겠다고 결심했어요. 애정을 담아 학생들을 극진하게 돌봤고 학생들도 형식을 따랐어요. 그런데 이틀 만에 간 학교의 분위기가 이상했어요.

"너희 오늘 분위기가 왜 이러느냐?"

"선생님 기생 계월향을 따라 평양에 다녀온 것 아니에요?"

분노에 찬 형식은 교실을 나왔어요. 그때 배 학감이 형식을 보았어요.

"이 선생, 그동안 월향을 숨겨 온 겁니까? 월향과 평양에 잘 다녀왔습니까?"

형식은 '기녀를 따라다니는 더러운 선생'이라는 오명에 모욕감을 느껴 학교를 그만두었어요. 학교에서 돌아온 형식은 집에 찾아온 우선에게 돈을 빌려 영채의 시체를 찾으러 떠날 준비를 하고 있었어요.

그때 목사가 찾아와 김 장로의 뜻을 전했어요. 형식의 성실한 모습을 높이 산 김 장로 내외가 형식을 사위로 들이려 한 거예요. 선형과 형식을 함께 미국으로 유학 보내려 한다는 말까지 전했어요. 형식은 영채에 대한 의무감과 선형에 대한 사랑으로 갈등했어요. 우선이 말했어요.

"죽은 영채를 위해 무엇을 할 수 있나. 영채는 이미 죽었으니 이 혼인을 승낙하게."

우선의 설득에 형식은 선형과 약혼하고 미국 유학을 가기로 약속했어요. 형식은 영채를 잊고는 기뻐했어요. 한편 선형은 형식이 어떤 사람인지도 모르고 형식이 자신을 좋아하는지, 자신이 형식을 좋아하는지 확신이 서지 않았지만, 어른들의 압박으로 결혼을 결정했어요.

영채는 자살하러 평양으로 가는 기차 안에서 동경 유학 중 방학이 되어 돌아오는 김병욱을 만났어요. 병욱이 영채에게 왜 평양에 가느냐고 묻자, 영채는 울었어요. 병욱은 영채의 눈물을 닦으며 그동안 있었던 이야기를 들었어요. 병욱은 영채가 형식을 사랑하지도 않으면서 부모 말에 따라 남편을 정하고, 정절을 잃었다고 죽는 것은 잘못된 일이라며 새로운 생활을 시작하자고 권했어요. 병욱과 이야기를 나누던 영채는 자살할 생각을 그만두고, 병욱의 집이 있는 황주에 함께 내려가 그곳에서 지내게 되었어요.

병욱의 오빠 병국은 결혼한 상태였지만 아내에게 정을 붙이지 못하고 있었어요. 영채는 병욱이 아버지의 반대를 무릅쓰고 바이올린을 공부하고자 유학 가려는 사실을 알았고, 병욱의 오빠인 병국과 가까워지며 정이 들었어요.

형식은 선형에게 영어를 가르치며 유학만 기다리고 있었어요. 이제는 찾아오는 친구도, 제자도 없고 오직 선형의 사랑을 얻는 것만이 목표가 되었어요. 김 장로 내외는 형식이 월향을 따라 평양까지 갔었다는 소문을 듣고 형식을 사위로 삼으려 했다는 사실을 후회했어요. 선형도 형식이 자신의 이상형과 달라 속상해하며 혼자서 상상 속으로 형식의 모습을 이리저리 바꿔 보았어요. 형식도 자신의 외모나 집안이 선형에게 부족하다고 느껴 속상했어요.

어느 날 형식이 병국의 편지를 받았어요. 병국과 형식은 같이 유학 생활을 한 사이였어요. 편지의 내용은 아내 대신 다른 여자와 사랑에 빠져 고민한다는 것이었어요. 그 편지를 본 형식은 선형과 자신도 사랑 없는 결혼을 할 것 같아 고민에 빠졌어요.

병욱과 영채가 일본에 가려고 부산행 기차를 탔어요. 영채는 그 기차에서 선형과 약혼해 미국 유학을 떠나는 형식을 만났어요. 선형과 병욱은 동기생이었어요. 형식이 결혼하고 미국으로 유학 간다는 말을 들은 영채는 배신감을 느꼈어요. 기차 안에서 서로 불편하게 있던 네 사람은 삼랑진에서 홍수가 나는 바람에 기차가 멈추어 그곳에서 하룻밤 묵기로 했어요.

여관에서 아침을 먹은 네 사람은 홍수에 집을 잃고 흙투성이가 된 노파와 산모, 남자를 봤어요. 방을 빌려 이들을 돌보아 주었어요. 병욱은 이들을 돕고 싶은 마음에 경찰서 서장에게 찾아가 수재민 돕기 자선 음악회를 열겠다고 했어요. 서장은 대합실을 연주회장으로 쓸 수 있게 도와주었어요.

병욱은 바이올린으로 아이다의 〈비곡〉을 연주하고 영채는 병욱에게 배운 찬미가 〈지난 일 생각하니 부끄럽도다〉를 독창했어요. 영채가 한문으로 짓고 형식이 번역한 노래를 세 사람이 불러 80원이 모였고, 그들은 그 돈을 서장에게 주었어요. 형식은 이 일을 통해 조선의 현실과 자신들이 할 일을 깨달았어요.

"가난하고 열악한 조선을 바꿀 수 있는 것은 바로 교육이었소!"

형식이 확신에 찬 목소리로 말했어요. 형식의 열변에 병욱, 영채, 선형 역시 비로소 자신들이 나아갈 길을 깨달았어요. 유학의 목적이 개인의 영달에 있는 것이 아니라 조국을 위해 선각자가 되어 돌아오는 것임을 알게 된 거예요. 네 사람은 여관에서 장차 사람들의 무지를 깨우치고 나라를 일으키는 일에 앞장서자고 다짐하며 유학을 떠났어요.

형식과 선형은 시카고대를 졸업해 고국으로 돌아왔고, 병욱은 음악가가 되었어요. 영채는 동경에서 음악회를 열어 성공했어요. 이들이 조선을 떠난 사이 조선은 많이 발전했고, 유학을 떠난 많은 유학생이 조국에 돌아오면 조선의 미래는 더욱 밝아질 거예요.

Q. 이전까지는 이런 복잡한 연애소설이 없었어요. 《무정》을 쓴 이광수는 어떤 삶을 살았기에 당시로서 파격적인 이런 작품을 쓸 수 있었을까요?

소설을 탐구하다

이광수를 알다

이광수(1892~1950)는 민족의 독립을 염원했고 이를 위해 계몽적인 지식인으로서 노력했어요. 1919년 3·1 운동 이전 일본 동경에서 있었던 2·8 독립선언의 초안을 이광수가 작성했어요. 그 뒤 이광수는 여운형의 추천을 받아 1919년에 대한민국 임시정부에 참가해 독립신문 발행을 맡았고, 이어 임시정부에서 발간한 한일 관계 사료집 주필이 되어 편찬을 주도하기도 했어요.

그러나 이광수는 1920년대에 당장 민족의 독립이 어렵다고 보고 장차 독립을 위해 일본의 통치 아래 민족을 개량하고 단련하는 방법이 현실적인 길이라고 생각했어요. 1930년대에는 '가야마 미쯔로'로 창씨개명하고, 전국을 돌며 일제의 학도병으로 나갈 것을 독려하는 연설을 하는 등 적극적인 친일의 길로 접어들었어요.

《무정》의 문학적 의의

《무정》은 국문학 사상 최초의 근대적 장편소설이에요. 내용과 형식 모두 전대 소설이 이루지 못한 탁월한 성과를 보였어요. 형식 면에서는 언문일치체로 한글 전용의 구어체를 확립해 전대 신소설의 문체적 한계를 극복했어요. 이야기 중심의 고전 소설과 달리 문학예술로서 플

롯을 중심으로 서사를 구성하기도 했고요. 문어체와 서술체를 탈피하고 산문적 묘사체로 인물들의 내면 심리를 잘 묘사했어요. 인칭 대명사 '그'를 최초로 사용했다는 점도 중요해요. 내용 면에서 당시로서는 파격적이었던 자유연애, 삼각관계의 애정 문제를 다루면서 신교육을 해야 한다는 계몽적 사상까지 강조했어요. 과학과 기술 문명에 대한 긍정적 가치관을 갖고 개인보다 민족을 우선시했다는 의의도 있어요. 이 모든 것이《무정》이 이룬 성과예요.《무정》은 한국 근대문학사에 매우 중요한 작품이에요.

등장인물의 변화

《무정》은 과도기적 시대 속에서 인물 간, 사상 간의 대립이 잘 드러나 있어요. 봉건적 의식을 상징하는 영채와, 근대의 흐름에 맞추어 변화하는 형식을 비롯한 등장인물들의 표면적, 내면적 갈등을 소설 전체에 다루며 시대적 상황을 상세히 다뤘어요. 급격하게 밀려오는 외국 문물과 새로운 기회의 확장으로 의식의 전환이 활발히 이루어지던 당시 상황을 생생하게 그렸고요. 영채는 과거 관습을 그대로 따랐지만, 역경과 갈등을 거치며 근대적 인물로 변모하는 입체적 인물이에요. 영채를 통해 작가는 기존 사회의 굴레에서 벗어나 한 인간으로서 자신의 위치를 찾아가는 과정을 상징적으로 보여 주었어요. 이러한 내적 변화는 다른 인물들에게서도 볼 수 있는데, 이를 통해 당시 시대상과 그 시대 사람들이 어떻게 살았는지 짐작해 볼 수 있어요.

김동인의 《무정》에 대한 평가

김동인은 《무정》에 대해 "첫째, 우리말 구어체로 이만큼 긴 글을 썼다는 것은 조선문 발달사에 있어서 특기할 만한 가치가 있다. 둘째, 새로운 감정이 포함된 소설의 효시로서도 가치가 있다. 셋째, 조선에서 처음으로 대중에게 환영받은 소설로서 가치가 있다. 넷째, 춘원(이광수의 호)의 대표작인 동시에 조선의 신문학이라 하는 대건물의 가장 중요한 주춧돌이다"라고 했어요. 김동인의 이러한 평가를 보더라도 《무정》은 문학적으로 가치가 큰 작품임을 알 수 있어요.

신문에 연재된 소설

문학의 소통은 주로 매체를 통해 이루어져요. 매체의 특성에 따라 문학 작품이 생산, 유통, 수용되는 방식이 달라지고 작가, 작품, 독자의 관계와 소통 방식도 달라져요. 《무정》은 〈매일신보〉에 연재되었던 소설이에요. 신문에 연재되는 소설은 신문을 구독하게 하는 중요한 요소예요. 신문 속 소설은 꾸준히 독자의 흥미를 충족해야 해요. 웹툰이나 웹소설을 생각하면 이해하기 쉬울 거예요. 작품이 올라오자마자 독자의 즉각적인 반응이 있잖아요. 그 반응에 따라 작품의 스토리가 바뀌기도 하고요. 《무정》도 마찬가지예요. 《무정》은 이전과는 완전히 다른 문체나 가치관으로 혼란스러워 하던 당시 젊은이들의 상황을 반영해 친근하고 참신한 느낌을 주었어요. 파격적인 자유연애 이야기와 남녀의 갈등은 젊은 독자의 엄청난 관심을 받았고, 신문에 연재될 때마다 독자에게 큰 인기를 끌었어요.

《무정》의 시대적 배경

《무정》은 개항, 유럽 여러 나라와 수교, 갑오개혁, 한일합병 등을 거치는 동안 서구 문물이 들어오면서 봉건적인 조선의 질서가 흔들리고 개화 의식이 싹트기 시작한 조선 개화기 시대를 배경으로 해요. 당시 유길준의 《서유견문》, 이인직의 신소설, 최남선의 잡지 간행 등 문학도 새로운 국면을 맞이한 시기였어요. 이런 시대 변화 속에서 이광수는 민중에게 개화 계몽사상을 전하고자 유교와 기독교를 중심으로 한 종교적 요소를 포함하고, 중산층 지식인의 이야기를 다루었어요. 또 교사, 기자, 학생, 기생 등 개화기에 새롭게 등장하는 다양한 직업을 등장인물로 설정해 이야기를 풍부하게 만들었어요.

《무정》의 엄청난 인기

이광수는 1917년 한국 독립 단체인 신한청년당에 가입 후 활동 자금을 모으려고 《무정》을 총독부의 기관지 〈매일신보〉에 연재했어요. 《무정》의 인기가 어느 정도였냐면 다음 해 1만 부가 팔렸어요. 어느 정도인지 짐작되지 않는다고요? 1920년대 말에 경성의 인구가 25만 명이었는데, 대부분이 문맹이었어요. 5~8만 명만 글을 읽을 수 있는 시대였는데도 1만 부가 팔린 거예요. 지금은 원하는 책을 사서 혼자 읽지만, 당시는 책이 비싸서 한 권을 사면 서너 명이 돌려가며 보고, 헌책방에서 바꿔 보는 게 대부분이었음을 감안한다면 《무정》은 당시로서는 보기 드문 초특급 베스트셀러였다는 뜻이에요. 《무정》의 대성공으로 그의 인기는 단연 최고였고 육당 최남선, 벽초 홍명희와 더불어 '조선의 3대 천재 문인'으로 꼽히기도 했어요.

이광수는 왜 친일 작가가 되었나?

이광수는 처음부터 친일 작가가 아니었어요. 민족의 독립 의지와 조국애가 넘치는 인물이었어요. 1919년 3·1 운동 이전에 일본에서 유학생들이 독립을 선언한 2·8 독립선언문을 작성한 인물이 바로 이광수였거든요. 독립에 적극적인 그였지만 시간이 지나면서 우리 민족의 독립이 어렵다고 판단했어요. 그래서 장차 독립을 이루려면 일본의 통치 아래에서 민족을 개량하고 단련해야 한다고 주장했어요. 당시 그의 생각은 1922년에 쓴 《민족개조론》이란 책에 잘 나타나 있어요. 제국주의가 지배하던 20세기 초반에 아시아에서 유일하게 제국을 이룬 나라는 일본밖에 없으니, 독립이 어렵다면 조선인도 일본인과 동일한 지위를 얻을 수 있도록 노력하는 것이 더 낫다고 생각한 거예요. 이때만 해도 이광수는 민족의 독립 자체를 포기한 것은 아니었어요. 그런데 1937년 이후 창씨개명하고, 일제의 학도병으로 나갈 것을 독려하는 연설을 하는 등 본격적인 친일 행보를 보이기 시작했어요.

광복 이후 이광수는 친일 행적 때문에 강하게 비판받았어요. 1949년 반민족행위특별조사위원회에 체포되어 조사를 받기도 했어요. 6·25 전쟁 직전에 석방되었지만 전쟁 중 납북되어서 북한에서 사망했어요.

이광수는 근대 문학의 개척자이면서도 대표적인 친일 문인이라는 평가를 받고 있어요. 하지만 이광수는 자신의 친일 행위가 조선인을 차별과 억압에서 보호하는 방법이라고 주장했어요. 과연 이광수의 이런 생각이 옳았을까요?

1920~
1945년

만세전

객관적으로 시대를 담다

무덤이다! 구더기가 끓는 무덤이다!

《만세전》, 염상섭, 글누림, 2021

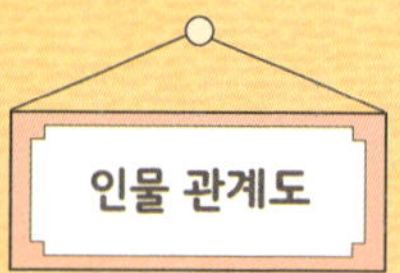

나: 조선인으로 일본 유학 중, 귀국길에 조국의 참혹한 현실을 직면함

아내: 순종적이고 희생적인 인물. 병으로 세상을 떠남

형님: 몰락한 중산층. 현실에 순응하며 살아감

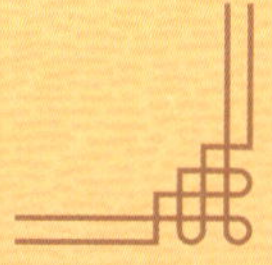

조선에서 3·1 만세 운동이 일어나기 전 해인 1918년 겨울이었어요.

동경 W 대학 문과에 재학 중인 '나'는 아내가 위독하다는 소식에 시험을 포기하고 귀국했어요. 교수에게는 어머니가 위독해 귀국한다고 거짓말했어요. H 교수는 귀국을 허가하고 서류를 준비해 주었어요. 하지만 나는 능장을 부렸어요. 정말로 아내가 죽는다면 지금 가는 것이 의미가 있나 싶어 머리가 복잡해 공연히 길거리를 돌아다니며 방황했어요.

평소 마음이 있던 정자가 일하는 술집에 갔어요. 아직까지 동경에서 조선 유학생이라면 돈 있는 집 자식이요, 평판도 좋은 편이었어요. 문과대학생이 이런 술집에 올 수 있다니 '태평 시대'예요. 동창생들에게 끌려 우연히 온 뒤 벌써 반년 가까이 드나들면서 정자라는 여성과 친해졌어요. 이곳에서는 조선인이라고 노골적으로 멸시받지 않아 자주 오게 되었어요. 정자가 나를 맞이했어요.

시모노세키역에서 일본인 헌병에게 검문을 당하기는 했지만, 다행히 조선행 연락선을 탔어요. 배는 승객들로 북적거렸어요. 나는 자리를 잡고 목욕탕에 들어갔어요. 목욕탕에서 몇 사람이 조선 말로 이야기를 나누었어요. 그들은 조선인 노동자를 매매하는 일본인이었어요.

"조선 사람들은 어때요?"

"요보 말씀요? 젊은 놈들은 그래도 제법들이지마는, 촌에 들어가면 대만의 생번보다 낫다면 나을까. 인제 가서 보슈… 하하하."

'대만의 생번*'이란 말에, 목욕탕에 있던 사람들은 나만 빼고 모두 껄껄 웃었어요. 그들의 모욕적인 발언에 기가 막혀 입술을 악물고 쳐다봤지만 더운 김 때문에 내 모습이 다른 사람들에게는 보이지 않았어요. 목욕탕에 점점 사람들이 많아지기 시작했어요.

나는 나라를 걱정하는 편은 아니지만 망국의 백성이라는 걸 잊지 않고 있기는 해요. 소학교 때는 조선 역사를 가르치는 사립학교로 전학한다는 둥 애국심이 열렬했지만 자라면서 조사를 당할 때 외에는 일본에 적개심을 갖고 있지 않아요. 칠 년 가까이 일본에 있는 동안 경찰외에는 나에게 민족 관념을 의식하게 하지 않을 뿐 아니라 원래 정치문제에 흥미가 없어서 머리를 썩여 본 일이 없었어요. 그런데 요새는자꾸 신경이 쓰여요. 그들은 이야기를 계속했어요.

"그래, 촌에 들어가면 위험하진 않은가요?"

"어딜 가든지 염려 없쇠다. 생번이라 해도 요보는 온순한 데다 가는 곳마다 순사요 헌병인데 손 하나 꼼짝할 수 있나요."

★ **대만의 생번:** 한족화가 덜 된 원주민을 가리키는 말로, '날것 그대로의 야만인'이라는 뜻

“그래, 촌에 들어가서 할 게 뭐예요?”

“할 것이야 많지요. 요새 돈 몰 것이 똑 하나 있지요. 자본 없이 힘
안 들고… 하하하.”

“그런 선반에서 떨어지는 떡 같은 장사가 있으면 하다뿐이겠나요.”

“밑천이 아주 안 드는 건 아니지요. 얼마 안 되지만 보증금을 들여놓
고, 양복 한 벌 장만하여야 할 터이니까.”

그 일은 조선 노동자들을 속여 일본 각지의 공장과 광산에 팔아먹는
것이었어요. 죽든 말든 팔아넘기면 그만이라는 그들의 생각에 놀라지
않을 수 없었어요. 인생이 어떠니, 인간성이 어떠니, 사회가 어떠니, 하
며 편하게 사는 그들을 보니 어떻게 살아야 하나 반성도 되었어요. 일
년을 죽도록 농사지어도 굶는 소작인들의 삶이 그렇게 참혹하리라고
는 꿈에도 생각하지 못했어요. 그동안의 삶이 부끄러웠어요. 얼른 몸
을 씻고 밖으로 나와 옷을 입었어요. 그때였어요.

“실례올시다만 여기 이인화란 이가 계십니까?”

“네에, 나요. 왜 그러우?”

말투를 보니 일본인 행세를 하는 조선 사람이 분명했어요. 짜증이
난 나는 무슨 이야기를 하려는지 모르겠지만 여기서 하라고 했어요.
하지만 그 사람은 끈질기게 나를 배 밖으로 데리고 나가더니 내 가방
을 뒤졌어요. 나를 의심한 듯한데 아무리 뒤져도 소득이 없으니 서류
뭉치 하나를 꺼내 살펴보고 주겠다고 했어요. 집에서 온 최근 편지 몇
장, 소설 초고 원고 외에는 아무것도 없었어요.

내가 사회주의라는 ‘사’ 자나 레닌이라는 ‘레’ 자는 물론, 독립이라

는 '독' 자도 모르리란 건 전공학과만 봐도 알 거예요. 아니, 설령 볼셰비키 서적을 몇백 권 가졌거나 사회주의를 연구한다고 해도 그것은 학문의 연구라 자유요. 내게 독립사상이 있다는 것을 알았다 해도 행동으로 옮기지 않으면 무슨 소용이 있겠어요.

다시 배에 오르는 것이 더 중요했기에 허둥지둥 물건을 정리해 배에 탔어요. 망국민의 비애가 뼈에 사무쳐 눈물이 났어요. 부산항에 내려서도 조선인 순사보와 일본인 헌병 보조원에게 끌려가 심문을 당했어요. 아침밥을 먹으려고 들어간 일본인 음식점에서 어머니가 조선인이라 기를 펴지 못하는 여급을 보고 쓸쓸한 마음도 들었어요. 형사가 계속 뒤따라 와 기분이 상해 바로 서울로 가려고 마음먹었어요.

그런데 서울에 있을 줄 알았던 형님이 김천역에 마중 나와 있었어요. 형님은 심부름꾼 아이까지 데리고 나왔어요. 형님은 우리 집에 없으면 안 될 사람이에요. 형님이 재산을 꾸려서 이만치라도 부지하는 거예요. 형님은 돈을 모아 첩까지 들여 살고 있었어요. 존경스럽긴 하지만 나라가 망하고 백성이 굶주리는 조선의 현실을 생각하니 형님의 상황이 유쾌하진 않았어요.

조상의 묘지 문제로 형님과 다투고 불쾌한 기분으로 서울행 기차를 탔어요. 갓을 쓴 장돌뱅이가 무덤을 없애고 공동묘지를 만든다고 걱정하다가 헌병 보조원에게 잡혀가는 것도 보고, 아이를 업은 젊은 여인이 결박당한 것도 봤어요. 기차에 탄 사람들은 시든 배춧잎같이 주눅이 들었거나 빌붙는 듯하게 웃고 있었어요. 그들이 가엾기도 하고 분이 치밀어 속으로 소리쳤어요.

'무덤이다! 구더기가 끓는 무덤이다!'

집에 도착하자 가족이 좋아했어요. 아내는 나를 보고 웃는 듯하더니 눈물이 글썽글썽하며 흐느꼈어요. 얼마 후, 아내가 죽었어요. 하지만 이상하게 눈물이 나지 않았어요. 죽은 아내와 나는 불과 몇 달밖에 살지 않았어요. 아내의 장례를 치르고 형에게 아이의 양육을 맡긴 후 다시 일본으로 돌아가려 했어요. 그 사이 일본에서 새 길을 찾겠다는 정자의 편지가 왔어요. 그녀의 새출발을 축하하며 학비 백 원을 부쳤어요.

나는 졸업 논문도 있고 학교 일이 걱정되어서 일본으로 떠났어요. 차가 떠나려 할 때 큰집 형님이 재혼을 권하기에 아내가 이제 겨우 무덤 속에서 빠져나간다고 대답하며 웃어 버렸어요.

Q. 이 작품은 3·1 운동 전 조선의 모습을 담고 있어요. 3·1 운동 전, 중, 후 우리나라는 어떤 모습이었을지 짐작해 보세요.

소설을 탐구하다

염상섭을 알다

염상섭(1897~1963)은 서울에서 태어나 서울에서 생을 마친 작가로, 서울 중산층의 풍속과 의식, 말씨 등이 그의 작품에 잘 나타나 있어요. 평소 고집과 술이 세기로 유명해 호도 '모로 걷는다'라는 뜻의 횡보였어요. 신문기자 활동을 통해 얻은 뛰어난 현실 감각을 바탕으로 주로 일제강점기의 현실을 사실적으로 묘사했어요. 그래서인지 대부분의 작품이 어두운 경향을 보여요.

여로형 구조

여로형 구조는 주인공이 여행하는 과정에서 자신이나 세계에 대해 생각의 변화를 그린 구조예요.《만세전》은 여행하는 과정에서 현실 문제를 포착해 현실에 대한 인식을 변화시키는 여로형 구조의 대표적인 작품이에요. 주인공 '나'는 아내가 위독하다는 소식을 듣고 동경에서 서울로 떠나요. 동경에서 출발해 서울에 이르는 여정을 통해 사회 현실을 깨달아 가는 주인공의 인식 변화 과정을 효과적으로 보여 줘요. 동경에서 출발해 서울에 갔다가 다시 동경으로 돌아가는 것은 원래의 장소로 돌아가는 '원점 회귀형 여로 구조'라고 볼 수 있어요.

《만세전》의 여로형 구조

주인공의 여정을 보면 동경에서 출발할 때 아내의 위독함을 알리는 전보를 받고도 정자라는 술집 여성과 만나요. 이때 주인공은 식민지 조선의 현실에 관심이 없었어요. 하지만 하관에서 배를 타면서부터 상황이 달라져요. 배에서 일본인들의 대화를 듣고, 형사에게 검문당하며 수탈당하고 억압받는 조선인의 현실을 인식한 거죠. 부산에 도착해 경찰에게 조사를 받고, 음식점 종업원의 넋두리를 들으며 조선의 현실에 놀라게 돼요. 김천에서 형님을 만나 이야기를 나누며 전근대적 조선인의 모습에 분노를 느끼기도 하고요. 서울에 도착해서는 조선인들의 실상을 보고 현실에 절망하고, 답답함에서 벗어나고자 다시 동경으로 돌아가요.

무덤의 상징적 의미

《만세전》의 원래 제목은 《묘지》였다고 해요. 주인공도 조선의 모습을 보면서 계속 무덤 같다고 생각해요. '무덤'이라는 표현은 당시 조선의 참담한 현실을 가장 잘 상징한다고 볼 수 있어요. 《만세전》은 3·1 운동 직전 조선 사회를 그린 작품으로, 당시 조선 사회가 얼마나 비참했는지 사실적으로 보여 준 작품이라고 할 수 있어요. 작품은 암담하고 절망적인 식민지 현실과 그에 대응하는 조선인의 모습을 보여 줘요. 주인공은 이 모든 상황에 연민과 분노를 느껴요. 하지만 주인공 역시 아무것도 하지 못하고 다시 동경으로 돌아가요. 결국 '무덤'이라는 표현은 일제 강점하 조선인들의 노예와 같은 삶, 그리고 그러한 현실에 아무런 저항도 하지 못하는 주인공의 처참한 의식을 드러낸다고 볼 수 있어요. 식민지 조선의 현실을 지식인의 시각에서 비판하고, 비참한 식민지 현실을 자각하지 못하는 민중의 모습을 담았다는 점에서 현진건의 《술 권하는 사회》와 함께 살펴보면 이해가 더 잘될 거예요.

주인공의 허위의식

주인공은 일제강점기 지식인이에요. 주인공의 태도를 살펴보면 조선의 무덤 같은 현실을 보면서, 자신은 무덤 밖에 있다고 생각해요. 그래서 그 현실을 바꾸려는 노력은 하지 않고 부정적으로만 바라봐요. 조선의 문제점을 예리하게 분석하지만, 그 이후의 태도는 설득력이 떨어져요. 비판은 했지만 해결책은 없는 거죠. 오히려 주인공은 조선에서 얻은 건 부담감뿐으로 무덤 같은 조선을 빨리 벗어나야겠다며 도망치듯 일본으로 향해요. 이 시대에 과연 이런 태도를 가진 지식인이 주인공 하나뿐이었을까요? 스스로 지식인이라는 우월감만 가지고 있을 뿐 시대 문제를 해결할 고민은 하지 않는 모습은 당시 지식인의 허위의식을 드러낸다고 볼 수 있어요.

요보의 뜻

'나'가 배를 탔을 때 일본인은 조선인을 '요보'라고 불러요. '요보'가 무슨 뜻일까요? 일제강점기 때 조선인을 낮춰 부르는 말로 '조센징'은 들어봤을 거예요. 그보다 더 많이 쓰이던 표현이 '요보(ㅋポ)'였어요. 이 표현은 인사말인 '여보세요'에서 유래한 것으로 추정돼요. '요보'를 처음 사용한 사람은 경성일보 기자이자 저널리스트인 우스다 잔운(薄田斬雲)으로, 1908년에 낸 작품《요보기》에서 늙고 병든 조선인을 '요보'라고 썼고, 다른 일본인 저널리스트도 "'요보'는 '불결, 파렴치, 비굴, 추한 고집, 음험'의 의미가 있으며 이상도 없고 희망도 없는 조선인을 나타낸다"라고 했어요. 결국 '요보'는 조선인을 비하해서 부르는 이름이 되었어요. 물건을 파는 조선인 상인들을 보고 '야채 요보', '달걀 요보', '장작 요보' 등으로 불렀고, 조선인에게 마늘 냄새가 난다며 '요보 냄새'라고 하는 등 1920~30년대쯤 상당수의 일본인이 이런 표현을 사용하며 조선인을 낮추었어요.

3·1 운동 이전의 조선 상황

1910년에 일본이 조선을 강제로 병합하고, 식민지 지배하에 조선의
정치, 경제, 사회 전반에 걸쳐 강압적으로 통치했어요. 일제는 식민지
지배의 핵심 통치 기구로 조선총독부를 설치하고, 총독으로는 육군,
해군 대장을 임명하여 일본 군부가 조선을 통치하도록 했어요. 조선총
독부는 헌병과 경찰을 동원해 언론, 집회, 출판, 결사의 자유를 억압하
고, 사소한 범죄에도 즉결 심판과 태형을 적용하는 법치와는 완전히
동떨어진 지배를 했어요. 이를 ‘무단 통치’라고 해요. 한국의 독립운동
가와 정치인 대부분을 탄압하고 감옥에 가두거나 처형해 독립의 싹을
잘라 버리려고 했지요. 토지조사사업으로 조선의 토지를 빼앗고, 회사
령으로 민족 산업을 억압했어요. 많은 한국인은 차별을 받으며 저임금
노동자가 되었고, 농민들은 토지를 잃고 소작인이 되어 생계가 어려워
졌으며, 상공업자들도 자주적인 경제 활동이 제한되었어요. 한국인의
모든 계층이 일제의 폭압 정책으로 가난에 시달리고 자유가 억압되었
으니, 사회 전반에서 저항 의식이 부글부글 끓고 있었지요.《만세전》
의 배경이 되는 시기인 1918년은 소설에서 잘 묘사하고 있듯이 한국
민족이 겪는 어려움과 고통이 최고조에 이른 때였어요.

3·1 운동의 준비

1917년 러시아혁명이 성공하고 1918년 제1차 세계 대전이 끝난 뒤,
미국 윌슨 대통령이 각 민족의 운명은 스스로 결정해야 한다는 민족
자결주의를 선포했어요. 이에 우리 민족의 독립 의지가 높아지면서 일

본의 영향이 미치지 않는 외국에서 민족 운동 지도자들 중심으로 독립운동을 추진하려는 분위기가 펼쳐졌어요. 1919년 일본에서 도쿄 유학생들이 한국 독립을 요구하는 2·8 독립선언을 했고, 국내에서도 종교단체와 학생들을 중심으로 독립운동을 계획했어요. 그러다 1919년 1월 21일 갑자기 고종이 승하했어요. 일제가 독살했다는 소문이 돌며 민족의 분노는 최고조에 이르렀고 독립운동에 박차를 가하는 계기가 되었어요. 천도교의 손병희, 기독교의 이승훈, 불교계의 한용운 등이 고종의 장례일(3월 3일)을 앞두고 사람들이 서울에 많이 모일 것으로 예상해 3월 1일을 거사일로 정하고, 2월 27일부터 독립선언서를 전국에 널리 배포했어요.

3·1 운동 과정

3·1 운동은 일 년 가까이 이어졌어요. 민족 대표 33인이 3월 1일 독립선언서를 발표하며 운동을 시작했어요. 원래 탑골공원에서 독립선언서를 낭독하기로 했는데 독립선언이 과격한 시위로 확대될까 봐 태화관에 모여 독립선언서를 낭독하고 자진해서 체포되었어요. 그야말로 독립 '선언'으로 끝났지만, 이것이 시작이었어요. 민족 대표들이 독립선언서를 낭독할 때 탑골공원에서 수천 명의 학생들이 독립선언식을 하고 시민들이 함께 시위했어요. 이후 청년, 학생, 교사 등 지식인이 주도한 만세 시위가 전국 주요 도시로 점점 널리 퍼져 나갔어요. 농촌 지역에서는 장날을 중심으로 만세 시위가 일 년간 계속되었어요. 태극기를 들고 만세를 부르던 평화 시위에 대해 일제가 잔혹한 탄압을

가하자, 이에 맞서면서 점차 무장투쟁으로 바뀌어 갔어요.

3·1 운동의 의의

3·1 운동은 전 민족이 참여한 대규모 민중 운동으로, 한국 민족의 자주와 독립 의식을 폭발시키는 계기가 되었어요. 3·1 운동의 주요 성과 중 하나는 임시정부를 수립했다는 점이에요. 3·1 운동 직후에 한성, 연해주, 상해에서 따로 임시정부를 세웠다가 상해에 대한민국 임시정부로 통합했어요. 이 임시정부는 민주공화제의 독립 국가를 건설하고자 하는 목표를 뚜렷하게 보여 주었다는 점이 중요해요. 그리고 독립운동의 주체도 바뀌었어요. 그때까지 지식인, 지도자 중심의 운동에서 일반 농민과 노동자 들도 대거 참여하는 대중 운동으로 전환하는 계기가 되었어요. 또 비폭력, 무저항주의에서 무장투쟁으로 독립운동의 방식도 변화했어요. 전 민족이 참여한 3·1 운동에 놀란 일제는 무단 통치에서 문화 통치로 전환했어요. 문화 통치는 그 이름과 달리 일종의 회유 정책이자 민족을 분열시키려는 정책이었지만, 이 기간 동안 여러 형태의 사회 운동이 활발해지며 민족 운동이 새로운 모습으로 발전했어요.

치숙

풍자적으로 시대를 담다

그게 생날부랑당놈의 짓이 아니고 무어요?

《치숙, 레디메이드 인생 외》, 채만식, 푸른생각, 2013

나 일본 가게에서 일하며 일본인처럼 살려고 함
아저씨 나의 오촌 고모부, 사회주의를 하다 징역 살고 폐병을 앓고 있음
아주머니 나를 길러 줌, 아저씨를 뒷바라지함

　우리 아저씨 말이지요? 한참 사회주의라더냐 그걸 하다 징역 살고 나와서 폐병으로 누워 있는 우리 오촌 고모부 그 양반. 말도 마시오. 내 원! 신세 간데없지요. 대학교까지 공부한 것 풀지도 못했지요, 좋은 청춘 다 보냈지요, 전과자라는 도장 찍혔지요, 몹쓸 병까지 들었지요. 이 신세를 해 갖고 오두막집 셋방 구석에서 눈 딱 감고 드러누웠더군요. 우리 아주머니가, 그래도 어질고 얌전해서 그 알량한 남편 받드느라 겨우겨우 목구멍에 풀칠을 하지요. 아주머니가 불쌍해요. 이십 년을 한숨으로 보내고 다 늦게 송장 치게 된 그 양반을 그래도 남편이라고 모시는 걸 보면 참말 가엾어요. 그 양반이 죽기라도 했으면 아주머니는 차라리 편하리다.

　거진 이십 년 동안 아저씨 양반은 공부한답시고 서울로 동경으로 십여 년이나 돌아다녔고, 나중에는 아주머니한테 이혼하자고 친정으로 쫓아내고는 공부를 마치고 오더니만 학생 출신이라는 딴 여편네를 얻어 살았지요. 소박맞은 우리 아주머니가 월등 이뻤다우. 아주머니는 시집이고 친정이고 다 망해서 의지할 데 없이 됐지요. 할 수 없이 나를 의지해 서울로 올라왔더군요.

그게 그러니까 아저씨가 나오던 그 전 해로군. 내 덕에 일본인 집에 식모로 들어갔지요. 내가 아주머니더러 미네상과 재혼하라고 권했지요. 그이가 죄선 오깜상하고 살았으면 좋겠다고 중매를 서 달라고 그랬어요. 몇 번 말해도 듣질 않어요. 일곱 살에 부모를 잃었을 때 친정살이하는 아주머니가 나를 길렀지요. 슬하에 딴 자손이 없어서 나를 참 예뻐했어요. 그 집안이 망하지 않았으면 나도 전문학교까지는 다녔으리다.

이런 은공이 있으니 나도 갚은 셈이지요. 요새 간혹 아주머니가 찾아와서 양식 없다는 사정을 하는데 좀 성가시기는 해요. 그렇지만 명절 때 고깃근이라도 사 보낸다든지 오며 가며 들러 이야기라도 한다든지 그런 건 대충 하진 않으니까요. 일 년 동안 월급 저금하고 삯바느질하고 한 게 돈 백 원이나 됐지요.

나도 가서 보았지만, 감옥소 문 앞에 아주머니가 기다리고 있으니까 눈물이 핑— 돌던데요. 첩은 꼴도 안 보이구요. 아저씨 양반은 그 여편네가 오지 않았나 둘러보던데요. 감옥소 안에서 달포 전부터 피를 토했대요. 반송장을 업어 오다시피 해서 뉘어 놓고, 불철주야로 뛰어다닌 덕에 살아났지요. 부인네 정성이 무서운 겝디다. 돌아가신 부모가 살아오신대도 그 짓 못 해요. 양심이 있으면 바삐 돈을 벌어다 아내를 편안히 거느리고 이 은혜와 죄를 갚아야 하겠구나… 이런 맘을 먹어야 할 게 아니라구요? 이제는 속 차려야지요. 전과자니까 관리나 회사 같은 데는 못 들어가겠지만 노동이라도 해야지요. 뭐, 나도 전문학교를 졸업했으면 우리 아저씨처럼 됐을지도 모를 테니 공부 많이 안 하고 이 길로 들어선 게 다행이다… 이런 생각이 들어요.

그런데 살아날 만하니까 또 그걸 하려고 난리네요. 서양 어디선가 게으름뱅이 몇 놈이 모여 앉아 놀고먹을 궁리를 했더라나요. 누구는 부자로 잘살고 누구는 가난하다니 그게 될 말이냐, 부자가 가진 것을 가난한 사람들하고 다 같이 고르게 나눠 먹어야 경우가 옳다, 이렇게 설도를 해 가지고 '우' 하니 들고 일어났다는군요. 그게 생날부랑당놈의 짓이 아니고 무어요? 그 못된 놈의 풍습이 삽시간에 동서양 각국에 퍼져서 내지에도 돌아다녔고, 조선 영감들도 덩달아서 흉내를 냈다나요. 나라에서 엄하게 금한 덕에 멀끔해졌지요. 해서 좋을 양이면 나라에서 왜 금하며 징역을 살리나요.

다이쇼가 한 십 년 더 있으면 따로 장사를 시켜 줄 눈치거든요. 그것을 언덕 삼아 삼십 년 동안 장사해서 십만 원을 모을 작정이지요. 십만 원이면 조선 부자로 쳐도 천석꾼이니, 떵떵거리고 살 게 아니라구요? 다이쇼가 얌전한 자리를 골라 중매 서 준다고 그랬어요. 조선 여자는 거저 주어도 싫어요. 구식 여자는 얌전해도 무식하고 신식 여자는 건방져서 못 쓰고, 조선 여자는 다 별로예요. 내지 여자가 인물 이쁘겠다, 얌전하겠다, 상냥하겠다, 지식이 있어도 건방지지 않겠다, 좀이나 좋아! 내지인 성명으로 갈고 다 내지식으로 하고 아이들도 내지인 이름을 지어서 내지인 학교에 보내고…. 이래야 돈도 내지인처럼 잘 모으거든요.

이렇게 열심히 살고 있는데 세상 망칠 사회주의를 하러 드니, 내가 소름이 끼칠 게 아니라구요? 말만 들어도 끔찍하지! 아무것도 다 허사가 될 테니 그런 억울할 데가 있담?

아저씨와 마주 앉아도 몰아세우곤 하지요. 저번에도 한번 혼을 단단히 내주었지요. 아주머니더러 그 녀석 사람 버렸더라고, 아무짝에도 못 쓰게 길이 들었더라고 그러더라나요. 원 입이 몇 개나 되면 그런 소리가 나오는 구멍도 있누? 이래 보여도 표창을 두 번이나 받은 모범 점원이요, 똑똑하고 재주 있고 얌전하다고 칭찬이 놀랍고, 앞길이 환히 트인 유망한 청년인데, 자기 눈에는 내가 버린 놈이고 아무짝에도 못 쓰게 길이 든 놈으로 보였단 말이지? 자기 하는 짓이 옳으니까 남이 하는 짓은 다 글렀다고? 제 밑 구린 줄 모르고서 남더러 어쩌구저쩌구 한다는 게 우리 아저씨를 두고 이른 말인가 봐.

그날 마침 내가 쉬는 날이라 아주머니더러 할 이야기도 있고 해서 들렀더니 아저씨 양반만 아랫목에 드러누웠어요. 책장을 넘기는데 마침 아저씨 이름이 있겠지 않겠어요! 빠안하지요. 대학교까지 가서 경제를 배우고 돈 모을 생각은 않고 사회주의만 하고 다닌 양반이라 경제가 그르고 사회주의가 옳다고 우겨댔을 거니까요. 신기해서 볼 양으로 쓰윽 훑어봤지요. 그러나 웬걸 읽어 먹을 재주가 있나요. 글자는 대강 알기는 알겠는데, 대체 무슨 뜻인지 알아야지요.

아저씨를 불렀어요. 자기가 쓴 사회주의와 경제에 대해 물었는데 못 알아들어요. 자기가 쓰고도 잊어버렸거나 내가 말을 까다롭게 내서 대답이 안 나왔거나 그랬겠지요. 다시 경제란 게 무어냐 따졌지요. 제대로 대답을 못 해요. 대학에서 경제 배웠다더니 부자 되는 경제 공부가 아니라 부자가 모아 둔 돈 뺏어 쓰는 사회주의 공부한 게 아니냐 따졌지요. 그건 사회주의가 아니라 부랑당이라 하더라고요. 그럼 아저씨도 사회주의가 부랑당인 줄은 아는 거네요. 그런데 자꾸 아니라고 우겼어요. 내가 따박따박 따지자 꼼짝도 못 하더니 내가 걱정이래요. 그래서 나는 내 계획을 주욱 설명했지요. 이야기를 듣더니 나한테 딱한 사람이라는 게 아니겠어요? 이유를 물어도 대답이 없어요. 사람이란 것은 아첨하는 것만큼 더러운 게 없다는 거예요.

내 계획이 지혜에서 나온 것이면 좋지만 주인과 이웃의 비위를 맞추려는 거라면 나의 세상 물정과 아저씨의 세상 물정이 다르다는 거예요. 기가 찼지요. 아저씨 몸이 나아지면 어떻게 할 작정인지 물으니 하던 일을 그대로 한다는 거 아니겠어요? 서른셋이나 된 아저씨가 또 그 일을 한다니요. 아저씨도 은공을 갚아야 옳을 게 아니오? 그런데 시치미 뚝 따고 누워서 바쁘다는군요! 손톱만큼도 쓸모없고 폐만 끼치고 세상에 해독만 끼칠 사람이니 하루바삐 죽어야 해요. 그런데 글쎄 죽지를 않고 꼼지락꼼지락 도로 살아나니….

Q. '나'와 '아저씨' 중에서 정말로 어리석고 비판받아야 할 사람은 누구라고 생각하나요?

채만식을 알다

채만식(1902~1950)은 신문사와 잡지사에서 기자로 일하다가 나중에는 창작 활동에 집중했어요. 채만식의 소설은 일제강점기에 살던 사람들의 힘든 생활을 생생하게 보여 줘요. 특히 당시 사회 모습을 풍자와 비판으로 잘 드러내서 독자가 사회 문제를 깊이 생각하게 했어요. 하지만 일제강점기 후반에는 일본의 전쟁을 돕는 글을 쓰기 시작했어요. 광복 이후에는 《민족의 죄인》이라는 작품을 통해 자신의 친일 행위를 반성했어요.

'치숙'의 뜻

치숙(痴叔)은 '어리석은 숙부(아저씨)'라는 뜻이에요. 이 작품에서 '나'는 아저씨를 어리석다고 여기며 비꼬고 있어요. 하지만 사실 진짜 어리석은 존재로 비판받아야 할 대상은 아저씨가 아닌 '나'예요. 이 작품은 겉으로는 '나'가 아저씨를 비난하고 있는 것처럼 보이지만, '나'의 이야기를 면밀히 살펴보면 오히려 '나'야말로 부정적인 인물이에요. 물론 그렇다고 아저씨가 긍정적인 인물이라고 보기도 어려워요. 아저씨는 조강지처인 아주머니를 버리고 첩과 함께 살기도 했고, 감옥소에서 나와 아주머니에게 미안한 마음은 있지만 돈을 벌기보다 전처럼 살겠다고 하는 점 등을 보면, 아저씨 역시 무책임한 인물이에요. 결국 이 작품 속 '나'와 아저씨 모두 부정적인 인물로 볼 수 있어요.

나와 아저씨, 모든 것이 반대

아저씨와 '나'는 비슷한 점이 하나도 없어요. 나는 보통학교 4년을 다니다 중퇴했지만, 아저씨는 대학교까지 졸업한 지식인이에요. 그래서 나는 만화나 일본 작가의 소설을 좋아하지만, 아저씨는 어려운 한자가 섞인 책을 더 좋아해요. 생활력 면에서 살펴봐도 나는 누구보다 열심히 일하고 일본인 주인의 눈에 들려고 노력하지만, 아저씨는 빈둥거리며 일을 하지 않고, 일제에 맞서려 해요. 나는 아저씨를 사회에서 쓸모없는 인간으로 생각하지만, 반대로 아저씨는 나를 철없는 속물이라고 생각해요. 모든 것이 반대죠. 어쩌면 작가는 두 부정적인 인물을 대조해 보여 줌으로써 독자에게 어떻게 사는 것이 옳은지 생각해 보게 하려는 의도를 담은 건 아닐까요?

소설의 서술자와 시점의 종류

소설에서 이야기를 전달하는 사람을 서술자라고 해요. 서술자와 작가는 다른 존재예요. 서술자는 작가가 자신의 주제 의식을 효과적으로 전달하기 위해 만든 가상의 존재예요. 그래서 작가가 어떤 이야기를 어떻게 전달하고자 하는지에 따라 서술자의 위치와 시점이 달라져요.

소설에서 서술자의 위치에 따라 시점을 크게 두 가지로 나눌 수 있어요. 첫째는 작품 속에 서술자가 있는 1인칭 시점이고, 둘째는 작품

밖에 서술자가 있는 3인칭 시점이에요. 이 둘을 구별하는 방법은 작품 속에 '나'의 등장 유무예요. 1인칭 시점에서는 작품 속에 '나'라는 서술자가 등장해요. 반면 3인칭 시점에서는 '나'가 등장하지 않고, '그', '그녀' 또는 인물의 이름으로 표현되거든요.

1인칭 시점에는 두 가지가 있어요. 주인공이 직접 자신의 이야기를 전달하는 1인칭 주인공 시점과 작품 속 인물인 '나'가 주인공을 관찰하는 입장에서 쓰는 1인칭 관찰자 시점이에요. 《치숙》은 '나'가 아저씨를 관찰하면서 쓴 것으로, 1인칭 관찰자 시점이에요.

3인칭 시점에도 두 가지가 있어요. 서술자가 객관적 입장에서 인물을 관찰하고 대화와 행동을 통해 인물의 심리와 사건을 전달하는 작가 관찰자 시점이 있어요. 또 서술자가 모든 것을 알고 있는 전지전능한 입장에서 인물의 심리와 이야기를 구체적으로 설명하는 전지적 작가 시점이 있어요. 고전 소설은 대부분 전지적 작가 시점으로 쓰지만, 현대 소설에서는 한 소설 안에서 여러 시점이 함께 쓰이는 경우도 많아요.

일제강점기 사회주의 운동

일제강점기에 우리 민족은 자주독립을 위해 여러 사상과 이념을 받아들였어요. 당시 유럽에서 시작해 전 세계로 널리 퍼지고 있던 사회주의, 공산주의 사상도 그중 하나였어요. 중국, 인도, 베트남 등 식민지가 되었거나 식민지로 되어 가던 여러 나라가 사회주의 이념을 받아들였는데, 우리 민족도 이들과 마찬가지로 제국주의에 맞서 민족 해방을 이루기 위한 이념과 운동으로서 사회주의를 받아들였어요. 그래서 사회주의 운동은 일제의 식민 통치에 맞서 노동자와 농민 등 대중을 조직하고 민족과 계급의 해방을 이루려 했던 민족 운동의 한 갈래예요.

1920년대 초 러시아와 중국의 교포 사회, 국내 민족 운동 세력에게 사회주의 이념이 빠르게 전파되었어요. 사회주의 운동도 초기에는 지식인 그룹을 중심으로 활동했어요. 소설《치숙》의 '아저씨'가 그런 사람 중 하나예요. 이들은 한결같이 사회주의 국가 건설을 내세우면서, 다른 민족 운동과는 지향성을 달리했어요. 하지만 민족 해방을 위해 사회주의 운동 세력과 민족주의 운동 세력이 손잡고 함께 활동하기도 했어요. 민족 유일당 조직인 '신간회'가 바로 그것이에요. 1930년대 들어 일제 탄압이 심해지면서 사회주의 운동은 노동자와 농민을 중심으로 연대해 대중 운동에 앞장섰지요. 1930년대 후반부터는 민족주의 운동과 사회주의 운동이 민족 해방이라는 대의를 위해 서로 연합하면서 해방 후 건설할 국가의 방향을 함께 모색해 갔어요.

일제 우민화 정책

일제는 식민 통치를 합리화하고 지배를 원활히 하고자 우민화 정책을 시행했어요. 우민화 정책은 백성을 어리석게 만들어서 쉽게 통치하고 지배하려는 거예요. 이 정책의 숨은 의도는 우리의 고유 문화를 말살해 일본에 동화시키려는 데 있었어요. 그러려면 시민의식을 발달시키지 않는 우민화 정책이 필요했어요. 처음부터 비판의식을 갖지 않는다면 일제가 원하는 대로 우리 민족을 움직일 수 있을 테니까요.

《치숙》에는 일제의 우민화 정책을 꼬집는 내용이 많이 나와요.

나도 전문학교를 졸업했으면 우리 아저씨 모양이 됐을지도 모를 테니 공부 많이 안 하고 이 길로 들어선 게 다행이다… 이런 생각이 들어요.

이런 우민화 정책이 잘 먹힌 '나'는 국가관마저 왜곡되어 있어요.

나라에서 엄하게 밝히고 금한 덕에 멀끔해졌고 이제 그런 마음 먹는

사람은 별반 없다나 봐요. 해서 좋을 양이면 나라에서 왜 금하며 징역
을 살리나요.

'나'는 나라에서 하는 것은 무조건 옳다고 생각해요. 그리고 역사의
식은 없지만 사회생활 면에서는 눈치가 빠르고 일을 잘하는 인물이에
요. 아무리 일제강점기라 하더라도 이렇게 주어진 일을 성실하게 잘했
다면 그럭저럭 잘 살았을 거예요. 일제에 대해서도 비판적이지 않았을
거예요. 일제강점기에 실시된 우민화 정책으로《치숙》의 '나' 같은 사
람들이 많았어요. 작가는《치숙》을 통해 독자가 일제의 우민화 정책의
문제점을 생각해 보기를 바랐을 거예요.

구식 여성과 신식 여성

아저씨는 아주머니에게 이혼하자며 친정으로 내쫓고 다른 여자를
데려와 살아요. 당시 이혼은 지금처럼 '부부가 대등한 입장에서 헤어
지는 것'이 아니었어요. 그보다 '남편이 아내를 쫓아내는 것'에 가까웠
어요. 이혼한 여자는 '무언가 잘못했거나 흠이 있어서 남편에게 쫓겨
났을 것'이라고 여겼고요. 갑오개혁 이후 법적으로는 신분제가 폐지되
고 남녀평등도 보장되었지만, 실제로 사회에 정착하기까지는 훨씬 오
랜 시간이 걸렸어요. 게다가 이때는 여성의 재혼이 용인되지 않았고
혼자 사는 여성이 직업을 갖고 생계를 유지하는 것도 힘들었어요.

그런 점을 생각하면 아저씨에게 버림받아 친정으로 쫓겨난 아주머
니의 처지는 처량하기 그지없어요. 아주머니는 그런 상황에서도 끝까

지 남편에게 아무런 불평이나 원망을 하지 않았어요. '나'의 말에 따르면 아주머니는 조선의 구식 여성이었을 거예요. 하지만 이 시대를 살던 대부분의 여성이 아주머니와 비슷한 처지였을 거예요.

만무방

형님까지 그러기유?

내 것 내가 먹는데 누가 뭐래?

《김유정 단편선-동백꽃》, 김유정, 문학과지성사, 2005

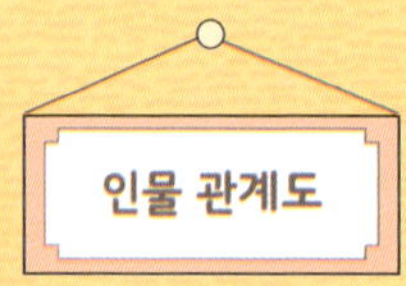

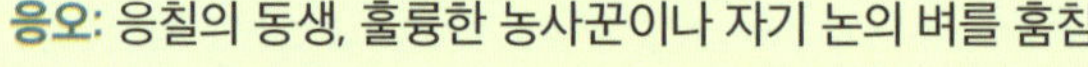

응칠: 만무방, 절도와 노름을 하며 지냄, 응오 논의 도둑을 잡고 깜짝 놀람

응오: 응칠의 동생, 훌륭한 농사꾼이나 자기 논의 벼를 훔침

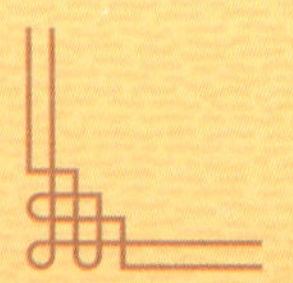
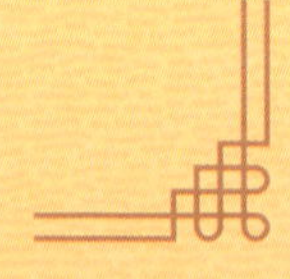

어느 가을날, 응칠은 소나무 사이를 돌다가 멈추었어요. 썩은 솔잎 사이를 헤쳐 송이버섯을 땄어요. 추수 때인데도 할 일이 없었어요. 땅도, 부인도, 자식도 없는 처지였거든요. 아무 데서나 먹고 잤어요. 솔숲을 빠져나와 화전민 마을로 내려가려 할 때 별안간 등 뒤에서 대장간 하는 성팔이가 고개를 넘어오며 응칠을 불렀어요.

"자네 응고개 논의 벼 없어진 거 아나?"

응칠은 가슴이 덜컥 내려앉았어요. 자신에게 벼가 없어졌다고 말하다니 심상치 않았어요. 응칠이 이 동네에 들어온 지 어느덧 여러 달이 지났어요. 동네를 떠나려는 생각은 있었지만 동생 때문에 망설이는 중이었어요. 응칠이 본래 떠돌아다녔냐 하면 그런 것도 아니에요. 오 년 전에는 아내, 아들, 집이 있었어요. 열심히 농사를 지었지만 남는 건 빚뿐이었어요. 하루는 도저히 이렇게 살 수 없을 것 같아서 아내와 함께 야반도주해 밥을 빌어먹었어요.

어느 추운 밤, 아내가 고생하지 말고 서로 헤어지자고 했어요. 그게 나을 것 같아 응칠도 동의했어요. 마지막으로 아내와 나란히 누워 하룻밤을 지내고 날이 밝자 자리를 툭툭 털고 일어났어요. 이제 응칠은 논맬 걱정, 호포 바칠 걱정, 아내 걱정 중 걸리는 게 없었어요. 하지만 **주재소**[*]는 안 좋은 일이 일어나면 응칠을 먼저 잡아갔어요. 응칠은 전과 사범이었거든요. 처음에는 도박으로, 다음에는 절도로, 그다음에는 또 절도로. 이번에 동생을 보러 온 것은 생활이 힘들어서 동생에게 기대려거나 일을 하러 온 건 아니었어요. 유일한 가족인 동생을 오랫동안 못 봐서 그리웠기 때문이었어요.

동생 응오는 응고개 논의 벼를 지금까지 베지 않았어요. 응오는 훌륭한 농사꾼이었어요. 그런데 남들은 다들 벼를 거둬들이고 털기까지 했는데, 벼를 벨 생각조차 않는 거예요. 지주나 김 참판은 응오를 계속 찾아와 벼를 베고 빚을 갚으라고 독촉했어요. 그때마다 응오는 "계집이 죽게 됐는데 벼는 다 뭐지유…" 하고 대답했어요. 응오의 아내는 지금 사경을 헤매고 있어서 틈이 없긴 해요. 하지만 돈이 없어서 약도 못 쓰는데 얼른 벼를 터는 것이 맞아요. 그런데 왜 벼를 안 털었을까요?

작년 응오와 같이 타작을 하던 친구라면 묻지 않을 거예요. 한 해 동안 알뜰히 가꾸던 그 벼를 거둬들인 건 기뻤어요. 새벽부터 열심히 벼를 털었지만, 이리저리 빚과 이자를 제하니 남은 것은 등줄기를 흐르는 식은땀뿐이었어요. 슬프기보다 부끄러운 일이었어요. 같이 벼를 털어 준 동무들 앞에서 일 년 농사 결과가 빈 지게였으니까요. 응오의 눈에 눈물이 흘렀어요. 올해는 흉작이라 벼를 거뒀다는 말이 나면 빚쟁

★ **주재소**: 일제 때 순사가 일정한 구역에 머무르면서 사무를 맡아보던 곳

이들이 몰려들 테니 그냥 놔둔 거예요.

응칠은 동생을 위해 지주를 만나 이자를 좀 줄여 달라고 사정했어요. 하지만 지주는 고개를 흔들었어요. 응칠이 논에 불을 지르겠다고 협박해도 못 들은 척했어요. 그 순간 응칠이 화를 참지 못하고 지주의 뺨을 때렸어요. 그런 난감한 처지에 벼가 없어진 거예요. 그것도 알이 꽉 찬 이삭만 골라서 따 갔어요.

응칠이 논에 가서 보고 기가 막혔어요. 아직 아무도 모르는 것 같지만 소문이 퍼지면 자신이 도둑으로 몰릴 것 같았어요. 어쩌면 재성이나 성팔이의 짓이 아닐까 생각했어요. 그런데 그 성팔이가 응칠이에게 벼가 없어졌다고 알려 준 거예요. 응칠이는 성팔이가 벼를 훔쳐 갔다고 생각해 노려보았어요. 성팔이 우물쭈물하며 변명했어요. 놀러 갔다 오다가 응고개를 지나왔다는 거예요. 성팔이란 놈도 구장네 집의 솥인가 뭔가를 떼다 먹고 감옥에 다녀온 여간내기가 아니에요. 응칠은 성팔이가 벼를 훔쳤겠거니 단정하고 말했어요.

“여보게, 자네가 했건 내가 했건 간에 우리 둘만 알고 동리에 말을 내지 말게.”

성팔이는 놀란 표정으로 응칠을 보고 아무 말도 안 하겠다고 약속하고는 몸을 돌려 제 갈 길을 갔어요. 응칠은 그 모습을 보며 욕했어요. ‘아무리 그래도 남에게 뒤집어씌우다니.’ 응오가 불쌍했어요. 기껏 힘들여 농사지었더니 남 좋은 일만 한 셈이니 눈이 뒤집힐 거예요. 증거만 있으면 혼쭐을 내주겠다고 생각하며 내려왔어요. 생각할수록 괘씸했어요. 응칠은 오늘 밤에 논을 지키고 있다가 도둑놈을 잡아야겠다고 결심했어요.

한편, 응오는 봉당에 앉아 아내에게 먹일 약을 끓이고 있었어요. 응오는 결혼하려고 3년간 머슴을 살았어요. 먹고 싶던 술 한 잔 못 먹고 돈을 모아 결혼했는데 2년 만에 아내가 병을 얻은 거예요. 의원에게 보일 돈도 없어 무슨 병인지도 몰랐어요. 응칠은 응오에게 벼를 훔쳐 간 이야기를 해야 하나 고민하다 밖으로 나와 버렸어요. 답답한 동생의 살림을 보니 옛날 생각이 난 거예요. 응칠은 오늘 밤 도둑놈을 잡아 다리를 꺾어 놓고 동네를 뜨기로 결심했어요.

드디어 밤이 되었어요. 동생의 벼를 훔쳐 간 놈이 자신을 넘보는 것 같아 괘씸했어요. 응칠이는 물푸레 몽둥이를 들고 산으로 갔어요. 응칠이는 논에 숨어서 도둑놈을 기다렸어요. 도둑질이 소문나기 전에 한 번 더 오는 게 원칙이거든요. 새벽이 다 되자 논둑에서 희끄무레한 허깨비 같은 것이 얼씬거렸어요. 그림자는 어느 틈에 어둠 속에 사라져 보이지 않았어요. 확실히 벼를 훔치려고 논으로 들어갔을 거예요. 한 식경쯤 지나자 도적이 다시 나타났어요. 도적은 눈만 내놓고 얼굴을 가렸어요. 봇짐을 등에 메고 일어나는 순간이었어요. 날쌔게 달려들며 소리쳤어요.

"이 자식, 남의 벼를 훔쳐 가니!"

도둑놈은 논둑으로 데굴데굴 굴러서 떨어졌어요. 얼결에 호되게 놀란 모양이에요. 응칠은 우선 허리께를 내려쳤어요. 처참한 비명을 질렀어요. 응칠은 이 소리에 귀가 번쩍 띄어서 얼굴을 보았어요. 응칠은 어이가 없어서 그 자리에 우두커니 섰어요. 그것은 무거운 침묵이었어

요. 한참을 신음하다 도적은 일어나더니,

"성님까지 이렇게 못살게 굴기유?"

눈을 부라리며 몸을 홱 돌렸어요.

"내 것 내가 먹는데 누가 뭐래?"

응오는 퉁명스럽게 내뱉고는 비틀비틀 논 저쪽으로 사라졌어요. 응칠은 너무 놀라서 멍하게 서 있었어요. 한 손으로 그 봇짐을 들어 봤어요. 가뿐하니 끽 말가웃이나 될는지. 이까짓 걸 요렇게까지 해 가려는 그 심정은 실로 알 수 없었어요. 응칠은 벼를 논에 털어 버렸어요. 그러고는 응오를 따라가며 명색이 성이라고 하며 대뜸 몽둥이를 들어 응오의 볼기짝을 후려갈겼어요. 일어나지 못할 만큼 때렸어요. 응오는 체면을 차리지 않고 엉엉 울었어요. 홧김에 때리긴 했지만, 마음이 불편했던 응칠은 쓰러진 동생을 등에 업고 내려왔어요.

Q. 응오는 왜 자신의 논에 있는 벼를 훔쳤을까요?

소설을 탐구하다

김유정의 문학 세계

김유정(1908~1937)은 이름만 보면 여성으로 생각하기 쉬운데 남성 작가예요. 《봄봄》, 《동백꽃》 등 김유정의 문학 세계는 회화적이면서 긍정적이고 익살스러워요. 김유정이 세계를 바라보는 방법이나 태도는 냉철하거나 비극적이지 않아요. 그보다는 주로 엉뚱한 행동을 하는 인물들이 자주 등장해요. 특히 서술자인 '나'는 눈치가 없거나 순박한 성격인 경우가 많아요. 그렇지만 그들을 부정적으로 다루지는 않아요. 또 작품 속 등장인물들은 비속어나 사투리를 많이 사용해요. 이런 생생한 대화를 통해 작품의 사실성을 더해 줘요. 김유정 작품에는 순박하고 어리숙한 농촌 사람들의 자연스러운 모습이 드러나고 김유정은 이들을 애정 어린 눈으로 바라보며 독자에게 잔잔한 웃음을 선사해요.

《만무방》의 뜻

'만무방'이란 원래 '염치없이 막되게 구는 인간'이라는 뜻으로, 이 작품에서는 빚 때문에 고향을 떠나 도박과 도둑질을 일삼는 응칠의 삶을 비유한 표현이에요. 응오도 성실한 농부로 알려졌지만, 자기 벼를 훔친다는 면에서 만무방에 해당한다고 볼 수 있어요. 거칠 것 없는 응칠과 다르게 응오의 일탈은 다소 우스꽝스럽고 소극적이에요. 그러나 그 역시 현실의 절망에서 비롯되었다는 점은 응칠과 비슷해요. 모든 것을 포기한 사람이나 성실한 사람 모두 만무방이 되었다면, 1930년 대는 농촌 사회 모두가 만무방이 될 수밖에 없는 현실이었다고 볼 수 있어요.

《만무방》의 반어적 상황

반어적 상황이란 겉으로 드러난 것과 속에 감춰진 의미가 서로 다른 것을 말해요. 초반부에는 응칠이나 성팔이 벼를 훔쳤을 거라고 짐작하면서 읽다가 마지막 장면에서 논의 벼를 훔친 사람이 다름 아닌 논 주인 '응오'였음이 드러나는 부분은 이 작품의 묘미라고 할 수 있어요. 동생을 도둑놈으로 알고 몽둥이로 치는 형, 그런 형에게 억울하다는 듯이 대드는 동생의 순박함에 웃음이 지어져요. 하지만 그 속에는 농촌의 비극이 숨어 있어요. 겉으로 보면 자기 벼를 자기가 훔친다는 우스꽝스러운 상황이지만, 그 이면을 살펴보면 자기 논의 벼를 자기가 훔쳐야 할 만큼 당시 농민들이 가난하고 힘든 삶을 살았음을 알 수 있어요. 이를 통해 1930년대 농민들이 얼마나 착취당했는지 짐작할 수 있어요. 겉으로 드러난 모습과 달리 비참한 식민지 농촌 사회의 참상을 고발하는 《만무방》은 반어적 상황이 잘 드러나는 작품이에요.

궁핍한 농촌 이야기

재산을 포기하고 야반도주한 응칠의 모습도 그렇지만 뼈 빠지게 농사지어도 남는 건 아무것도 없는 응오의 모습을 통해 1930년대 한국 농촌이 얼마나 궁핍했는지 짐작할 수 있어요. 1930년대 한국 농촌은 일본 제국주의의 지배 아래 심각한 사회경제적 변화를 겪고 있었어요. 일본의 식민지 정책은 농민들에게 많은 부담을 안겼고, 농촌 경제는 심각하게 위축되었어요. 농민들은 높은 세금과 대출 이자에 시달리며, 수확물 대부분을 일본 상인에게 헐값에 팔아야 했어요. 농민들은 생계를 유지하려고 뼈 빠지게 일했지만, 그 대가는 극히 미미했어요. 특히 쌀과 같은 주요 농산물 가격은 일본 시장에 의해 결정되었고, 이는 농민들의 수익을 더욱 줄였어요.

응칠과 응오의 이야기는 이러한 농촌 사회의 모습을 잘 보여 줘요. 무엇보다 심각한 것은 농촌 사회의 결핍이 물질적 결핍만이 아니라 정신적 파탄으로까지 이어진다는 점이에요. 야반도주했다가 돌아와 죄를 짓는 응칠도 그렇지만 자기 논의 벼를 자기가 훔치는 응오도 정신적으로 피폐했기 때문에 그런 일을 벌인 것이지요. 김유정은《만무방》뿐만 아니라《금 따는 콩밭》에서도 비참한 농촌 현실을 해학적으로 그리고 있어요.《금 따는 콩밭》의 주인공도 응칠과 비슷한 모습을 보여요. 이 작품들을 읽으면서 당시 우리 민족의 삶이 어땠는지 생각해 보세요.

일제의 토지조사사업과 농민의 몰락

토지조사사업은 일제가 1910년부터 1918년까지 조선에서 실시한 대규모 토지 조사 및 등록 사업이에요. 겉으로는 토지 면적, 소유자, 경작 방법 등을 기록해 근대적인 토지 소유권 제도를 확립한다고 했지만, 실제로는 일제의 식민 지배를 강화하기 위한 것이었지요. 일제는 조선시대 내내 농민들이 갖고 있던 관습적인 경작권을 무시하고, 근대적인 토지 소유 제도만 강조했으며, 이 때문에 농민들은 전통적으로 경작하던 토지를 잃어 생계에 큰 타격을 입었어요. 일제는 많은 토지를 국유지로 확보했고, 세금 재원도 안정적으로 확보해 식민지 재정을 확대했어요. 또한 많은 토지를 일본인 지주에게 넘겨 식민지 지주제를 확립하는 데 중요한 역할을 했어요. 토지조사사업의 결과 일본인 또는 한국인 지주는 소작 농민을 지나치게 수탈했고, 이로 인해 경제적으로나 사회적으로 몰락한 많은 농민이 농민 운동과 민족 운동에 나서게 되는 주요 원인이 되었어요.

일제의 산미증식계획과 결과

산미증식계획은 1920년부터 1941년까지 일본 제국이 조선을 식량 및 원료 공급지로 만들고자 실시한 농업 정책으로, 일본의 쌀 수급 문제 해결이 목적이었어요. 이 정책은 조선에서 생산된 쌀이 일본으로 대량 수출되는 형태로 진행되었으며, 일본의 쌀 시세가 조선보다 높아 많은 지주와 부농이 일본으로 쌀을 판매했어요.

산미증식계획은 두 차례로 나뉘어 진행됐어요. 1차증식계획(1920~1925년)은 쌀 920만 석을 증산해 460만 석을 일본으로 수출하는 거였어요. 하지만 1923년 관동대지진, 농민들의 반발, 열악한 경제 여건으로 성공하지 못했어요. 2차증식계획(1926~1934년)은 1차 계획의 부진을 인식해 이전보다 더 많은 쌀을 일본으로 보내는 것이 목표였어요. 하지만 이 역시 세계 대공황으로 쌀값이 폭락해 일본 농민의 반발이 커져 결국 실패로 끝났어요.

산미증식계획은 일제 입장에서는 일부 성과가 있었어요. 일제는 기계 도정을 도입해 조선 쌀의 품질을 개선했고, 일본의 쌀 부족 문제를 해소했어요. 반면 조선 농민들은 쌀값 폭락으로 큰 경제적 타격을 입었어요. 대지주들은 수확의 절반 이상을 가져가 막대한 이익을 얻었고, 농민들은 소작료 부담이 증가해 빈부 격차가 심화되었어요. 산미증식계획의 여파는 이후에도 지속되었어요.

레디메이드 인생
학력인플레이션의 끝은?

"레디메이드 인생이 비로소 겨우 임자를 만나 팔리었구나."

《레디메이드 인생》, 채만식, 훈민출판사, 2020

P: 아들을 자기처럼 공부시키지 않으려 함

창선: 큰아버지가 돌보다 학비를 감당하지 못해서 P에게 보냄, 아홉 살에 아버지가 인쇄소 일을 시킴

“어데 빈자리가 있어야지.”

P는 K 사장에게 일자리를 부탁했지만 거절당했어요. 크림 맛을 못 본 지 몇 달이 된 낡은 구두, 고기작거리는 동복 바지, 양편 포켓이 축 처진 양복저고리, 땟국 묻은 와이셔츠와 배배 꼬인 넥타이. P는 얼른 돌아가서 이불을 쓰고 눕고 싶었어요.

“배워라. 글을 배워라… 지식만 있으면 누구나 양반이 되고 잘살 수가 있다.”

“배워라. 배워야 한다. 상놈도 배우면 양반이 된다.”

“가르쳐라. 논밭과 집을 팔아서라도 가르쳐라. 그나마도 못 하면 고학이라도 해야 한다.”

일본은 문화정치 간판을 내걸고 학교를 증설해 학생들에게 입학을 권유했어요. 생도에게는 교과서와 학용품을 주었고, 민간 유지는 돈을 걷어 학교를 세웠으며 청년회에서는 야학을 설치했어요. 여학생이라는 새 숙어가 생기고 신여성이 생겼어요.

민중의 지식 보급의 결과 면서기, 순사, 은행원, 회사원 등 다양한 직업이 생겼어요. 교육 수준이 높아지니 신문과 잡지 독자가 늘고 의사, 변호사가 윤택해지고, 소설가, 미술가, 음악가의 위상도 높아졌어요. 노동자가 되었을 사람들이 인텔리가 되어, 모두 어깨가 축 처지고 무기력한 문화 예비군 속에 한숨만 쉬는, 마치 초상집의 주인 없는 개처럼 레디메이드 인생이 되었어요. 모두 짜증이 나고 원수스러웠어요.

방세와 전깃불 값이 두 달 치나 밀렸어요. P는 포켓 속에 남은 삼 원을 만지작거렸어요. 삼 원, 육 원, 십이 원, 이십사 원… 열여덟 번만 곱집으면 일백오십만 원. 일백오십만 원 그놈이 있으면… 아쉬운 대로 십오만 원만 있어도, 일만 오천 원, 아니 일백오십 원만 있어도, 십오 원만 있어도 방세와 전등삯을 주고 한 달은 살 것 같아요. 한 달? 한 달 살고 나면 그다음은 어떻게 하나? 그래도 몇백 원은, 아니 몇천 원은 아니 몇만 원은…. P는 터무니없는 공상을 되풀이했어요. 취직을 한댔자 빠듯하게 살 거예요. 부지런하고 진실하게 살아 저금도 하고 집도 장만하고 생활의 근거가 안정되면 지금 같은 곤란은 당하지 않겠지만, 아직은 젊은 야심이 있어서 남의 눈에 띄고 재미있고 자유로운 생활을 하고 싶었어요. 당장 한 달에 삼십 원을 준다면 덮어놓고 덤벼들겠지만요.

집으로 돌아오니 주인 노파가 편지 한 장을 주었어요. 고향에 있는 형에게서 온 거예요. P의 아들에 관한 것이었어요. P에게는 헤어진 아내 사이에 창선이라는 아들이 있어요. 금년에 아홉 살로, 헤어질 때 아내가 아이를 달라고 했지만 들어주지 않았어요. 어미 손에서 아비에 대한 원망과 푸념을 듣고 자라면 아비를 미워할 것 같아서예요. 그러나 겨우 너댓 살밖에 안 된 아이를 자기 손으로 키울 수 없어 할 수 없이 형에게 맡겨 놓고 서울로 올라왔어요. 보통학교에 다닐 나이가 되면 서울로 데려오겠다고 하고요.

P의 형은 작년에 조카를 보통학교에 입학시켰으나 월사금과 학비를 대지 못해 퇴학시키고 아비인 P더러 데려가라고 작년부터 편지를 했어요. 어린것이 남의 집 아이들 학교에 다니는 것을 부러워하는 꼴은 차마 볼 수 없으니 기차에 태워 전보를 칠 테니 정거장에 나와 데려가라는 내용이었어요.

P는 박박 찢은 편지를 방구석에 던지고 한숨을 내쉬었어요. 그는 형이 아이를 공부시키려는 점이 아니꼬웠어요. 착잡한 P에게 M과 H가 찾아왔어요. 이들도 인텔리지만 빈털터리 식민지 처지였어요. 셋은 M의 법률 서적을 저당 잡혀 얻은 육 원을 쥐고 싸구려 술집을 다니며 술을 마셨어요.

창선이를 올려보낸다는 편지가 어제 왔고, 오늘은 내일 아침 경성역에 도착한다는 전보를 받았어요. 석양 때 겨우 십오 원을 마련했어요.

종로에서 살림 나부랭이를 간단하게 장만하고 올라오는 길에 전에 잡지사에 있을 때 알던 ××인쇄소의 문선 과장 A를 찾아갔어요. 월급도 없이 일만 가르쳐 주면 되니 어린아이 하나를 써 달라고 졸랐어요. A는 P가 친한 사람의 집 어린애를 천거하는 줄 알았어요.

"나이 몇인데?"

"아홉 살."

"아홉 살?"

A는 놀라 반문했어요.

"기왕 일을 배울 테면 아주 어려서부터 배워야지요."

뉘 집 애냐는 물음에 자기 자식이라고 대답하고는 얼굴이 붉어졌어요. A는 입만 벌리고 한참이나 P를 물끄러미 바라봤어요. P는 자기 자식을 공장에 못 보내라는 법이 있냐고 하자 A는 자제라고 거짓말하는 거냐고 재차 물었어요. P는 인쇄소 일 배우는 것도 공부라고 했어요. 아이를 학교에 보내지 않는 걸 놀라워하는 A를 향해 학교에 보낼 처지도 못 되고 보냈댔자 사람 구실도 못 할 거라고 했어요.

"모를 일이오… 우리 같은 놈은 이 짓을 해 가면서도 자식을 공부시키느라고 애쓰는데 되려 공부시킬 줄 아는 양반이 보통학교도 아니 마친 자제를 공장엘 보내요?"

"내가 학교 공부를 해 보니 못 쓰겠으니까 자식은 딴 공부시키겠다는 것이지요."

"정 그러시다면 내 자식 진배없이 잘 데리고 있으면서 착실히 가르쳐 드리리다마는… 너무 어린데 애차랍잖애요?"

P는 애처로운 거야 애비된 자신이 더하다며 당부와 치하를 하고 인쇄소를 나왔어요. 마음이 느긋해졌어요. 집으로 가는 길에 쌀도 사고 배추도 사서 주인 노인에게 육 원을 주며 김치를 담가 달라고 했어요. 자식을 데리고 자취를 하겠다니까 깍두기야 간장이야 된장 같은 것을 아까운 줄 모르고 날라다 주었어요.

이튿날 이른 새벽에 일어난 P는 서투른 솜씨로 화롯밥을 지어 놓고 정거장으로 갔어요. S라는 고향 사람이 서울 오는 길에 데려온다고 했어요. 찻간에서 S가 창선이를 데리고 두리번거리며 내려왔어요. 새까만 고쿠라 양복을 입고 이화표 붙은 학생 모자를 쓰고 보따리를 하나지고 무엇 꾸린 것을 손에 들고 차에서 내리는 어린아이… 저게 내 자식이니라 생각하니 P는 어쩐지 얼굴이 붉어지며 한편 가엾기도 했어요. S가 두리번거리다가 P를 보고 반가워했어요. 창선이는 모자를 벗고 학교식으로 경례하는데 클수록 더 외가를 닮았어요.

"외할머니가 양복이야 떡이야 해서 댁까지 오셨더라네… 역에 와서 신신당부하시는데….”

S는 P가 듣고 싶지 않은 이야기를 늘어놓았어요. 아마 헤어진 아내가 한 말일 거예요. 화나는 대로 하자면 어린아이가 입고 온 양복도 벗겨 내던지고 싶었으나 꾹 참았어요.

잠든 아이를 보니 전에는 느끼지 못했던 애정이 솟아오르는 듯했어요. 다음 날 아침 일찍 창선이를 데리고 ××인쇄소에 가서 A에게 맡기고 내키지 않는 발걸음을 돌려 나오면서 P는 혼자 중얼거렸어요.

"레디메이드 인생이 이제야 겨우 임자를 만나 팔렸구나.”

Q. 일본은 왜 조선 사람들에게 공부하라고 했고, 공부한 사람들은 왜 힘들게 살았을까요?

소설을 탐구하다

날카로운 웃음의 작가, 채만식

채만식(1902~1950)의 작품은 부정적 인물을 앞에 내세워 우스꽝스럽게 묘사하며 주로 풍자적, 반어적 기법을 사용해요. 이런 부정적 인물을 내세우고자 사회 상황이나 대상을 정밀하게 관찰해 사실적으로 그려 냈어요. 채만식과 김유정은 소설 속에서 웃음을 유발하는 작가예요. 하지만 채만식의 소설 속 웃음은 김유정의 웃음과 달라요. 김유정은 대상을 따스한 시선으로 해학적 태도를 갖고 바라보지만, 채만식은 부조리한 시대 현실이나 부정적 인물을 비판적으로 풍자하며 현실의 모순을 드러내요. 그래서 채만식의 웃음은 푸근하지 않고 날카로워요. 하지만 안타깝게도 이런 현실 비판은 일제의 강압 통치와 검열 때문에 문제 해결 부분에서 한계가 드러나요.

경어체 판소리 문체

채만식 소설은 독특한 문체를 사용하는 경우가 많아요. 첫째, 경어체를 사용해요. '~이다'로 문장을 마무리하는 일반 소설과 달리 채만식 소설은 경어체를 사용해 듣는 사람을 높여 줘요. 마치 이야기꾼이 이야기를 들려주는 것 같지요. 개성을 쫓던 시기에 오히려 전통적인 문체를 사용해 채만식만의 독특한 문체를 만들었어요. 둘째는 판소리 문체예요. 판소리는 창자가 청중에게 이야기를 들려주는데, '~겠다요' 같은 경박한 말투를 사용해요. 서술자가 중간중간 사건을 요약하거나 평가하는 건 기본이고요. 이런 말투는 판소리에서 작중 인물들을 조롱하는 방자형 인물이나 봉산탈춤 등에 나오는 말뚝이형 인물의 말투예요. 이렇게 채만식은 자신만의 독특한 문체를 만들어 냈어요.

소재의 기능과 의미

레디메이드(ready-made)는 기성품이란 뜻이에요. 이 작품에서 '레디메이드 인생'이란 당대 지식인들의 삶이 마치 공장에서 찍어 낸 기성품과 같다는 뜻이에요. 수요는 정해져 있는데 대량으로 과잉 공급된 존재라는 뜻이지요. 주인공은 교육을 많이 받아 눈은 높지만, 실제로 그를 취직시켜 주는 곳은 없었어요. 이런 그의 삶은 마치 과잉 공급되어 더 이상 팔리지 않는 기성품 같아요. 작가는 개화기 이후 교육만이 살 길이라고 외치면서 현실 감각 없는 지식인을 양산한 사회적 풍조를 풍자하고 있어요.

지식인의 허위의식

주인공 P는 시대의 희생양이라고 하기에 부족한 부분이 많아요. 사회 문제를 철저히 인식하고 있다고 보기 어렵거든요. 사소한 일에 엘리트 의식을 드러내기도 하지만, 진지한 모습이라기보다는 정신적 사치를 즐기는 것처럼 보여요. 친구의 책을 저당 잡혀 얻은 돈으로 술을 마시며 낭비한다든지, 아내와 헤어지면서 아이를 키우겠다고 해놓고는 형에게 떠맡기는 모습도 긍정적이지 않아요. 현실의 모순으로 피해를 입고 있지만, 문제를 해결하려는 진지함은 전혀 찾아볼 수 없어요. 그 이유는 작가가 당시 인텔리들의 소외를 그리는 동시에 그들의 무능함과 허위의식을 드러내려고 했기 때문이에요. 즉, 일제강점기에 지식인들을 룸펜(보통 사회에서 낙오된 사람을 일컫는 말)으로 전락시킨 현실을 비판하면서도 그 당사자인 지식인들의 안일한 태도와 허위의식 또한 비판하는 이중 주제를 담고 있어요. 주인공의 모습에서 작가의 의도가 잘 드러나요.

문화 통치와 교육

문화 통치는 일본이 3·1 운동 이후 무단 통치의 한계를 느끼고 조선인들의 불만을 누그러뜨리고자 실시한 식민지 통치 정책이에요. 조선인의 언론과 집회를 허가하고, 헌병경찰제가 보통경찰제로 바뀌었어요. 이전에 비해 출판의 자유가 보장되어 문인들의 창작 활동이 활발해지기도 했어요. 무엇보다 문화 통치 시기에는 교육기관과 교육 기회의 확대가 이루어졌어요. 한국인 아동을 위한 보통학교와 고등보통학교, 여자고등보통학교가 세워지고, 실업학교, 전문학교, 그리고 최고 교육기관으로 경성제국대학을 창립했어요. 1921년에 공립보통학교는 675개교, 학생 수 약 15만 명이었어요. 그런데 1930년에는 1639개교, 학생 수가 46만 명이 넘었으니, 10년 동안 학교 수는 2.4배, 학생 수는 3.1배로 늘어난 것이지요. 고등보통학교는 공·사립을 합쳐 7개교(1065명)에서 16개교(4554명)로 늘어났어요. 이렇게 보면 교육 기반이 많이 늘어난 것 같지만, 보통학교의 취학률은 1930년에도 18.5%에 그쳤어요. 식민지 통치 아래에서 대부분의 한국인이 매우 가난하여 교육

혜택을 받지 못했기 때문이에요. 그리고 식민지 동화교육을 거부하고 서당에 다니면서 민족교육을 지키려는 저항도 있었어요.

문화 통치라는 일제의 유화 정책은 어느 정도 성공적이었어요. 많은 지식인과 독립운동가가 소극적 또는 적극적 친일파로 점차 변절했어요. 결국 문화 통치로 '민족 분열 통치'가 이루어진 셈이에요.

일제강점기 보통학교는 누가 다녔을까?

소설에서 P의 아들이 다니다가 그만둔 '보통학교'는 일제강점기 한국에 있었던 초등교육기관으로, 오늘날의 '초등학교'에 해당하지요. 처음에는 소학교로 불리다가 보통학교로 바뀌었으며, 다시 국민학교로 바뀌었어요. 4년제로 출발했다가 1922년부터 6년제로 늘어났지요.

3·1 운동 이후에는 보통학교 정원보다 입학하려는 사람이 많아서 입학시험을 치르기도 했어요. 또한 학생을 뽑을 때 입학시험과 더불어 재산도 중요했어요. 보통학교에서는 수업료를 내야 했는데, 지역에 따라 달랐지만 대략 매달 60전 정도를 내야 했어요. 당시 쌀 45되 값, 좁쌀 한 말 값에 해당하는 금액이었어요. 여기에 교과서와 학용품값이나 통학료 등을 더하면 자녀 한 명을 교육하는 데 드는 비용은 1년에 15~16원 정도였어요. 당시 쌀 한 가마니가 17원이었으니 어느 정도 부담되는지 짐작하겠지요. 하지만 가난한 농민이나 도시 빈민도 교육열이 높아서 자식들을 보통학교에 진학시키려고 노력했어요. 그래서 1930년대에 들어서는 '입학 전쟁'이라고까지 불릴 정도였어요.

그럼에도 이 소설에서 P가 자기 아들을 학교에 보내지 못한 것은 경제적 빈곤이라는 이유도 있지만, 자기 자신이 고등 교육을 받았음에도 정작 제대로 취업하지 못하고 있는 상황에서 교육에 대한 회의와 좌절감이 들어서였을 거예요.

식민지 지식인의 레디메이드 인생

일제강점기에도 교육이 가난에서 벗어날 수 있는 길이라 여겨 고등 교육을 받은 수많은 엘리트가 배출되었어요. 하지만 조선 지식인들은 인종 차별적인 식민지 사회에서 어려움을 겪었어요. 일제의 교육은 조선의 저항 의식을 꺾는 우민화 교육 정책으로, 조선인에게는 고급 기술보다 단순 기능직에 필요한 교육만 제공했어요. 전문학교에서는 농학과 건축학 등 일제 인프라 개발에 필요한 인력을 육성했지만, 이공계 진로는 크게 제한되었어요. 경성제국대학은 조선인 쿼터제를 두어 석박사 학위 취득에도 많은 제약을 걸었어요. 문과 출신 지식인들은 취업난에 시달렸고, 공무원이나 언론계 일자리를 원해도 차별과 제약이 많았어요. 게다가 세계 대공황이 겹치면서 엘리트는 많은데 일자리는 없어 실업자가 넘쳤어요. 결국 많은 지식인이 실업자가 되거나 시골로 내려갔고, 현실에 절망해 친일에 가담하기도 했어요. 이런 상황은 1930년대에 가장 심각했어요.

이런 우울한 현실을 보면서 작가는 자신의 의지와 무관하게 사회 요구에 따라 부속품처럼 사용되는 기성품 같은 삶을 '레디메이드 인생'이라고 표현했어요. 일제강점기의 식민지 교육이 사회가 필요로 하지 않는 인력의 과잉 공급을 초래했다는 사실을 풍자적으로 표현한 거죠.

복덕방

시대가 변하니 생각도 변하는구나

초시는 돈의 중요성을 날로 심각하게 느꼈어요.

《복덕방, 달밤 외》, 이태준, 푸른생각, 2013

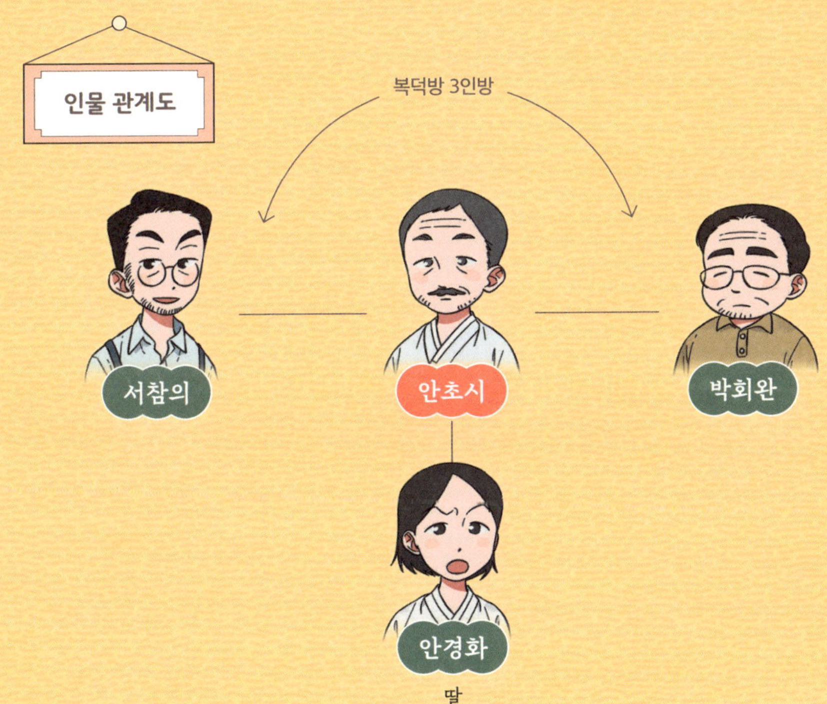

안초시: 부동산으로 큰돈을 벌려 했으나 사기를 당하고 죽음을 선택함

서참의: 부동산으로 돈을 번 복덕방 주인

박회완: 대서업 공부를 하지만 허가는 받지 못함

안경화: 안초시의 딸. 유명한 무용가. 아버지에게 인색함

　안초시는 고개를 들었어요. 하늘은 천리같이 트여 조각구름이 널려 있었어요. 어떤 구름은 깨끗이 바래 말린 옥양목처럼 희어서 눈이 부셨어요. 안초시는 자기의 때 묻은 적삼이 생각나서 소매를 내려다보고 혹혹 불어 보고 손끝으로 튀겨 보기도 하다 목침을 세우고 누웠어요.

　안초시는 마코(담배 이름) 갑이 빈 줄 알면서도 다시 집어다 눌러 보았어요. 주머니에 십 전, 그것도 안경다리를 고친다고 벌써 세 번짼가 네 번째 딸에게 사오십 전씩 얻어서 담뱃값으로 쓰고 남은 거예요. 안초시는 복덕방에서 잠까지 빌려 자도 서참의가 부럽지 않았어요. 한 번쯤은 다시 자기 힘으로 세상에 부딪힐 날이 있을 거라 생각했어요.

　이 복덕방에는 늙은이가 셋 있었어요. 언제든 집을 보러 가려고 늘 갓을 쓰고 앉아서 행길을 내다보는, 얼굴 붉고 눈방울 큰 노인이 서참의에요. 가옥 중개업을 했다가 대정 팔 년(1920년) 이후 시골 부자들이 서울로 몰려드는 바람에 돈을 많이 벌었어요. 지금 이십여 집에 학생을 받아서 쌀값이 밀리거나 나뭇값에 졸릴 형편은 아니에요. 서참의는 누구에게나 실없는 농담을 해서 말끝마다 '젠장' 소리만 하는 안초시와 성격이 맞지 않아요.

안초시의 딸은 안경화라고, 무용가로 이름을 날렸어요. 그러나 현대 무용을 처음 본 안초시의 친구들이 한 말에 삐진 안초시는 한동안 복덕방에 나타나지 않았어요. 그런 안초시를 다시 데리고 온 사람이 박희완 영감이에요. 박희완 영감은 복덕방에 놀러 와서 공부도 했어요. 재판소에 다니는 조카 덕에 대서업* 운동을 한다고 《속수국어독본》을 끼고 와 외웠으나 그 책 뚜껑이 손때에 절어 글자들이 보이지 않게 되도록, 대서업 허가는 나오지 않았어요.

"바지 솜이 모두 치어서 어떤 덴 홑옷이야. 암만해두 사쓸 한 벌 사 입어야겠다."

딸은 사드리겠다고 했지만 겨울이 다 지나도록 구경도 못 했어요. 안경다리를 고치겠다고 일 원만 달래도 그걸 굳이 바꿔서 오십 전만 주었어요. 안경은 돈이 좀 있던 시절에 장만한 비싼 것이라 오십 전으로는 어림도 없었어요. 늘 좋은 것만 택하던 초시는 싸구려는 싫었어요. 그 돈은 담뱃값으로 나가고 말았지요. 딸이 왜 안경다리를 안 고쳤냐고 물었으나 초시는 말하지 않았어요. 딸은 며칠 뒤에 또 오십 전을 주며 들으라는 건지, 보험료가 한 달에 삼 원 팔십 전씩 나간다고 했어요. 보험료나 타 먹게 어서 죽어 달라는 소리로 들려서 그게 자신과 상관있냐고 했더니 아버지를 위해 든 보험이라는 거였어요. 초시는 '정말 날 위해 하는 거문 살아서 한 푼이라두 다우. 죽은 뒤에 내가 알 게

뭐냐' 소리가 나오는 것을 억지로 참았어요.

초시는 돈의 중요성을 날로 심각하게 느꼈어요. 늙어 가는 것이 원통했어요. 더 늙기 전에 돈 만 원이라도 가지고 다시 한번 이 세상과 교섭하고 싶었어요. 이 꼴로는 문화주택도, 자동차, 비행기도 아무 상관없는 것 같았어요. 그건 송장과 다름없는 삶이에요. 그루터기만 만나면 꼭 벌 자신이 있었어요. 그러다 박희완 영감에게서 들은 말이, 관변에 있는 모 유력자를 통해 비밀리에 나온 말인데 황해 연안에 제2의 나진이 생긴다는 거예요. 지금은 관청에서만 알지만 축항 용지가 비밀리에 매수되어 당국자로부터 공표가 있으리라는 것이었어요. 초시는 관자놀이가 욱신거렸어요. 정말이기만 하면 먼저 덤비는 놈이 먹는 거예요. 나진도 오륙 전 하던 땅이 개항된다는 소문이 나자 백 배 이상 올랐고 삼사 년 뒤 어떤 요지는 천 배 이상 올랐어요. 나진의 선례도 있거니와 중국과의 관계가 미묘하니 황해 연안에 나진 같은 큰 항구가 필요할 거예요.

여간해선 잘 떨어지지 않던 패가 단번에 뚝 떨어졌어요. 초시는 박희완 영감에게 들은 이야기를 딸에게 했어요. 최소 오십 배 이상의 순이익이 날 것이라 장담 또 장담했어요. 솔깃한 딸은 사흘 안에 연구소 집을 신탁회사에 넣고 삼천 원을 돌리기로 했어요. 돈이 되는 날 딸의 청년이 나타나 아버지에겐 일 전도 주지 않고 그 청년이 처리했어요.

일 년이 지났어요. 모두 꿈이었어요. 너무 악한 꿈이었어요. 나중에 박희완 영감을 통해 알아보니 관변 모씨에게 속은 것이었어요. 축항 후보지로 측량까지 하기는 했으나 무슨 결점 때문인지 중지되고 마는 바람에 너무 기민하게 땅을 샀던 그 모씨가 꾸민 연극이었어요.

일 원짜리 한 장도 못 봤지만 벼락은 초시에게 떨어졌어요. 서너 끼씩 굶어도 밥 먹을 정신이 나지도 않거니와 밥을 먹으러 들어갈 수도 없었어요. 밥보다 술과 담배가 그리웠어요. 안경다리는 여전히 못 고쳤지만 이젠 십 전짜리도 얻어 볼 길이 없었어요.

추석 가까운 날씨는 여전히 맑았어요. 하늘은 트여 있고 조각구름이 여기저기 널려 있었어요. 안초시는 이번에도 자기의 때 묻은 적삼 생각이 났어요. 그러나 이번에는 소매 끝을 붙거나 떨지 않고 더러운 소매로 눈물을 닦았어요.

서참의는 안초시를 위로하려고 여기저기로 데리고 다녔어요. 다음 날 조반을 몇 술 떴으나 혀가 뻑뻑했어요. 안초시와 해장술을 먹으려고 내려오니, 복덕방이라고 쓴 발이 걸려 있지 않았어요. 아직도 자나 싶어 복덕방으로 들어간 서참의는 깜짝 놀랐어요. 안초시 입에 피가 흐르고 얼굴은 잿빛이었거든요. 둘러보니 약병인 듯한 것이 있었어요. 한참 만에야 상황이 파악된 서참의는 파출소로 가려다 자식한테 먼저 알려야겠다 싶어 말만 듣던 안경화 무용연구소를 찾아갔어요. 관청에 알리자고 했더니 딸은 펄쩍 뛰며 자기 명예를 생각해 달라고 했어요.

"명예? 안 될 말이지, 명옐 생각하는 사람이 애빌 저 모양으루 세상 떠나게 해?"

안경화는 계속 울면서 살려 달라고 했어요. 서참의는 비밀을 지킬 테니 아버지를 위해 든 보험을 아버지에게 다 쓰라고 했어요.

"상등 털사쓰를 입히고, 진견으로 수의를 맞춰 짓게 해. 장례식도 근사하게 하고. 공동묘지도 특등지로 널찍하게 사서 묻어 줘. 그렇게 하지 않으면 가만히 있지 않을 거야."

안초시의 영결식은 연구소 마당에서 열렸어요. 박희완 영감이 부의를 하려고 하자 서참의는 장례비가 넉넉하니 그 돈으로 술이나 마시자며 두 사람은 술에 취해 참석했어요. 영결식장에는 제법 반반한 조객들이 모였어요. 예복을 차려입고 온 사람도 두엇 있었어요. 모두 무용가 안경화를 보러 온 사람들 같았어요. 울음을 삼키느라 끽끽대는 사람도 있었어요. 안경화도 제법 눈이 젖어서 신식 상복이라나 새까만 양복을 입고 관 앞에 나와 향불을 놓고 절했어요.

"나 서 참일세, 알겠나? 자네 참 호살세 호사야… 잘 죽었느니. 자네 살았으문 이만 호살 해보겠나? 인전 안경다리 고칠 걱정두 없구… 아무튼지…."

박희완 영감이 취했다며 서참의를 밀어냈어요. 박희완 영감도 가슴이 답답해 무슨 소리를 한마디 하면 속이 후련할 것 같아 관 앞에 서 있었으나 울음만 나왔어요. 두 사람도 묘지까지 갈 작정이었으나 모인 사람들이 마음에 들지 않아 다시 술집으로 돌아왔어요.

Q. 일제강점기에도 지금처럼 부동산 시장이 활발했을까요?

소설을 탐구하다

이태준을 알다

이태준(1904~1978)은 '한국 근대 단편소설의 완성자', '조선의 모파상'이라고 불릴 정도로 단편소설을 잘 썼어요. 당대 '시에는 정지용, 문장에는 태준'이라는 말이 있었을 정도라고 해요. 일찍 아버지를 여의고 어려운 형편 속에서 자라며 공부했어요. 휘문고등보통학교에 입학해 우수한 성적을 받았지만, 학교 운영의 불합리함에 맞서 동맹휴학을 주도하다 퇴학을 당하기도 했어요. 이후 일본 대학에서 공부했으나 끝내 마치지 못하고 귀국했어요.

그는 아홉 명의 문인이 모여 구인회를 만들어 문학 자체의 아름다움을 중요하게 여기는 순수문학을 썼어요. 또 후배 작가들을 키우는 데도 힘을 쏟았어요. 그의 작품은 가난하고 힘든 사람들을 주인공으로 삼아 그들의 삶을 따뜻한 시선으로 바라보며 인간미를 드러내요. 광복 후 북한으로 월북했으며, 그 이후의 행적은 정확히 알려지지 않았어요.

이태준은 남한에서는 월북 작가로, 북한에서는 반동 작가로 양쪽 모두에서 잊혔어요. 그러다 1988년 남한에서 월북 작가 작품에 대한 해금 조치 이후 주목받게 되었어요.

주인공이 왜 노인인가

《복덕방》의 주인공들이 노인인 이유는 사회 중심에서 밀려난 사람들의 이야기를 담기 위해서예요. 안초시도 젊었을 때는 잘나갔지만 나이가 들고 사업이 망하면서 사회 중심에서 밀려났어요. 세 노인이 함께 지내면서 다투기도 하고, 서로를 챙기기도 하는 모습을 통해 노인들도 여전히 감정과 욕망을 가진 사회의 한 구성원임을 보여 줘요. 이들을 바라보는 작가의 시선에는 애정이 담겨 있어요. 작가는 인정이 말라 가는 현실을 비판하며 소외된 사람들, 버림받은 사람들의 삶을 따스하게 감싸안아요. 서참의가 안초시의 딸에게 아버지 마지막 가는 길에 좋은 옷을 입히고, 좋은 곳에 묻히게 하라고 한 것도 소외된 노인의 마지막이라도 풍성하기를 바라는 작가의 마음이 담겨 있어요.

배금주의

배금주의는 모든 것을 돈과 연관해 생각하고 삶에서 최상의 가치를 돈이라고 믿는 태도를 말해요. 황금만능주의 또는 물질만능주의라고도 해요. 자본주의 사회에서는 돈이 생존의 필수 수단이기 때문에 배금주의에 빠지기 쉬워요. 안초시는 돈을 매우 중요하게 여겼어요. 돈만 있으면 뭐든 할 수 있을 거라고 생각했고요. 딸과 안초시의 관계가 데면데면한 이유나 안초시가 죽음을 선택하는 것 모두 배금주의와 관련이 있어요. 작가는 일확천금을 꿈꾸다 좌절한 안초시의 비극적인 죽음을 통해 배금주의에 물든 세태를 비판하고 있어요.

세대 간 대립

일제가 조선을 근대화한 것은 경제 침탈을 가속화하기 위해서였어요. 시대와 기술의 변화에 잘 적응하는 사람들이 있는 반면 소외되는 사람들도 있어요. 아무래도 젊은 세대는 빨리 적응하고, 노인들은 적응하기 힘들지요.

노인들은 복덕방에 모여 시간을 보내요. 이들은 전통적인 윤리와 가치관을 추구하지만, 근대화에 적응하지 못하고 소외되어 있었어요. 그에 반해 안경화는 개인과 자아를 중시하는 가치관을 갖고 있었어요. 이런 인물이 근대 사회를 이끌어 가는 주체처럼 보이지요. 하지만 그럴싸해 보이는 겉모습과 달리 실상은 물질주의적이고 이기적이며 위선적인 인물이에요. 안경화가 자신의 아버지를 대하는 모습을 통해 세대 간 갈등도 볼 수 있어요.

작가 이태준은《복덕방》뿐만 아니라《돌다리》에서도 세대 간 차이를 다루고 있어요. 두 작품을 함께 읽으며 세대 간 차이가 어떻게 나타나는지, 작가가 등장인물을 대하는 태도가 어떻게 다른지 비교해 보세요.

초시, 참의, 영감의 뜻

소설《복덕방》에는 세 사람의 노인이 등장하는데, 안초시, 서참의, 박영감이지요. 이들의 성 뒤에 붙은 초시, 참의, 영감은 모두 조선시대 관직과 관련된 이름이에요. 먼저 초시는 과거제도에서 비롯한 말이에요. 조선에서는 3년에 한 번씩 정규 과거시험을 치렀는데, 대과와 소과로 나누어지고, 소과는 생원시, 진사시로 나누어요. 대과는 흔히 문과라고도 해요. 과거시험은 몇 단계를 거치는데, 먼저 자격시험이라고 할 수 있는 초시를 치르고, 이에 합격한 자가 생원시 또는 진사시를 치르고, 여기서 합격한 사람이 문과 시험을 치를 수 있었어요. 그런데 문과에 합격하는 일이 여간 어려운 일이 아니기 때문에 생원시와 진사시에만 합격해도 생원, 진사라고 부르면서 나름 만족스러워했고, 초시에만 합격해도 '초시'라고 호칭하며 자랑했답니다. 안초시는 아마도 일제강점기 이전에 초시 시험에 합격했을 거예요.

서참의는 훈련원의 참의를 지낸 무관이었다고 해요. 훈련원은 조선시대 군사 훈련을 맡은 관청으로, 1907년 일제에 의해 군대가 해산

되면서 없어졌으니 그 이전에 벼슬을 했던 사람이지요. '참의'는 본래 6조의 정3품 관직으로 높은 자리인데, 훈련원에는 참의 관직이 없으니, 아마도 정7품 '참군'을 지내지 않았을까 짐작돼요. 이미 없어진 나라의 벼슬이라서 자신을 과시하려고 이름이 비슷한 참의라 불렀는지도 모르지요.

박희완 영감의 '영감'은 조선시대에 종2품~정3품 벼슬을 부르는 이름이에요. 박희완이 실제 그런 높은 벼슬을 한 것은 아닌 듯하고, 아마도 나이가 많은 노인을 높여서 부르는 말로 사용되었을 거예요.

이렇게 안초시, 서참의, 박영감은 일제강점기 이전에는 어느 정도 신분과 지위를 가졌던 사람들인데, 조선이 망하고 세상이 바뀌면서 그전과는 전혀 다른 세상을 살아야 했어요. 소설《복덕방》은 이러한 사정을 묘사하고 있어요.

일본과 대륙을 잇는 최적의 항구, 나진

나진은 함경북도 동북쪽에 있는 항구였어요. 오지였던 나진은 1932년 길회선 종단항으로 결정되며 주목받았어요. 일본은 대륙과의 교역을 위해 세 가지 노선을 개척했는데 각 노선은 문제가 있었어요. 쓰루가에서 블라디보스토크, 시베리아 횡단 철도로 이어지는 동해 항로는 겨울철 결빙으로 위험하고, 시모노세키에서 부산, 신의주를 경유해 펑톈으로 연결되는 조선 철도는 물류비가 비쌌으며, 모지에서 다롄, 남만주 철도로 이어지는 황해 항로는 가장 많이 이용했지만 이동 거리가 길었어요. 길회선은 이를 해결하는 대안으로 부상했어요. 일본은 길회선을 통해 더 안전하고 빠르게 접근할 수 있었고, 이동 거리도 30퍼센트 이상 단축되었어요.

부동산 투기 현장

일본은 1909년에 길회선 부설권을 확보했지만 1930년대에 부동산 투기 열풍이 분 것은 일본이 10여 년 동안 어느 항구를 종단항으로 삼을지 결론을 내지 못했기 때문이었어요. 1925년 청진, 웅기, 나진 세 곳의 후보지가 발표되었지만 각각의 항구는 조금씩 문제가 있었어요.

1932년 8월, 나진이 종단항으로 결정되자 한국은 물론 일본, 만주, 대만에서까지 투기꾼이 몰려들어 땅값이 폭등했어요. 그러나 같은 해 11월, 만주 철도가 종단항 결정 이전 가격으로 부지를 수용하겠다고 발표하면서 상황이 급변했어요. 미리 정보를 접한 사람들은 수십 배, 수백 배의 이익을 보고 토지를 판 뒤였어요. 1937년 중일전쟁 발발로 나진의 경제적 비전은 무산되었고, 인구 40만의 대도시로 성장할 거라는 예상과 달리 광복 직전까지 나진은 인구 4만 명에 불과한 소도시에 그쳤어요.

한국 근대 무용의 전설, 최승희

일설에 의하면 안초시와 그의 딸 안경화는, 생활 무능력자라고 가족에게 외면당한 최준현과 그의 딸이자 세계적인 무용가 최승희가 모델이라고 해요. 최승희는 월북한 무용가로, 해방 이후 북한에서 조선무용가 동맹위원장, 무용학교 교장, 최승희 무용연구소 소장 등을 역임

했어요. 최승희는 우수한 성적으로 소학교를 4년 만에 졸업했으나 집안 사정으로 학업을 계속할 수 없었는데 그녀의 재능을 알아본 숙명여고보에서 장학금을 주어 그 학교를 졸업하고 경성의 일본 무용가 이시이 바쿠의 공연을 계기로 동경에 가서 본격적인 무용 공부를 시작했어요. 능력을 인정받아 일본 여러 공연에 참여하면서 경성에 최승희 무용연구소를 설립해 한국 무용을 연구했어요. 이때가 19살로, 한국 무용인 영산춤을 처음으로 공연했어요. 최승희는 조선 문화계에서 가장 유명했고, 유명세도 혹독하게 치렀어요.

최승희의 아버지, 최준현

최승희의 아버지 최준현은 유복한 집안의 후손으로 가무를 좋아하는 한량이었다고 해요. 하지만 일제강점기 토지조사사업으로 경성 근교의 전답을 모두 빼앗겨 가세가 기울자 여러 일을 했지만 대부분 성공하지 못했어요. 바쁜 최승희는 의도치 않게 가족에게 무심했어요. 그러나 아버지가 돌아가시자 자신의 사회적 지위를 고려해 호화로운 장례식을 치렀어요. 이들의 이야기가 이태준의 눈에 띄었고,《복덕방》의 모티프가 되었다고 헤요.

꺼삐딴 리

카멜레온 같은 기회주의자들

이인국의 살 구멍은 막히지 않았다.
나보다 날뛰던 놈들도 있는데, 나쯤이야…

《선생님과 함께 읽는 꺼삐딴 리》, 전국국어교사모임, 휴머니스트, 2024

이인국: 친일과 친미를 오가며 자신의 생존과 이익만을 추구하는 전형적인 기회주의자
혜숙: 이인국이 재혼한 부인
딸, 아들: 냉담하거나 도구적으로 대하는 등 부성애 없는 관계로, 가족 해체 상징

이인국 박사의 병원은 두 가지 전통이 있었어요. 병원 안이 먼지 하나 없이 깨끗하다는 것과 치료비가 여느 병원의 갑절이나 비싸다는 거예요.

새 환자의 초진에서 병원비 부담 능력부터 감정하기 시작했어요. 신통치 않다고 느끼면 간호원더러 따돌리게 했어요. 중환자가 아니면 대부분 젊은 의사들이 예진했어요. 상대가 지인이거나 거물급이 아닌 한 외상은 불가였고요. 그의 고객은 왜정 시대는 주로 일본인이었고 현재는 권력층 아니면 재벌에 드는 축이어야만 했어요.

그는 청진기가 든 손가방 하나로 월남해 셋방 하나로 시작했지만 이제 도심지에 타일을 바른 2층 양옥을 소유하고 있었어요. 그는 자기 전문인 외과 외에 내과, 소아과, 산부인과 등 개인 병원을 모았어요. 각자 따로 운영했지만 종합 병원의 원장 자리는 자기가 차지했어요.

이인국 박사는 양복 조끼 호주머니에서 십팔금 회중시계를 꺼내 시간을 보았어요. 미국 대사관 브라운씨와의 약속 시간이 이십 분밖에 남지 않았어요. 이 시계는 참말 '기적'을 떠올리게 했어요. 목숨을 건

도피 길에서 유일하게 함께한 물품이었고, 인생의 반려이기도 했어요. 밤에 잘 때도 풀어서 등기 서류, 저금통장 등이 들어 있는 비상용 캐비닛 속에 넣고야 잠자리에 들었어요. 이 시계는 제국대학 졸업 때 받은 수상품이에요. 모든 것이 변했지만 시계만은 그대로였어요. 아슬아슬한 죽음의 고비에서 지금껏 시간을 유지하는 것도 신기했어요.

이인국 박사는 수술 직전 서랍에 넣었던 편지가 생각났어요. 미국에 있는 딸 나미는 자신을 가르친 외국인 교수와 결혼하기로 했다는 소식을 전했어요. 마음이 복잡했어요. 혜숙과 재혼하면서 나미와 데면데면해졌어요. 게다가 나미가 미국에 가는 바람에 더욱 멀어졌어요. 이인국은 아들을 모스크바에 억지로 유학을 보냈어요. 그런데 다음 해에 사변이 터졌어요. 아들이 어찌 되었는지 그 뒤 소식을 알 수 없었어요. 마누라는 외아들을 사지로 보낸 수심으로 죽었어요. 그 뒤 간호사였던 혜숙과 재혼해 아들딸을 낳고 살고 있었어요.

1945년 8월 하순. 해방의 감격이 온 누리를 뒤덮었지만, 이인국 박사는 며칠 동안 불안과 초조에 휘둘려 잠도 제대로 자지 못했어요. 그렇게 붐비던 환자도 얼씬하지 않고 쉴 사이 없던 전화도 뜸했어요. '친일파, 민족 반역자를 타도하자'라는 벽보 문구가 눈앞에 아른거렸어요.

육 개월 전 형무소에서 병보석으로 가출옥된 중환자가 왔어요. 일본인 간부급들이 들락날락하는 병원에 사상범을 입원시키면 그동안 쌓아 온 모범적인 황국 신민의 공든 탑이 무너질 것 같아 응급 치료만 하고 입원실이 없다며 돌려보냈어요.

며칠 전 해방 경축 시가행진을 구경하는데 자위대 완장을 두른 젊은

이에게 살기를 느꼈는데, 혜숙에게 그가 입원을 거절당한 사상범 환자 춘석이라는 얘기를 듣고 눈치를 살피며 집으로 돌아왔어요. 그 후 거리에 나가는 것을 피했지만 공교롭게 엊저녁 그 벽보 앞에서 마주쳤어요. 갑자기 밖이 시끄러워졌어요.

"여보, 당꾸 부대가 들어왔어요. 거리는 난리가 났는데 집안에 처박혀 뭘 하구 있어요…."

이인국 박사는 혜숙을 따라나섰어요. 누가 자신을 보지나 않을까 두리번거렸지만 아무도 그에게 관심을 두지 않았어요. 그는 어떻게 될 거라고 한마디를 뇌이면서 유유히 집으로 들어왔어요. 행진곡이 그치고 주둔군 사령관의 포고문이 방송되었어요. 시민의 생명과 재산은 절대 보장한다, 각자는 안심하고 자기의 직장을 수호하라, 총기나 일본도 등 일체 무기 소지를 금하니 즉시 그것들을 반납하라는 내용이 포고문의 요지였어요.

해방 직후 뻔질나게 드나들던 친구들도 소련군 입성이 보도된 이후부터 나타나지 않았어요. 그렇다고 직접 물을 경황은 더욱 없었어요. 밤이 이슥해서 중학교와 국민학교를 다니는 아들딸이 굉장한 구경을 한 것처럼 댕크와 로스케 이야기를 늘어놓으며 돌아왔어요. 대체 어떻게 전개될 일인지 알 수 없었지만, 막연한 기대로 천장을 바라보았어요.

자위대가 치안대로 바뀐 다음 날 이인국 박사는 치안대에 연행되었어요. 어떻게 될 거라는 막연한 기대는 버리지 않았지만 춘석이를 보자 죽을 거라는 생각이 들었어요. 감옥에서 정신을 잃었다가 이상한 느낌에 정신을 차리니 소련 병사가 자신의 시계를 들고 히죽 웃고 있었어요.

그는 방안을 둘러보며 깊은 숨을 내쉬었어요. 어제 자신을 고문한 소련 장교와 잘 지낼 수 있을지도 모르겠다고 생각했어요. 혹부리 장교가 의사냐고 물었을 때, 독또오루(러시아말로 의사를 '독따르'라고 함) 독또오루 하고 고개를 기웃거리던 표정, 기적이 있을지도 몰라요. 그때 생똥 냄새에 교화 소원을 불렀어요. 불을 비추자 어떤 청년의 엉덩이에 피가 가득했어요. 이질이었어요. 이질은 전염병이었어요. 다른 감방에서 또 같은 증세의 환자가 두셋 발생하자 이인국 박사는 고문관실로 불려 갔어요.

"동무는 당분간 응급 치료실에서 일하시오."

이인국 박사는 통역의 말을 의심했어요. 이인국 박사는 기쁨을 억지로 감추며 의사가 천직이라며 중얼거렸어요.

소련 군의관에게 인정받은 이인국 박사는 병원에서 근무하게 되었어요. 그는 이 기회를 최대한 활용하고 싶어서 스텐코프의 왼쪽 뺨에 붙은 혹을 생각했어요. 혹을 가지고 장교까지 승진했다는 것은 당성이 강하거나 전공이 특별했음에 틀림없어요.

그는 스텐코프의 혹을 제거하겠다며 호언장담했어요. 수술은 예상외로 금방 끝났어요. 퇴원하는 날 스텐코프는 이인국 박사의 손을 부서져라 쥐었어요. 다음 날 스텐코프는 이인국 박사에게 내일부터 집에서 통근해도 좋다고 했어요. 그는 자신의 시계를 찾고 싶었어요. 지금 말하지 않으면 미련이 남을 것 같았어요. 그가 시계 이야기를 꺼내자 스텐코프는 책임지고 찾아 주겠다고 답했어요. 이인국 박사가 보고 있는 시계가 바로 그 시계예요.

차가 브라운씨의 관사 앞에 닿았어요. 이인국 박사는 브라운씨가 나오자 상감진사 고려청자 화병을 내어놓았어요. 브라운씨는 이인국 박사를 미국에 갈 수 있도록 조치했다고 이야기했어요. 자신의 처세법이 USA에서도 통한다는 기고만장한 기분이 들었어요. 미국에 가서도 잘 부탁한다고 하자 브라운씨는 떠날 때 소개장을 써 준다며 빠르면 일주일 내에 떠나게 될지도 모른다고 했어요. 대학을 갓 나와 임상 경험도 신통치 않은 것들이 미국에만 갔다 오면 날뛰는 꼴이 사나웠어요.

'흥, 일본놈들 틈에서도 살았고, 로스케 속에서 살아났는데, 양키라고 다를까… 이 이인국의 살 구멍은 막히지 않았다. 나보다 날뛰던 놈들도 있는데, 나쯤이야….'

차창 너머로 보이는 맑은 가을 하늘이 이인국 박사에게는 더욱 푸르고 드높게만 느껴졌어요.

Q. 일본에 해방된 이후, 일제 편에 있었던 지식인들은 어떤 삶을 살았을까요?

소설을 탐구하다

전광용을 알다

전광용(1919~1988)은 사회의 부조리를 날카롭게 드러내고 인간의 내면을 깊이 탐구하는 작품을 주로 썼어요. 서울대학교 국문과 교수로 재직하며 국문학자로서도 중요한 업적을 많이 남겼어요. 이러한 공로를 인정받아 대한민국 문학예술상과 국민훈장 동백상을 받았어요.

그의 소설은 극한 상황에서 드러나는 인간의 심리적 갈등을 바라보며 인간의 이기심과 기회주의, 사회적 부조리 등을 사실적으로 묘사해요. 또 과거의 기억과 현재의 사건을 나란히 배치해 등장인물이 현재의 시각에서 과거를 반성하거나 관조하도록 이끌어요. 그러다 보니 시간의 흐름대로 소설을 쓰기보다 '왜', '어떻게'에 초점을 두고 소설을 구성했어요. 그뿐 아니라 전광용은 문장을 정확하고 치밀하게 다듬는 데 힘썼어요. 현장을 직접 답사해 철저하게 조사하고 작품 구성을 세밀하게 짜는 태도는 그의 소설을 더욱 설득력 있고 생생하게 만들어요.

제목의 의미

영어 '캡틴(Captain)'에 해당하는 러시아어 '까삐딴'은 광복 직후 북한에서 '우두머리'나 '최고'라는 뜻으로 사용되었어요. '꺼삐딴'은 이 '까삐딴'의 발음이 와전되어 통용된 말이에요. '꺼삐딴 리'는 이 소설의 주인공 이인국을 가리키는 말로, 소련 장교가 자신의 혹 제거 수술을 해 준 이인국 박사에게 붙여 준 애칭이에요. 영어 '캡틴'을 러시아식으로 발음했다는 것은 친소파에서 친미파로의 변절을 상징하고, 외세에 따라 처세를 바꾸는 이인국 박사의 기회주의적 행태를 풍자하고 있음을 보여 줘요. 이런 기회주의적인 인물을 풍자하는 이야기로 채만식의 《미스터 방》도 함께 읽어 볼 만해요.

역순행적 구성

이 소설은 이인국 박사가 남한으로 내려온 현재 상황에서 시작해 일제강점기, 해방 직후, 6·25 전쟁 직후 과거에 대한 회상이 이어지고 다시 현재로 돌아와요. 시간의 흐름대로 이야기를 구성하지 않고 시간대가 뒤섞여서 이야기를 풀어 나가는 방식을 역순행적 구성이라고 해요. 역순행적 구성은 사건의 흐름을 따라가려면 집중해서 읽어야 하기에 독자에게 흥미와 긴장감을 유발해요. 반면 시간 순서가 뒤섞여 있어 독자가 이야기를 이해하기 어려울 수 있어요. 이 이야기를 시간 순서대로 정리하면 제국대학을 졸업한 일제강점기, 광복 후 소련군이 진주해 있을 때, 월남 후 병원 개업, 현재 미국 대사와 접촉해 비자를 얻어 미국 이민 계획을 세우는 것으로 볼 수 있어요. 시간 순서를 생각하며 읽으면 이해하기가 한결 쉬울 거예요.

회중시계의 의미

이인국에게 '회중시계'는 특별한 의미가 있어요. 대학 졸업 때 받은 이 시계는 이인국이 가장 아끼는 물건인데, 인생의 전환기마다 그와 생사고락을 같이했기 때문이에요. 즉, 회중시계는 이인국의 분신으로 그가 걸어온 인생 역정을 보여 주는 역할을 해요. 그뿐 아니라 일본왕에게 받았다는 점에서 그의 반민족적 사고를 단적으로 드러내는 소재이기도 해요. 소설의 기능 면에서 볼 때도 현재에서 과거를 떠올리는 매개 역할을 담당하기도 해요. 《꺼삐딴 리》에서 역순행적 구성을 가능하게 하는 것이 바로 과거와 현재를 이어 주는 회중시계거든요.

이인국의 삶의 태도

이인국은 일제강점기에는 모범적인 황국 신민으로 살면서 친일 행각을 했어요. 소련군이 주둔했을 때는 감방에서 열심히 노어 공부를 하고, 아들을 소련으로 유학 보내는 등 친소적 태도를 보였어요. 6·25 전쟁이 끝난 뒤에는 영어를 공부하고 딸을 미국으로 유학 보내며 친미적 태도를 보이기도 하고요. 그는 옳고 그름을 따지지 않고 시대에 따라 자신에게 이익이 되는 생존만을 위해 행동해요. 이러한 그의 모습을 통해 자신만 잘 살려고 하는 기회주의자 모습을 볼 수 있어요. 작가의 주관을 배제하고 객관적으로 치밀하게 구성한 《꺼삐딴 리》는 격동의 현대사 속에서 외세의 요구와 필요에 따라 정체성까지 바꿔 가며 아첨하면서 살아온 인물을 통해 민족의 비극적인 현대사를 떠올리게 해요.

일제강점기 지식인들은 어떻게 살았나?

일제강점기 지식인들은 일제에 저항하거나 긴밀하게 협조하는 두 부류로 나눌 수 있어요. 일제에 저항을 선택한 지식인은 사회주의와 민족주의 사상을 바탕으로 국내외에서 독립운동에 참여했어요. 국내에서는 일제의 탄압으로 많은 어려움을 겪으면서도 독립의 의지를 꺾지 않고 민족의 자각을 일깨우려 했어요. 외국에서는 임시정부 활동이나 만주와 노령에서 무장투쟁을 이끌어 갔지요. 이러한 저항은 독립의지를 강화하는 데 기여했어요. 이와 달리 일본의 식민 통치에 협조하며 개인적 이익을 추구하는 지식인도 있었어요. 이들을 친일파라고 불리요. 그들로서는 살기 위한 선택이었겠지만, 역사적으로는 비난받을 만한 행동이었어요.《꺼삐딴 리》는 이러한 개인적 이익을 추구했던 당시 지식인들의 모습을 보여 줘요.

항일문학과 친일문학

문학인 중에서 두 부류를 살펴볼게요. '항일문학'으로 시·소설·동요·비평 등을 통해 민족의식을 일깨우거나 식민 통치를 비판하며 저항 의지를 표출한 인물들이 있어요. 한용운, 조명희, 이상화, 심훈, 이육사, 윤동주 등을 떠올릴 수 있어요. 안타깝게도 이들은 모두 광복을 맞지 못하고 세상을 떠났어요. 또한 일제의 강요에 굴복하지 않고 붓을 꺾거나, 광복을 고대하며 쓴 글을 서랍 속에 쌓아 둔 문인들도 있어요. 김영랑, 김동리, 조지훈, 박목월, 박두진, 주요섭, 황순원, 정지용 등이지요. 이는 소극적이라고 할 수 있지만, 그들 나름의 저항 방식이었어요.

이와 달리 '친일문학'으로 변절한 문인들도 적지 않았어요. 국내에서 한국인들에게 친일을 강요하거나, 일제의 침략 전쟁, 황민화 정책 등을 고무·찬양하는 활동을 했어요. 대표적인 작가로 최남선, 이광수, 주요한, 채만식, 김동인, 서정주, 박영희, 노천명, 백철, 유치진 등을 꼽을 수 있어요. 이들의 친일 행적은 오늘날 역사적·사회적인 비판을 받고 있어요.

미소군정기와 분단

1945년부터 1948년까지 한반도의 북위 38도선을 경계로 미국과 소련이 남한과 북한을 각각 통치했어요. 이를 미소군정기라고 해요. 국내외 독립운동이 전승 연합국에게 인정받지 못한 상태에서 한국은 연합국의 제2차 세계 대전 승전으로 광복을 맞게 되었어요. 해방 직후 한국의 정치 세력은 좌우익을 막론하고 미국을 진보적 민주주의 국가로, 미군을 해방군으로 규정하고 환영했어요. 또 소련에게도 상당한 호감을 갖고 있었어요. 그러나 한국과 미소 사이에는 근본적인 입장 차이가 있었어요.

소련이 태평양 전쟁에 참전하자 미국은 소련의 영향력 증대를 견제할 뚜렷한 경계선이 필요했어요. 소련도 동북아시아 지역에서 자국의 영향력을 확대하는 것이 중요한 관심사였어요. 그래서 미소의 전후 대외 전략을 위한 일종의 타협으로 한반도에 38도선이 설정되었고, 그 후 남과 북에 각각 미군과 소련군이 진주하게 되었어요. 당시 한반도에 관한 미소의 인식은 전략적이었어요. 한국인의 새로운 국가 건설보다 자국의 이익을 우선하는 국제 정치의 냉혹한 현실이 한반도의 운명을 결정한 거예요.

그래서 미소 양군정이 전개한 정책들은 당시 한국인이 원했던 방향과 크게 상충되어 많은 시행착오를 낳았어요. 미소군정기 동안 한국인은 통일 독립 국가 건설을 놓고 여러 견해와 입장으로 나뉘어 충돌했고, 미국과 소련도 미소공동위원회를 열어 수차례 협상을 진행했지만, 모든 노력은 수포로 돌아갔어요. 결국 남과 북에 각기 다른 정권이 수립되면서 남북분단이라는 민족의 비극이 시작되었지요.

6·25 전쟁

6·25 전쟁은 한국전쟁이라고도 해요. 1950년 6월 25일 새벽에 북한군이 38도선을 넘어 남침함으로써 일어난 한반도 전쟁이에요. 광복 후 한반도는 냉전 체제 속에서 남과 북에 각각 별개의 정부가 수립되었어요. 이 과정에서 상대적으로 우월한 군사력을 갖춘 북한이 통일을 명

분으로 전면적인 남침을 개시했어요. 북한의 공격은 예상치 못한 속도로 진행되었고, 초반에는 남한이 크게 고전했어요.

그러자 유엔의 결의에 따라 국제 사회가 개입했어요. 미국을 중심으로 한 유엔군은 남한을 지원하며 전세를 역전시켰어요. 특히 인천상륙작전은 남한의 반격을 가능하게 했어요. 그러나 전쟁이 장기화되면서 중공군이 개입하며 6·25 전쟁은 교착 상태에 빠졌어요. 1953년 7월 27일 휴전협정이 체결되면서 전쟁은 일단락되었어요. 한국전쟁은 남한뿐 아니라 한반도 전체에 큰 피해를 입혔고, 이후 남북분단이 더욱 고착화되어 아직도 휴전 상태가 지속되고 있어요.

사랑손님과 어머니
남녀칠세부동석이거늘

"누님이 상 좀 들구 나가구려. 요새 세상에 내외합니까?"

《인력거꾼, 사랑손님과 어머니 외》, 주요섭, 푸른사상, 2023

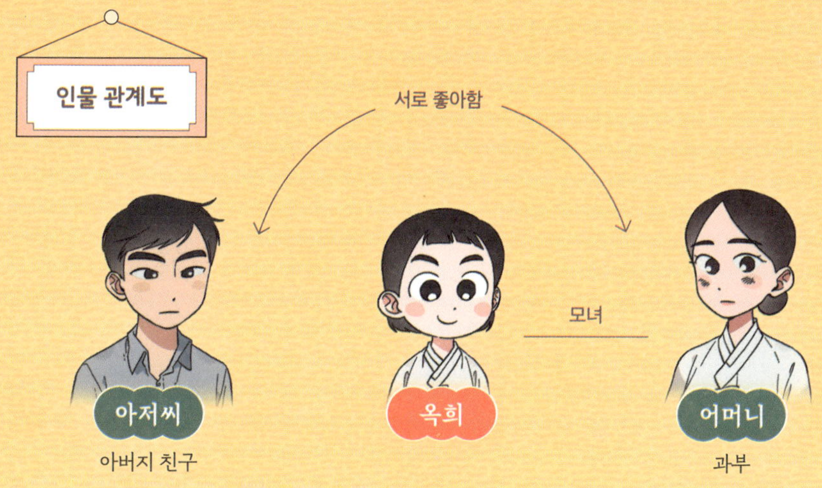

옥희: 여섯 살, 아버지가 돌아가심
어머니: 스물넷 과부. 아저씨를 좋아하지만 표현하지 못함
아저씨: 돌아가신 아버지 친구. 어머니를 좋아하지만 거절당함

나는 여섯 살 난 박옥희예요. 우리 어머니는 스물네 살인데 과부랍니다. 외할머니 말씀에 아버지는 내가 세상에 나오기 한 달 전에 돌아가셨대요. 우리 어머니하고 결혼한 지는 일 년 만이고요. 아버지 사진을 본 적이 있었는데 지금은 볼 수 없어요. 언젠가 어머니가 무엇을 보시다가 내가 들어오니까 얼른 장롱 속에 감춘 게 아마 아버지 사진인 것 같아요.

우리 집 식구는 어머니와 나, 사랑방에 외삼촌이에요. 집으로 돌아오니 외삼촌의 형님인 큰외삼촌이 낯선 사람과 이야기하고 있었어요. 아버지의 옛 친구신데 오늘부터 사랑에 계실 거래요. 사랑 장지문을 닫고 외삼촌은 아랫방에, 아저씨는 윗방에 계신대요. 나는 아저씨가 마음에 들었어요. 돌아가신 아버지와 어렸을 적 친구인데 우리 동리 학교 교사로 오게 되었대요. 우리 큰외삼촌과도 동무인데, 우리도 밥값을 받으면 살림에 보탬도 된다고요.

어느 날 점심을 먹고 사랑에 가니까 점심을 잡수셔요. 아저씨가 어떤 반찬을 제일 좋아하냐고 물어서 삶은 달걀을 좋아한다고 했더니 아저씨도 그렇대요. 사랑 아저씨가 달걀을 좋아하는 것이 내게는 썩 좋게 되었어요. 그 담부터 나는 실컷 달걀을 많이 먹었어요.

나는 아저씨가 매우 좋았지만, 외삼촌은 툴툴하는 때가 있었어요. 아저씨 잔심부름을 꼭 외삼촌이 하게 되니까, 그것이 싫은가 봐요.

"누님이 좀 상 들구 나가구려. 요새 세상에 내외합니까!"

어머니가 얼굴이 발개지시고, 눈을 흘기셨어요. 외삼촌은 웃으며 사랑으로 나갔지요.

우리 집 윗간에 유치원 풍금과 똑같이 생긴 것이 있어요. 이때껏 한 번도 어머니가 풍금 앞에 앉은 것을 본 적이 없었어요. 어머니에게 풍금을 타 보라고 재촉하니까 아버지가 사 주신 거라며 아버지가 돌아가신 후 풍금 뚜껑도 안 열어 봤다고 하셨어요.

나는 거의 매일 아저씨 방에 놀러 갔어요. 어머니는 귀찮게 굴면 못 쓴다고 꾸지람하셨지만 도리어 아저씨가 나를 귀찮게 굴었지요. 아저씨가 어머니도 옥희처럼 곱냐고 물어서 우리 어머니를 못 봤나 싶어서 어머니를 보러 가자고 한 적도 있었어요. 아저씨도 외삼촌이 들어오면 점잖게 그림책을 보여 줬어요. 외삼촌을 무서워하나 봐요.

아저씨와 뒷동산에서 내려오다가 유치원 동무들을 만났는데 한 동무가 아빠 하고 내려온다고 했어요. 집 앞에서 아저씨가 우리 아빠라면 좋겠다고 했더니 아저씨가 성을 내서 울었어요. 이튿날 어머니와 함께 예배당에 가려고 차려입고 나서 아직도 성이 났나 싶어 방 안을 들여다보니 아저씨가 빙그레 웃었어요. 어머니랑 예배당에 간다고 했더니 또 얼굴이 빨갛게 성이 났어요. 왜 저렇게 성을 잘 내는지 알 수 없어요. 예배당에서 기도하고 있는데 아저씨가 와 있었어요. 내가 손을 흔드니까 아저씨는 얼른 고개를 숙였어요. 어머니에게 아저씨두 왔다고 했는데 어머니는 예배가 다 끝날 때까지 성이 나서 앞만 바라보고 앉았어요. 아저씨도 바라다보지 않고 성이 나서 앉아 있고, 어머니도 나를 보지도 않고 공연히 잡아당겼어요. 왜 그리 성이 났는지….

유치원에 다녀왔는데 어머니가 보이지 않아 어머니를 골리려 벽장문에 들어갔다가 잠이 들었어요. 자다가 깨서 어두컴컴하고 좁고 더워 엉엉 울었어요. 벽장문이 열리고 어머니가 내 엉덩이를 때렸어요. 내가 울자 어머니도 자꾸자꾸 따라 울면서 나더러 울지 말라고 했어요.

"옥희야, 옥희야, 인제 괜찮다. 엄마 여기 있지 않니. 엄마는 옥희 하나만 바라구 산다. 난 너 하나문 그뿐이야. 옥희만 있으면 엄마는 산다. 옥희야, 울지 말라 응, 울지 마라."

이튿날 나는 어머니를 기쁘게 해 드리려고 꽃을 가져왔어요. 유치원에서 가져왔다고 말하기 부끄러워서 사랑 아저씨가 갖다주라며 줬다고 했어요. 꽃 냄새를 맡고 있던 어머니는 놀란 사람처럼 화닥닥했어요. 얼굴이 꽃보다 더 빨갛게 되었어요. 꽃을 좋아하는 어머니가 성을 낼 줄은 뜻밖이었어요. 어머니가 성을 내는 것을 보니 아저씨가 줬다고 한 것이 잘 되었어요.

그 꽃을 내버릴 줄로 생각했지만 어머니는 꽃병에 꽂아서 풍금 위에 두었어요. 꽃이 시들자 찬송가 갈피에 끼워 두었어요. 어머니께 꽃을 갖다준 날 밤 안방에서 풍금 소리가 흘러나왔어요. 어머니가 풍금을 타는 것을 처음 봤어요. 어머니는 유치원 선생님보다 풍금을 더 잘 타고 목소리가 더 곱고, 노래도 더 잘 부르셨어요. 목소리가 약간 떨리며 가늘어지더니 마지막에는 없어졌어요. 풍금 소리도 없어졌어요. 달빛을 받은 새하얀 어머니는 눈물을 흘렸어요.

"옥희야, 난 너 하나문 그뿐이다."

하루는 내게 아저씨가 밥값이라며 하아얀 봉투를 주었어요. 그 봉투를 받은 어머니 얼굴이 갑자기 파랗게 질렸어요. 나는 어머니를 보고 지나간 달 밥값이라고 이야기했어요. 어머니는 얼굴이 발갛게 물들었다가 지전을 꺼내곤 한숨을 내쉬었어요. 그런데 다시 새하얘졌어요. 어머니의 손에 네모로 접은 하얀 종이가 있었어요. 어머니는 한참 망설이다 종이를 읽고 얼굴이 파랬다 발갰다 와들와들 떨었어요. 어머니는 그 종이를 접어서 봉투에 도로 넣어 반짇고리에 던졌어요. 잠을 자다 보니 어머니가 윗목에서 돌아가신 아버지의 옷들을 만지곤 다시 장롱에 넣었어요. 어머니에게 기도를 해 달라고 했는데, 어머니는 내가 줄줄 외는 주기도문도 막혔어요. 참다 못해서 내가 마저 했어요. 어머니는 겨우 아멘만 했어요.

유치원 방학하고 난 이튿날 어머니는 갑자기 예배당에 다니는 것을 그만두었어요. 아빠가 있으면 좋겠냐고 묻더니 내가 아버지를 새로 가지면 세상이 욕한다고 하셨어요. 세상이 욕하면 나는 손가락질 받고 시집도 훌륭한 데 못 가고, 공부해서 훌륭하게 돼도 욕을 한다고요. 그러더니 나 하나면 그뿐이라며 나를 자꾸만 껴안아 주었어요. 그날 밤, 어머니는 하얀 손수건을 사랑 아저씨게 갖다드리라고 했어요. 손수건 속에 종이가 들어 있는 것 같았어요. 손수건을 받는 아저씨 얼굴이 몹시 파랬어요. 어머니는 구슬프고 고즈넉한 곡조로 풍금을 탔어요.

아저씨는 기차를 타고 멀리 간다고 했어요. 서랍에서 예쁜 인형을 꺼내서 주었어요. 그날 오후 어머니가 뒷동산에 바람을 쐬러 가자고 하셨어요. 정거장이 보였어요. 저편 산모퉁이에서 기차가 나타나 정거장에 잠시 머물더니, 금시 움직였어요. 어머니는 기차 굴뚝의 연기가 없어질 때까지 바라보았어요. 어머니는 뒷동산에서 내려오자 풍금 뚜껑을 닫고 쇠를 채워 이전 모양으로 반짇고리를 얹어 놓으셨어요. 찬송가를 뒤적여 꽃송이를 꺼내 내다 버리라고 하셨어요. 그때 달걀 장수 노파가 달걀 광주리를 이고 대문으로 들어왔어요.

"인젠 우리 달걀 안 사요. 달걀 먹는 이가 없어요."

나는 어머니의 말씀에 떼를 써 보려 했으나, 어머니의 얼굴을 보고 용기가 없어졌어요. 아저씨가 주신 인형 귀에다 '내가 달걀 좋아하는 줄 알면서 먹을 이가 없다니, 새파란 엄마 얼굴을 보니 어디가 아픈가 보다'라고 속삭였어요.

소설을 탐구하다

시대를 안타까워한 작가, 주요섭

주요섭(1902~1972)은 스탠퍼드대학교에서 교육학을 전공한 지식인이었어요. 신식 교육과 개방적인 문화를 습득한 작가에게 한국이라는 곳은 아직도 보수적이고 낡은 관습에서 벗어나지 못한 안타까운 상황이었어요. 주요섭은 인간의 자유로운 의지와 권리, 감정을 억압하는 구시대적 관습에 대한 비판 의식을 담아《사랑손님과 어머니》를 쓴 거예요.

1인칭 관찰자 시점

《사랑손님과 어머니》는 여섯 살 옥희의 눈을 통해서 이야기가 진행돼요. 옥희는 독자에게 자신에 대해 이야기하지만 자기 이야기를 하는 건 아니에요. 우리 집 사랑에 머무르게 된 아저씨와 어머니 이야기를 우리에게 전해 주지요. 소설 속에 등장하는 인물이 주인공을 관찰해서 쓰는 소설을 1인칭 관찰자 시점이라고 해요.

1인칭 관찰자 시점에서는 화자가 주인공이 아니기 때문에 주인공의 생각을 알 수 없어요. 대신 주인공의 행동이나 말을 통해 독자가 주인공의 생각을 추측하게 만들어요. 또, 자신이 경험한 범위 내에서만 정보를 전달할 수 있어서 모든 것을 다 알 수는 없어요. 대신 사건의 목격

자이자 관찰자로서 객관적으로 이야기하려고 노력하지만, 주관적인 생각이 포함될 수는 있어요.

이 작품에서는 아저씨와 어머니의 사랑을 어린아이의 맑고 깨끗한 눈으로 순수하게 그려 냈어요. 의도하지 않았지만 천진난만한 '나'의 행동이 두 어른 사이의 마음을 들었다 놨다 하지요. 어쩌면 두 사람의 감정은 옥희 덕분에 더 깊어졌을지도 몰라요. 물론 서술자가 어린아이이기 때문에 사랑 아저씨와 어머니의 감정을 겉으로 보이는 대로 판단하고, 그 속에 숨은 의미를 이해하지 못하는 한계가 있어요. 하지만 이런 점이 《사랑손님과 어머니》를 독특하게 만들어요.

왜 어린아이를 서술자로 삼았을까?

만일 어머니가 서술자라면 사랑 아저씨와의 사이에서 느껴지는 감정을 직접 드러낼 수밖에 없어요. 사랑 아저씨가 서술자라도 마찬가지겠지요. 이들의 감정이 직접 드러났다면 너무 흔한 이야기가 되거나 그다지 아름답지 못한 이야기로 쓰였을 거예요. 만일 함께 살고 있는 외삼촌이 이 소설의 서술자였다면 어쩌면 이 두 사람의 사랑을 평범하게 다뤘을지도 몰라요. 순진한 어린아이가 자기 눈에 보이는 것만 이야기해 오히려 다양한 상상이 가능하다는 점에서 읽는 재미를 더해요. 옥희는 어려서 당시 과부에 대한 사회적 편견이나 어른들의 감정 세계를 이해하지 못해요. 덕분에 사랑 아저씨와 어머니의 감정을 편견 없이 전할 수 있는 거죠. 그 덕분에 두 사람의 이야기가 더 애틋하고 진실성 있게 느껴져요.

재가 금지법

재가 금지법은 1477년 7월부터 실시되었어요. 6품 이상의 처는 남편이 죽은 뒤 3년 안에 재혼하는 것을 금지하고, 수절하면 정려*와 포상을 해서 과부의 수절을 장려한 거예요. 조선시대에는 성리학을 국가와 사회의 지도 이념으로 숭상했고 이를 실천하고자 삼종지도를 강조했어요. 삼종지도는 '여자가 따라야 할 세 가지 도리'라는 뜻인데, 어려서는 아버지를 따르고 시집가서는 남편을 따르고 죽어서는 아들을 따르는 도리를 말해요. 공자의 언행을 후대에 기록한 《공자가어》라는 책에 나와요.

이 법은 재가의 효력을 부정하거나 형사 처벌하는 등 개가를 직접적으로 금지하는 것은 아니었지만 금지 효과는 매우 컸어요. 물론 재가 금지법이 도입된 초기에는 효과가 없었어요. 당시의 명문가 족보를 보면 재가 또는 삼가한 여성과 그 남편의 이름, 그들의 자손도 등재되어

★ **정려**: 충신, 효자, 열녀 등을 그 동네에 정문을 세워 표창하던 일

있거든요. 또 양반이 아닌 계층의 여성들은 자손이 관리가 되지 않았기 때문에 크게 상관하지 않았어요. 하지만 시대가 지나면서 양반 계급에서는 재가 금지법이 하나의 윤리적 기준으로 작용해 재가 자체를 비윤리적인 것으로 여기는 사회 분위기가 점점 굳어졌어요.

심지어 2005년까지만 해도 우리나라에는 여성에게 '재혼 금지 기간'이 있었어요. 이 조항은 성평등에 어긋난다는 이유로 2005년에 호주제와 함께 폐지되었어요.

1930년대 보수적인 사회 분위기

1930년대는 아직 보수적인 정서가 사회를 지배하던 시기였어요. 1894년 갑오개혁 이후 개화기로 접어들면서 겉으로는 구시대의 관습이 사라지는 것 같았어요. 하지만 오랜 시간 만들어진 사회적 관행이나 정서는 그리 쉽게 사라지지 않았어요. 이러한 관습들은 1960년대가 되어서야 조금씩 사라졌어요.

앞에서 보았던 《열녀함양박씨전》을 기억하나요? 조선 중기 이후 많은 시간이 지났지만, 사회 분위기는 크게 달라지지 않았어요. 옥희 어머니는 옥희가 아버지를 새로 가지면 세상이 욕한다며 옥희가 시집도 훌륭한 데 못 가고, 공부해서 훌륭하게 되어도 남들이 욕한다고 이야기해요. 이 말을 통해 얼마나 보수적인 시대인지, 또 자식을 위해 사랑을 포기하는 경우가 얼마나 많았는지 알 수 있어요. 사랑손님은 결국 옥희네를 떠났어요. 그러나 감정이 사라진 건 아니에요. 옥희 어머니는 언덕 위에 올라가 떠나는 기차를 하염없이 바라봐요. 그 시대였기에 겪을 수밖에 없던 비극이에요.

현대까지 남아 있던 재혼 금지

2005년까지만 해도 우리나라에는 여성에게 '재혼 금지 기간'이 있었어요. 이혼 후 여성이 임신 중이거나 출산할 경우, 아이의 친부를 명확히 하기 위해 이혼 후 6개월간 재혼을 금지한 거예요. 지금은 상상도 할 수 없는 일이죠? 이 조항은 성평등에 어긋난다는 이유로 2005년에 호주제와 함께 폐지되었어요.

勤政

광복 이후~
1980년대

22

수난이대
6·25 전쟁의 비극이란

진수는 아버지 등허리에 슬그머니 업히고,
만도는 아들의 하나뿐인 다리를 꼭 안았어요.

《하근찬 전집 1. 수난이대》, 하근찬, 산지니, 2021

박만도 일제강점기에 팔을 잃음,
용머리재가 보이는 외나무다리를 만도가 진수를 업고 건넘
진수 만도의 아들, 6·25 전쟁에서 다리를 잃음

진수가 살아서 돌아온대요. 어깻바람이 날 일이에요. 박만도는 용머리재를 단숨에 올라왔어요. 공연히 마음이 바빴어요. 병원에서 나온다 하니 좀 다친 모양이지만 '설마 나같이 이렇게 되지 않았겠지' 하며 만도는 왼쪽 아무것도 없는 소맷자락을 내려다보았어요. 총알이 약간 스쳤겠지, 나처럼 팔뚝 하나가 몽땅 달아났다면 엄살스런 놈이 견뎠을 리가 없었을 거라고 생각했어요.

내리막길은 빨랐어요. 벌써 고갯마루가 저만큼 높이 보였어요. 개천 둑에 이르러서야 걸음을 멈추었어요. 외나무다리가 놓인 조그마한 시냇물이었어요. 가을이 깊어지면서 물이 맑아졌어요. 길이가 얼마 되지 않으나 아래로 몸을 내려다보면 제법 아찔했어요. 그는 외나무다리를 퍽 조심했어요. 읍에서 술이 꽤 되어서 돌아오다가 물에 굴러떨어진 일이 있었거든요.

개천을 건너서 논두렁길을 걸어가면 읍으로 들어가는 길이 보였어요. 읍내 나올 때마다 들르는 단골 주막도 있었어요. 언짢은 일이 있어도 여편네 곁에 가서 앉으면 속이 절로 쑥 내려갔어요. 방문 앞에 신이 여러 켤레 있고, 방 안에서 웃음소리가 요란해 돌아오는 길에 들르기로 했어요. 만도는 읍 들머리에서 정거장 쪽과 반대 방향으로 가서 고등어 한 손을 샀어요.

정거장 대합실에 있노라면 생각나는 일이 있었어요. 이 정거장 마당에서 사람들은 어디로 가는지도 모르고 기차를 기다렸어요. 징용에 끌려 나가는 사람들이었어요. 십이삼 년 전의 이야기예요. 바다를 본 것도 처음이었고 큰 배에 몸을 실어 본 것도 처음이었어요. 다행히 만도는 멀미도 하지 않고 잘 적응했어요. 모두 내릴 준비를 하라는 명령이 떨어진 것은 사흘째였어요. 그곳에는 숨 막히는 더위, 강제 노동 그리고 모기떼뿐이었어요.

섬에 비행장을 닦았어요. 모기에게 물린 자리를 긁으며 쏟아지는 땀을 무릅쓰고 아침부터 해가 떨어질 때까지 산을 허물고 흙을 나르기란 농사일에 뼈가 굳은 몸에도 이만저만한 고역이 아니었어요. 병까지 돌아 일하다가 자빠지기 예사였어요. 만도는 아침저녁으로 약간씩 설사만 했을 뿐 넘어지지는 않았어요. 물도 차츰 입에 맞았고 고된 일도 몸에 배어들었어요.

험난하던 산과 산 틈바구니에 비행장을 다듬어 냈어요. 그러나 연합군의 비행기가 날아들면서부터 밤중까지 일했어요. 산허리에 비행기를 집어넣을 굴을 팠어요. 공습경보가 나면 비행기가 돌아갈 때까지 모두 굴 바닥에 엎드렸어요.

한 시간 가까이 엎드려 있어야 하는 때도 있어서 더러 공습을 기다리기도 했어요. 공습경보 사이렌을 듣지 못하고 일할 때는 큰 손해를 보았다고 야단이었어요. 사이렌이 울리기 전에 비행기가 산등성이를 넘어 달려드는 수도 있었어요. 만도가 한쪽 팔뚝을 잃어 버린 일도 그런 이유였어요.

바위 틈서리에 다이너마이트를 장치하면 한 사람이 남아서 불을 당기고 터지기 전에 밖으로 뛰어나왔어요. 만도의 차례였어요. 왠지 모기에게 물린 자리가 긁어도 시원하지 않았어요. 자꾸 불이 꺼져서 네 개째에서 겨우 당겼어요. 바깥으로 나서는데 공습경보가 울려서 다시 굴 안으로 달려드는 순간 꽝! 굴 안에서 다이너마이트가 터졌어요. 어렴풋이 눈을 떠 보니 눈앞에 손가락이 시퍼렇게 굳어서 이끼 긴 나무 토막 같은 팔이 있었어요. 그것이 자기 팔인 줄 알고 정신을 잃었어요. 다시 눈을 떴을 때는 담요 속에 누워 있었고 한쪽 어깻죽지가 쿡쿡 쑤셨어요. 절단 수술은 이미 끝난 뒤였어요.

쾌액- 기차 소리였어요. 만도는 벌떡 일어서며 고등어를 집어 들었어요. 시꺼면 열차 속에서 사람들이 밀려 나왔어요. 아들은 보이지 않았어요. 저쪽 사람 물결 속에 두 개의 지팡이를 의지하고 절룩거리며 걸어 나가는 상이군인이 있었으나 만도는 그 사람에게 주의를 기울이지 않았어요. 거짓으로 편지를 띄웠을 리는 없을 텐데 이상하다고 생각할 때 뒤에서 부르는 소리가 들렸어요. 뒤를 본 만도의 두 눈은 크게 떠지고 입은 딱 벌어졌어요. 진수는 양쪽 겨드랑이에 지팡이를 끼고 섰는데 한쪽 바짓가랑이가 펄럭거렸어요. 눈앞이 노오래졌어요. 한참 멍해 있다가 코끝이 찡해지면서 두 눈에 뜨거운 것이 핑 돌았어요.

"에라이 이놈아!"

만도의 입에서 튀어나온 첫마디였어요. 만도는 한 번도 돌아보지 않고 땅바닥만을 내려다보며 걸어갔어요. 진수는 한 걸음 두 걸음씩 뒤처지기 시작한 것이 작은 소리로 불러서는 들리지 않을 만큼 떨어졌어요. 주막집 앞에 이르러서 뒤를 돌아보았어요. 진수는 나무 밑에 서서 오줌을 누고 있었어요. 지팡이는 땅바닥에 던져 놓고 한쪽 손으로 볼일을 보고 한쪽 손으로는 나무 둥치를 감싸안은 모양이 을씨년스럽기 이를 데 없었어요.

만도는 눈살을 찌푸리며 술방 방문을 잡아당겼어요. 이를 잡고 있던 여편네가 웃으며 옷섶을 여몄어요. 만도는 웃지 않았어요. 무뚝뚝한 얼굴로 술방에 들어서기란 처음일 거예요. 여편네가 멋도 모르고 킬킬 웃었으나 만도는 무거운 소리만 냈어요. 만도는 단숨에 큰 사발로 석 잔을 해치우고 트림을 했어요. 빈속에 술을 때려 마시니 눈두덩이 화확 달아오르고 귀뿌리가 발갛게 익었어요. 술기가 돌자 좀 속이 풀리는 것 같아 바깥을 내다보았어요. 진수는 땀을 흘리며 오고 있었어요. 만도는 국수를 곱빼기로 말고 참기름도 쳐 달라고 했어요. 여편네가 아들이냐고 묻자 약간 끄덕거렸을 뿐 좋은 기색을 하지 않았어요.

주막을 나선 부자는 논두렁길로 접어들었어요. 이번에는 진수를 앞세웠어요. 지팡이를 짚고 가는 아들의 뒷모습을 바라보며 팔뚝이 하나밖에 없는 아버지가 따라가는 거예요. 손에 매달린 고등어가 달랑달랑 춤을 추었어요. 너무 급하게 마셔서 그런지 만도의 뱃속에서 술이 끓고 다리가 휘청거렸어요. 콧김을 내뿜으니 정신이 아른해서 좋았어요.

진수에게 어쩌다가 그렇게 됐는지 물었어요. 진수는 전쟁에서 수류

탄에 맞았는데 썩어서 잘랐다며 다리가 없이 어떻게 살아야 할지 걱정이라고 했어요. 만도는 목숨만 붙어 있으면 살 수 있다고 진수의 말을 잘랐어요. 자신도 팔뚝 하나만 있어도 살지 않냐고 했어요.

외나무다리가 놓인 시냇물에 도착했어요. 진수는 바짓가랑이를 걷어 올렸어요. 그걸 본 만도가 진수를 업었어요. 진수는 지팡이와 고등어를 각각 쥐고 아버지 등허리에 업혔어요. 만도는 아들의 하나뿐인 다리를 꼭 안았어요. 진수는 아버지의 굵은 목덜미를 부둥켜안았어요.

만도는 새파랗게 젊은 놈이 벌써 이게 무슨 꼴이고, 세상을 잘못 만나서 진수 니 신세도 참 똥이다, 똥. 이런 소리를 주워 삼켰고, 아버지의 등에 업힌 진수는 미안스러운 얼굴로 "나꺼정 이렇게 되다니, 아부지도 참 복도 더럽게 없지, 죽어 버렸더라면 나았을 낀데…" 하며 중얼거렸어요. 술기가 약간 있었으나, 용케 몸을 가누며 아들을 업고 외나무다리를 조심조심 건너갔어요. 눈앞에 우뚝 솟은 용머리재가 이 광경을 가만히 내려다보았어요.

Q. 마지막에 용머리재가 만도와 진수를 내려다봤다는 것은 무슨 의미일까요?

소설을 탐구하다

《수난이대》를 쓰게 된 배경

하근찬(1931~2007)은 자신이 겪었던 두 가지 경험을 바탕으로《수난이대》를 쓰게 되었어요. 첫 번째는 기차에서 물건을 파는 팔이 없거나 다리를 잃은 상이군인들을 보고 작품의 영감을 얻었어요. 두 번째는 유럽 여행 중 다리를 다친 남자를 만나 대화하면서 영감을 얻었어요. 그 남자는 자신이 제1차 세계 대전에서 다리를 다쳤고 자신의 아들은 제2차 세계 대전에서 죽었다고 했어요. 그 말을 듣고 일제강점기와 6·25 전쟁이라는 끔찍한 비극을 겪은 우리 민족을 떠올렸다고 해요.

선한 인물인 만도와 진수

만도는 일제강점기 때 강제 징용에 끌려갔다가 팔을 잃었어요. 그의 아들 진수는 6·25 전쟁에 나가서 다리를 잃었어요. 일제강점기에 이어 6·25 전쟁까지 두 부자의 이야기를 통해 민족 수난의 역사를 드러내고 있어요. 이들은 일제강점기나 6·25 전쟁과 전혀 관계없는 선한 인물들이에요. 전쟁과 무관한 선한 이들을 주인공으로 내세워 역사가 개인에게 가한 상처가 얼마나 비극적인지 보여 주고 있어요. 그러나 이 비극은 여기서 끝나지 않을 거예요. 만도와 진수는 자신들 앞에 놓여 있는 외나무다리를 힘을 합해 건너요. 이들의 모습은 아무리 힘든 고난이 닥치더라도 수난의 역사를 극복해 내는 우리 민족의 모습을 상 징한다고 볼 수 있어요.

공간의 이동

《수난이대》는 분단 이후 한국 단편 문학의 구조적 완결성을 보여 주는 대표작으로 꼽혀요. 공간 이동 경로에 따라 각각의 사건이 결합하는 방식이나 인물 간의 갈등이 화해에 도달하는 과정 역시 체계적으로 형상화되어 있기 때문이에요.

만도는 마을에서 용머리재를 쉬지 않고 올라 외나무다리와 주막을 거쳐 대합실에 도착해요. 아들을 만난다는 희망으로 만도의 감정은 점점 고조되지요. 그러다 기차역에서 상이군인이 된 아들 진수를 만난 만도는 절망에 빠져요. 이들이 걷는 길도 점점 아래로 내려가요. 올 때와 반대 경로로 만도와 진수는 주막, 외나무다리, 용머리재를 지나가요. 아들을 처음 봤을 때의 분노는 주막을 거치면서 누그러져요. 외나무다리에서는 아들에게 고등어를 건네고, 심지어 아들을 업고 건너요. 서로가 부족한 부분을 도우며 극복해 나가는 거지요. 용머리재는 이들을 지켜보고요. 만도가 아들을 마중하러 나갔다 돌아오는 경로에 따라 소설의 갈등과 만도의 감정도 고조되었다가 해소돼요. 이렇게《수난이대》는 공간의 이동과 소설의 구조가 긴밀하게 결합된 뛰어난 작품이에요.

주요 소재들의 의미

만도는 아들을 맞이하러 가면서 고등어를 사요. 아들에게 고기를 먹이고 싶은 아버지의 마음이 느껴져요. 고등어는 아들에 대한 애정을 상징하는 소재예요. 집으로 돌아오는 길에 만도가 진수에게 고등어를 들게 하고 진수를 업는 장면에서, 고등어는 부자의 협동을 이끄는 매개물이기도 해요. 정거장 대합실은 아들을 맞이하는 장소인 동시에 만도가 과거를 떠올리는 공간이에요. 주막은 다리 잃은 아들에 대한 만도의 분노가 완화되는 공간이에요. 만도는 술을 마신 뒤 진수에게 국수를 먹이면서 아들의 처지에 대한 분노도 가라앉아요. 국수를 곱빼기로 달라고 하거나 참기름을 쳐 달라고 하는 모습을 통해 만도가 아들을 얼마나 사랑하는지 짐작할 수 있어요. 소설 속 소재들은 결코 허투루 쓰이지 않아요. 중요한 가치나 의미를 상징하거나 주제를 드러내기 위한 경우가 많아요. 소설의 소재가 어떤 의미로 쓰였는지 생각하면 소설을 더 잘 이해할 수 있을 거예요.

시대의 비극을 드러내다

《수난이대》는 2대에 걸친 수난이라는 뜻이에요. 일제강점기를 겪은 아버지의 수난과 6·25 전쟁을 겪은 아들의 수난은 우리 민족이 겪어야 했던 역사적 비극을 드러내고 있어요. 만도와 진수는 역사적 비극으로 회복될 수 없는 육체적 손상을 입었어요. 우리 민족 역시 일제강점기와 6·25 전쟁으로 회복되기 힘든 정신적·물리적 손상을 입었어요. 민족의 비극과 극복 의지를 상징적으로 보여 주기 위해 외나무다리가 등장해요. 다리가 없는 진수는 만도가 도와주지 않는다면 외나무다리를 건널 수 없어요. 두 사람은 힘을 합해 외나무다리를 건너고 용머리재는 그 모습을 지켜봐요. 이를 통해 비록 우리 민족이 회복되기 힘든 상처를 입었다 하더라도 우리가 힘을 합하면 이 문제를 극복할 수 있을 거라는 작가의 낙관적인 생각을 엿볼 수 있어요.

일제강점기 강제 징용

일제는 1931년부터 1945년 사이에 군수물자의 보급과 인력 공급을 위해 한국인을 강제로 동원했어요. 이를 위해 1938년에는 '국가총동원법'을 제정했지요.

강제 징용된 사람들은 국내뿐 아니라 홋카이도, 사할린 등 일본 각지와 남양군도 등에 배치되어 주로 작업 환경이 열악한 탄광과 건설 현장, 공장 등에서 혹사당했어요. 숱한 산업재해가 이어졌고 폭격이나 사고, 질병 등으로 많은 사람이 목숨을 잃었어요. 임금도 제대로 지급하지 않고, 대부분을 강제로 저축하게 했어요.

강제 동원의 피해 유형은 크게 군인, 군무원, 노무자, 위안부로 나눌 수 있어요. 전쟁 초기만 하더라도 일제는 조선인을 징병 제도에 포함하지 않으려 했으나 전세가 급박해지자 조선인까지 징집되었어요. 일본 정부의 공식 통계 가운데 최저치를 적용해도 군인으로 동원된 사람만 20만 명이 넘고 노무자로 동원된 사람도 국내와 국외에 750만 명이 넘어요. 해방 당시 한국인 인구가 2500만 명 정도였으니 대략 인구의 1/3이 강제 징용 피해자인 셈이죠. 당시 한국에서 동원할 수 있는 사람은 거의 모두 동원한 셈이므로 한국 사회 전체가 강제 징용의 고통을 겪었던 것이지요.

그런데도 해방 후에 일본 정부는 미지급 임금, 피해보상금 등을 법무국에 공탁했을 뿐, 피해자들에게 현재까지 지급하지 않고 있어요. 피해자들은 1990년대부터 일본 정부와 기업을 상대로 소송을 제기하고 있으나 1965년 체결된 한일청구권협정에 따라 패소·기각되어 개인 청구권을 행사하지 못하고 있는 안타까운 현실이에요.

군함도의 유네스코 등재와 감추어진 진실

일본 나가사키 반도 옆에 하시마(端島)라는 작은 섬이 있어요. 생긴 모양 때문에 '군함도'라는 별명으로 불리지요. 1960년대까지 일본의 근대화를 떠받치며 광업도시로 번영을 누렸던 섬이에요. 일본은 하시마 섬의 산업과 근대화 역사 및 문화 가치를 내세우며 메이지 산업혁명 유산의 하나로 유네스코 세계유산 등재를 신청했어요. 그런데 이 섬에는 태평양 전쟁 당시 많은 식민지 주민과 전쟁 포로들이 강제 징용되어 노역한 어두운 역사가 있어요. 한국인 징용 노동자만 500~600명이 넘었다고 하지요. 당시 한국인들은 '들어가면 살아서 나올 수 없는 지옥섬'이라고 불렀다고 해요. 이 섬에서 받은 대우와 노역이 얼마나 가혹했는지 짐작할 수 있겠지요. 당시 기록을 보면 1925~1945년 사이에 하시마 탄광에서 총 1295명이 숨졌으며 이 중 한국인이 122명이었어요.

그런데 일본 정부는 이런 참상을 외면하고 일본 근대화의 유산만 강조했어요. 한국 측에서 등재에 반대해 결국 일본 정부는 조선인 강제 노역 등을 인정하고 2015년에 유네스코 세계유산으로 등재했어요. 그런데 문제는 일본 정부가 등재 때의 약속을 지키지 않는 거예요. 일제강점기 한국인의 강제 동원 역사를 제대로 전시하지 않고, 한·일 강제 병합을 정당화하는 내용의 전시물도 철거하지 않았어요. 일본은 과거 일제강점기 때 저질렀던 많은 범죄 행위에 대해 아직도 사과하지 않고 있어요.

끝나지 않은 강제 징용 피해 – 사과와 배상은 언제쯤 가능할까?

1990년대 이후 일제강점기 강제 징용 피해자와 유족들은 일본 기업을 상대로 낸 손해 배상 청구 소송을 일본과 한국에서 진행했어요. 일본 법원에 낸 손해 배상 청구 소송은 기각되거나 패소했어요. 그러나 한국에서는 2018년 대법원이 강제 징용 피해자들에 대한 일본 기업의 배상책임을 인정해 원고 승소 판결을 확정했어요. 그럼에도 일본은 여전히 강제 징용 피해에 대해 배상 의무가 없다는 입장을 고수하고 있어요. 일본과 한국의 입장 차가 이토록 벌어진 이유가 무엇일까요?

무엇보다 1965년 6월 22일에 한일기본조약과 함께 체결된 '한일청구권협정'에 대한 해석을 둘러싸고 입장이 다르기 때문이에요. 기본적으로는 일제 식민지 지배를 불법으로 보느냐, 합법으로 보느냐의 시각 차이가 깔려 있어요. 일본 측은 과거 한반도 식민 지배는 합법이었고 국가총동원법에 따라 자국민 전시 동원은 적법했으며 한일청구권협정으로 식민 지배에 관련된 모든 민사 청구권을 양국이 상호 포기한 것이라고 주장해요. 일본 재판부는 이를 근거로 민간 청구권 소송을 기각했어요.

하지만 한국 대법원은 "일본 정부의 한반도에 대한 불법적인 식민 지배 및 침략 전쟁의 수행과 직결된 일본 기업의 반인도적인 불법행위를 전제로 하는 강제 동원 피해자의 일본 기업에 대한 손해배상청구권은 청구권 협정의 적용 대상에 포함되지 않았다"라고 판결했어요. 그리고 한국 대법원은 '강제 징용 피해자의 개인 배상청구권'은 국가 간 합의로 소멸시킬 수 없다고 보는 거예요.

양측의 입장은 여전히 팽팽히 대립하고 있으며, 양국 간 외교 문제 및 국내 정치 문제로 나타나고 있어요. 강제 징용 피해는 아직 끝나지 않은 셈이지요. 일본의 사과와 배상은 언제쯤 가능할까요?

6·25 전쟁의 참상

6·25 전쟁은 남북한 군인과 민간인뿐만 아니라 미국, 소련, 중국, 연합국 모두에게 막대한 피해를 안겨 주었어요. 그 결과 한국군 62만 명, UN군 16만 명, 북한군 93만 명, 중국군 100만 명, 민간인 피해 250만 명, 이재민 370만 명, 전쟁 미망인 30만 명, 전쟁고아 10만 명, 이산가족 1000만 명 등 당시 남북한 인구 약 3000만 명의 절반을 넘는 1800여만 명이 피해를 입었어요.

이밖에 남북한 지역은 전 국토가 초토화되었어요. 남북한 전체에서 학교·교회·사찰·병원 및 민가를 비롯해, 공장·도로·교량 등 모든 기반 시설이 파괴되었어요. 남북한의 경제는 파탄에 이르렀고, 사회 기반 시설이 거의 파괴되어 전체 인구의 20~25퍼센트가 기아 위기에 처했어요. 유엔군 총사령관을 지낸 맥아더 장군이 전쟁 직후 "한국 경제 회복에 매우 오랜 시간이 걸릴 것"이라고 했다니 상황이 얼마나 암담했는지 짐작할 수 있어요. 전쟁 후 참담한 현실에서 남북한은 각각 국가와 사회, 경제를 다시 일으키려고 갖은 노력을 다했어요. 특히 대한민국은 '한강의 기적'이라고 하는 경제 성장을 이루어 선진국으로 도약했어요. 이러한 노력의 결실이 또다시 전쟁으로 무너지는 일이 있어서는 안 되겠지요.

광장
남한도, 북한도 다 싫어

"중립국."

《광장/구운몽》, 최인훈, 문학과지성사, 2014

아버지: 공산주의자인 아버지는 자신의 이념에 따라 북한으로 월북함

이명준: 남한과 북한 모두에 실망해 중립국을 택했으나 결국 죽음을 선택함

은혜: 국립극장 소속 발레리나, 명준이 자신의 밀실로 초대했으나 유엔 공군의 폭격으로 죽음

윤애: 서로 호감이 있었으나 명준의 월북으로 헤어짐

　명준의 이야기는 배를 타고 가면서 시작해요. 중립국으로 향하는 배에서 명준은 선장에게 애인에 관한 질문을 받았어요.

　해방 후 철학과 3학년인 이명준은 홀로 서울에 남아 아버지의 친구인 변씨 집에서 신세를 지며 살고 있었어요. 어머니는 돌아가셨고, 아버지는 이념에 따라 월북했거든요. 은행 지점장인 변씨는 명준이 대학 생활을 하는 데 부족함이 없도록 지원해 줬어요. 그 집의 딸인 영미와 아들인 태식은 재미를 즐기며 살았어요.

　명준은 단순하고 여자만 밝히는 태식과 반대인 정 선생에게 가서 자주 이야기를 나누었어요. 정치, 역사, 철학 등 이야기 주제는 다양했어요. 명준은 한국 정치의 광장은 추악한 밤의 광장, 탐욕과 배신, 살인의 광장이라고 생각했어요. 선량한 시민은 오히려 문에 자물쇠를 잠그고 창을 닫고 있고요. 이런 광장에 대해 사람들은 불신만을 가지게 되어 남한 사람들이 가장 아끼는 것은 밀실뿐이라며 불만을 토로했어요. 명준의 말을 들은 정 선생은 명준에게 남한의 텅 빈 광장에 시민을 모으는 나팔수가 되는 것이 어떻겠냐고 묻지만, 명준은 자신이 광장에 나서서 사람들을 설득할 생각은 없었어요.

그러던 와중 그의 아버지가 북한에서 대남방송을 하는 어느 기관의 선전부장을 맡고 있다고 경찰이 찾아왔어요. 명준은 아닌 밤중에 홍두깨를 맞은 것 같았어요. 북으로 간 아버지를 한 번도 그리워하거나 생각한 적이 없었기 때문이에요. 명준은 애당초 아버지에게 갈 생각도 없었어요. 그는 광장을 믿지 않기 때문이었어요.

이틀 후, 형사들은 명준을 S서에 데리고 왔어요. 명준이 철학과라고 하니 마르크스에 대해 잘 알 거라며 고문했어요. 명준은 온통 피투성이가 되었어요. 일주일 후, 명준은 두 번째로 S서 형사실에 앉았어요. 형사들은 명준을 앞에 앉혀 놓고 아버지와 명준을 모욕했어요. 명준은 그들의 이야기를 들으며 마치 일본 경찰 형사실에 와 있는 듯한 생각이 들었어요.

모진 폭행 후에 명준은 평소 서로 호감이 있던 윤애를 찾아갔어요. 윤애는 영미 덕분에 알게 된 여자예요. 윤애는 불쑥 찾아온 명준에게 손수 저녁상을 차려 주었어요. 명준은 자기를 보살펴 주는 윤애에게 몹시 고마웠어요. 명준은 윤애의 집에서 여름을 보내기로 했어요. 윤애는 명준을 위해 방 한 칸을 내주었어요.

명준은 이성과 사랑에 그다지 큰 뜻은 없었지만 힘든 일을 겪고 난 후라 그런지 윤애에게 마음이 갔어요. 명준은 윤애의 손을 잡았어요. 명준은 윤애에게 다가갔지만, 윤애는 명준을 거부했어요. 명준은 그런 그녀에게 굴욕감을 느꼈어요. 그러던 중 한 사람이 비밀리에 월북하는 배가 있다는 것을 알려 줬어요. 그 사실을 안 명준은 윤애에게 아무 말도 없이 북한으로 떠나 버렸어요.

월북한 명준은 신문사 편집부에서 일했어요. 명준이 북한에서 일하며 알게 된 것은 북한에는 혁명의 빛이 아니라 혁명의 거품만 있다는 거였어요. 북한은 직접 혁명을 일으켜서 공산주의가 된 국가가 아니었기 때문에 혁명의 불꽃 따위는 없었고, '당'만 존재할 뿐 개인은 존재하지 않았어요. 월북한 지 반년이 지난 이듬해 봄, 명준은 자신이 생각했던 것과 다른 북한 사회와 아버지에게 크게 실망하며 호랑이 굴에 스스로 들어온 자신을 저주했어요.

그러던 중 다치게 되어 병원에 입원했어요. 병원 침대에서 보내는 시간은 참기 어려울 정도로 지루했어요. 그때 은혜를 포함한 국립극장 공연 단원들이 위문을 나왔어요. 은혜는 국립극장 소속 발레리나였어요. 평양에서 가장 큰 무용 단체는 최승희가 거느리는 연구소인데, 은혜가 있는 발레단은 고전에서 출발한 최승희와 달리 소련에서 돌아온 발레 전공의 안나 김이라는 여자가 단장이었어요.

명준은 은혜와 사랑에 빠졌어요. 은혜는 명준을 있는 그대로 사랑해 주었어요. 은혜는 모스크바에 가서 발레를 할 기회가 생겼어요. 하지만 명준은 자신의 유일한 희망인 은혜와 떨어지고 싶지 않아 은혜에게 가지 말라고 했어요. 은혜는 명준의 말대로 모스크바에 가지 않기로 했지만, 몇 달 후 명준과 싸우다가 홧김에 말도 없이 모스크바로 떠났어요.

6·25 전쟁이 발발하고 명준은 S서 지하실에서 남한 사람들을 고문하는 역할을 맡았어요. 명준은 그곳에서 친한 친구였던 태식을 고문관

대 죄수로 만났어요. 태식은 소형 사진기로 서울에 흩어진 공산군 시설을 찍고 있었다고 했어요. 더 놀라운 일은 태식이 윤애와 결혼했다는 거예요. 명준은 자신이 가지지 못했던 여자를 태식이 가졌다는 생각에 태식을 구타했어요. 명준은 윤애에게 나쁜 행동을 하려고 했지만 양심에 가책을 느꼈고 윤애를 돌려보냈어요

명준은 간호병으로 활동하는 은혜를 우연찮게 다시 만나게 되었어요. 명준은 은혜를 아무에게도 알리지 않았던 동굴에 초대했어요. 그 동굴은 명준이 전쟁 중에 찾은 자신만의 밀실이었어요. 웬만해서는 눈에 띄지 않는 이 동굴에 누워 있으면 홀가분하게 쉴 수 있었어요.

은혜는 명준에게 용서해 달라고 했어요. 이후 둘은 종종 그곳에서 만나며 은밀한 만남을 가졌어요. 전세는 나날이 기울어 가고 있었어요. 은혜는 명준에게 부지런히 만나자고 다짐했지만, 유엔 공군의 폭격으로 죽고 말았어요. 이전에 은혜는 명준에게 딸을 가졌다고 이야기했어요.

전쟁이 멎었다는 소식을 들었을 때 명준은 깊은 수렁에 빠졌어요. 그에게는 북으로 갈 이유도, 남으로 갈 이유도 없었어요. 그러나 포로가 된 명준은 둘 중 하나를 골라야만 했어요. 지식인인 명준에게 남한과 북한은 서로의 지도층이 되어 달라고 부탁했어요. 하지만 명준의 태도는 단호했어요.

"중립국."

그는 아무도 자신을 모르는 곳에서 광장이든 밀실이든 아무것도 생각하지 않고, 지난 일에서 벗어나 살려고 했어요.

중립국으로 향하는 배 안, 명준은 알 수 없는 그림자들이 계속 자신을 따라다닌다는 것을 인식했어요. 알고 보니 갈매기였어요. 선장은 갈매기가 사랑했던 연인이라며 우스갯소리로 이야기했어요. 명준은 작은 갈매기와 함께 다니는 저 갈매기는 분명 은혜고, 작은 것이 딸이라고 생각했어요. 그 순간 명준은 무어라 정의할 수 없는 감정을 느꼈어요. 명준은 배 뒤쪽에서 물결의 소용돌이를 보다가 결국 바다에 뛰어들었어요. 더 이상 이명준은 없었어요.

Q. 명준이 남한도 북한도 아닌 중립국을 선택한 이유는 무엇일까요?

소설을 탐구하다

최인훈을 알다

최인훈(1936~2018)은 6·25 전쟁 중 월남했어요. 서울대학교 법학과에 입학했지만 법학보다 문학에 더 관심이 많아 글쓰기에 몰두했어요. 군 복무 중에도 작품을 쓰다가 1959년에 소설가로 데뷔했어요. 최인훈은 분단된 조국에서 청년이 겪는 고민과 아픔을 그린 《광장》으로 큰 주목을 받으며 우리나라 현대문학을 대표하는 작가가 되었어요. 이후에는 사회 문제와 인간 내면을 깊이 탐구하는 작품들을 써냈어요. 1970년대 이후에는 희곡을 쓰기도 했지만, 사람들은 여전히 그를 '광장의 작가'로 기억해요. 그는 글을 통해 시대의 고민과 인간 내면을 깊이 성찰한 소설가였답니다.

평면적 인물과 입체적 인물

소설의 인물은 성격 변화 여부에 따라 평면적 인물과 입체적 인물로 나뉘어요. 평면적 인물은 처음부터 끝까지 성격의 변화가 없는 인물로, 주로 고전 소설에 많이 등장해요. 반대로 환경의 변화나 사건의 전개 과정에 따라 성격이 발전하거나 변화하는 인물을 입체적 인물이라고 해요. 주로 현대 소설에 등장하는데, 처음에는 착한 사람이었지만 어떤 일을 계기로 나쁜 사람으로 바뀐다거나 반대로 처음에는 나쁜 사람이었는데 잘못을 뉘우치고 착한 사람이 되는 경우가 입체적 인물이라고 할 수 있어요. 이 소설에서는 성격의 변화를 살필 수 없는 윤애나 은혜 등은 평면적 인물이라고 볼 수 있고, 진정한 광장을 찾아 헤매다 마지막에 바다에서 깨달음을 얻는 명준은 입체적 인물이라고 볼 수 있어요.

의식의 흐름과 내적 독백

의식의 흐름 기법과 내적 독백은 인물의 마음속 생각을 보여 주는 방법이에요. 하지만 생각을 드러내는 방식에는 차이가 있어요.

의식의 흐름 기법은 떠오르는 생각을 정리하지 않고 인물의 마음을 그대로 써 내려가는 거예요. 시간의 흐름에 따라 이야기가 전개되는 일반 소설과 달리 한 사람의 내면을 그대로 받아 적는 형식이에요. 생각을 그대로 적는 것이라 과거의 기억, 지금 느끼는 감정, 앞으로의 걱정이 뒤섞여 나타나며, 앞뒤 내용이 갑자기 바뀌기도 해요. 문장이 끊기거나 산만하게 느껴질 수 있어요. 하지만 우리가 평소 생각할 때 아무런 관련이 없는 생각이 툭 튀어나오는 것처럼 우리 생각이 실제로 흘러가는 모습을 그대로 보여 주기 위한 것이죠.

내적 독백은 인물이 마음속으로 하는 말을 옮겨 적는 서술 방식이에요. 머릿속에서 혼잣말을 하듯 자신의 생각과 감정을 표현하는 형식이지요. 의식의 흐름처럼 인물의 내면을 보여 주지만 떠오르는 생각을 그대로 적기보다 말하듯이 어느 정도 정리해서 서술해요. 그래서 생각의 흐름이 비교적 분명하고 문장도 자연스럽게 이어지는 경우가 많아요. 독자는 인물이 무엇을 생각하고 왜 그런 선택을 하는지 쉽게 이해할 수 있어요.

의식의 흐름 기법은 인물의 혼란스러운 마음 상태를 생생하게 느끼게 하는 방법이고, 내적 독백은 생각을 이해하기 쉽게 보여 주는 방법이에요. 《광장》은 혼란스러운 주인공의 마음을 의식의 흐름으로 보여 주고 있어요.

광장과 밀실

이 작품에서 가장 중요한 배경은 '광장'과 '밀실'이에요. '밀실'은 자신만의 내밀한 삶의 공간이고 '광장'은 사회적 삶의 열린 공간이에요. 바람직한 삶은 두 가지 삶의 방식이 상호작용하며 균형을 이루는 과정에서 한 사회의 역사를 주체적으로 수용하며 스스로 변화할 수 있어야 해요.

명준은 개인 이익만 추구하는 남한을 보며 밀실을 떠올려요. 어떤 이데올로기나 사회를 발전시키려는 노력 없이 개인 이익만 추구하는 공간이 남한이에요. 남한에 환멸을 느낀 명준은 월북해요. 그러나 월북한 후 맞이한 북한의 광장은 생각과 달랐어요. 북한의 광장은 개인적인 삶보다 전체와 사회를 먼저 생각하는 사회적인 공간이었어요. 명준은 북한에는 삶의 중요한 부분인 자유가 없고 이데올로기만 중시한다는 걸 깨달았어요.

중립국

명준은 자신이 찾던 광장과 밀실이 조화를 이룬 공간을 결국 찾지 못했어요. 좌절한 명준은 포로가 되어 가고 싶은 국가를 선택할 때 중립국을 선택해요. 그가 중립국을 가고 싶었다기보다는 남한과 북한 둘 다 가고 싶지 않아 중립국을 선택한 거죠. 그러나 아마 중립국도 명준이 생각하는 이상적인 공간은 아닐 거예요. 이러한 생각까지 하게 된 명준은 중립국으로 가는 도중에 자살을 선택해요. 명준이 끝까지 자신이 생각하던 이상을 추구하지 못하고 좌절하며 자살을 선택한 것은 이 작품의 한계라고 볼 수 있어요.

빨갱이

빨갱이는 '공산주의자를 속되게 이르는 말'이라고 표준국어대사전에 명시되어 있어요.

빨갱이라는 말의 어원은 두 가지 설이 있어요. 하나는 공산주의 게릴라 유격대를 부르는 말인 파르티잔에서 유래했다는 설이에요. 파르티잔은 러시아어로 발음하면 빠르찌짠에 가까워요. 이것을 우리말로 빨치산이라고 부르게 되었고, 빨치산이라는 단어에서 빨갱이라는 말이 왔다는 거예요. 또 하나는 공산주의를 상징하는 색인 빨간색에서 '빨강'과 '그것과 관련된 일을 직업으로 하는 사람'을 뜻하는 '쟁이'가 합쳐져 빨갱이라는 말이 생겼다는 설이에요.

월북한 지식인들

월북자는 해방 이후 남한에서 북한으로 넘어간 사람을 뜻해요. 월북자가 나타나게 된 첫 번째 계기는 미군정 시기에 공산주의자 또는 사회주의자들에 대한 탄압이었어요. 박헌영을 비롯한 남조선로동당(남로당) 활동가들이 월북했지요. 또 문학가, 예술가 등 지식인들이 사회주의 이념 활동을 위해 월북했어요. 두 번째 계기는 남북협상과 정부 수립 과정이었어요. 통일 정부 수립을 목표로 하는 남북협상 과정에 북으로 갔다가 그곳에 남은 사람들도 있고, 북한 정부 수립에 합류한 경우도 있어요.

6·25 전쟁 중 서울이나 지방에 있던 사회주의자와 지식인 들이 인민군 후퇴 시 북한으로 갔으며 동시에 많은 인사가 납북되기도 했어요. 소설《광장》에서 명준의 아버지가 월북했는데 아마 첫 번째 계기에 해당하는 것으로 보여요. 그다음으로 명준이 월북했는데, 당시에는 민족과 사회를 하나로 보는 시각에서 분단 인식이 뚜렷하지 않아 월북과 월남을 심각하게 생각하지 않았을 거예요.

한국에서 월북자는 정치적으로 북한을 지지하는 사람, 사상적으로는 공산주의자로 봤어요. 남한은 이데올로기 대립으로 월북자를 부정적으로 바라봤어요. 월북자의 가족들은 온갖 사회적 편견을 견뎌야 했고 월북자의 문학과 예술 작품은 금지되었어요. 1988년에 이르러 정부 수립 이전의 순수 예술 작품에 한해 금지가 풀렸어요.

박헌영

명준의 아버지 이형도는 박헌영 밑에서 남로당 활동을 하다가 월북했어요. 명준의 아버지인 이형도는 실존 인물이 아니지만 박헌영은 실존 인물이에요. 박헌영은 일제강점기 때 공산주의자, 독립운동가, 언론인, 노동운동가였던 인물이에요. 공산주의 계열의 독립운동가이자

마르크스-레닌주의자이기도 했어요. 박헌영은 해방 이전 공산당 관련 사건으로 세 차례에 걸쳐 10년 가까이 복역했어요. 1945년 조선공산당을 재건하고 당 책임 비서에 취임했어요. 미군정 시기에 지하조직으로 활동하던 국내 좌익 단체를 통합해 남조선노동당을 창당하기도 했어요. 이후 남조선노동당 부위원장에 선출되었지만, 1946년 7월 정판사 위조지폐 사건을 계기로 미군정이 좌익 세력에 대해 탄압을 강화하자 월북해 북한 부수상 겸 외무장관을 역임했어요. 그 뒤 계속 북한에 머물며 남로당 활동을 지도했지만, 6·25 전쟁 이후 전쟁의 책임을 묻는 과정에서 숙청되었어요.

남로당

남로당은 남조선로동당을 줄인 말로 1946년 조선공산당, 남조선신민당, 조선인민당의 합당으로 결성된 남한의 공산당이에요. 독립 이후 남한에 여러 좌파 정당이 있었지만 정판사 위조지폐 사건 등으로 조선공산당의 활동은 거의 정지 상태였기 때문에 남한 내의 사회주의, 공산주의 세력을 재정비하고자 남조선로동당을 조직했어요. 이때 위원장은 허헌, 부위원장은 박헌영이었어요. 남로당은 초기에는 주로 합법적으로 남한에서 사회주의, 공산주의 운동을 하였고, 노동자, 농민 등을 선동해 각종 파업 투쟁을 주도했어요.

거제 포로수용소

명준이 포로로 잡혀 있었던 수용소가 거제 포로수용소에요. 거제 포로수용소는 6·25 전쟁 중에 붙잡은 북한군과 중공군 포로를 수용하려고 세워졌어요. 전쟁 동안 전국에 세워졌던 포로수용소 중 가장 규모가 컸으며 17만 명 넘게 수용되었다고 해요. 물과 식량을 구하기 쉽고 섬이기 때문에 포로 관리에 필요한 인력과 비용이 적게 들어 거제도에 포로수용소를 지었다고 해요. 포로수용소는 냉전 시대 이념 갈등의 축소판 같은 모습이었어요. 1953년 휴전협정이 맺어지며 수용소는 폐쇄되었어요.

중립국을 선택한 포로들

유엔군 측에 수용된 포로 중에는 남과 북도 아닌 제3국 송환을 희망하는 포로들이 있었어요. 1954년 2월 21일 오전 10시 30분, 전쟁 포로 88명은 인도로 가는 아스토리아 호에 올라탔어요. 인민군 포로 74명, 국군 포로 2명, 중국군 포로 12명이었어요. 이들 88명의 포로가 제3국을 선택하게 된 것은 무슨 뚜렷한 이념 때문이 아니라 전쟁이 없고, 좌우 이념 대립이 없는 세상에서 살고 싶었기 때문이에요. 소설《광장》의 주인공은 바로 이들을 모델로 했어요. 이들 중 상당수는 다시 남한이나 북한, 고국으로 돌아갔어요. 그때 제3국으로 간 포로들은 인도, 브라질, 아르헨티나 등지에서 이민 1세대가 되었지요.

목넘이 마을의 개
주인 없는 개지만 그래도 살 거야

"파투웨다."

《목넘이마을의 개, 곡예사》, 황순원, 문학과지성사, 1999

신둥이(흰둥이): 마을 곳곳에서 겨와 밥을 핥으며 생존. 순하고 약한 존재이나 인간에게 오해받고 쫓김

검둥이, 바둑이, 누렁이: 처음부터 신둥이를 경계하지 않으며 교감. 후에 신둥이를 따라다녔다는 이유로 죽임을 당함

큰 동장, 작은 동장: 신둥이를 미친개로 오해하고 폭력을 행사

간난이 할아버지: 유일하게 신둥이에게 연민을 느끼고 보호하려는 인물

차손이 아버지: 신둥이가 임신했음을 알아챔

　목넘이 마을은 사방이 산으로 둘러싸여 어디를 가려고 해도 목*을 넘어야 해서 그렇게 불렸어요. 이 마을에 서북간도로 떠나는 이사꾼들이 자주 들러 우물가에서 목을 축이고 쉬다 가곤 했어요. 어느 해 봄날, 방앗간에 떠돌이 암캐 신둥이가 나타났어요. 배가 고픈 신둥이는 간난이네 집 울타리를 넘고 동장네 방앗간을 기웃거리며 겨를 핥았어요.

　방앗간을 나온 신둥이(흰둥이)는 바로 옆인 간난이네 집 수수깡 바잣문** 틈으로 들어갔어요. 신둥이는 토방 앞에 엎디어 있던 간난이네 누렁이를 보고 깜짝 놀라 달아났어요. 신둥이는 목넘이 마을 주인인 동장네 형제의 기와집에서 사용하는 방앗간을 보았어요. 그때 큰 동장네 검둥이가 다가왔어요. 검둥이는 신둥이가 암캐인 걸 알고 공격하지 않았어요. 저녁에 검둥이가 집으로 가자 신둥이는 따라가서 검둥이가

★　**목**: 다른 곳으로 빠져나갈 수 없는 중요한 통로의 좁은 곳

★★ **바잣문**: 바자로 만든 울타리에 낸 사립문

먹고 남은 밥을 핥아먹었어요. 돌아오는 길에 작은 동장네 바둑이를 만났어요. 신둥이는 바둑이의 입에서 밥 냄새를 맡았어요. 바둑이를 따라가 바둑이가 남긴 밥도 핥아먹고 나서야 방앗간으로 갔어요. 그렇게 신둥이는 양 집을 다니면서 밥을 얻어먹었어요.

다음 날 사람들이 곡식을 찧으러 왔어요. 신둥이가 가까이 가자 사람들은 거추장스럽다며 신둥이의 허리를 밀어 찼어요. 한창 방아를 찧고 있는데 작은 동장이 쌀을 잘 찧고 있는지 확인하러 왔다가 신둥이를 발견했어요.

"이게 누구네 가이(개)야?"

묻자마자 작은 동장이 신둥이의 허리를 찼어요. 신둥이는 놀라며 달아났지만 이 방앗간을 떠날 수는 없어 다시 돌아왔어요. 방아를 찧은 방앗간에는 아직 쌀겨가 많이 남아 있었고 신둥이는 그것을 핥으며 배를 채웠어요. 어느 날 큰 동장이 신둥이를 보고 이놈의 가이새끼, 하고 발을 굴렀어요. 작은 동장도 따라와 외쳤어요. 이들은 신둥이를 미친개라고 오해하고 신둥이를 몰아냈어요.

그날 밤, 동네 사람들이 모여 미친개 이야기와 김선달이 전에 들었던 이상한 개 울음소리에 대해 이야기를 나눴어요. 그 이야기를 듣던 간난이 할아버지는 그 말이 그럴듯하다고 생각했지만 미친개로 보이지 않더라는 마누라의 말이 떠올라 자기가 직접 보지 않고는 참말로 미쳤는지 알 수 없는 일이라고 했어요. 이때 벌써 신둥이는 어둠 속에서 동장네 집들을 찾아갔어요. 검둥이와 바둑이는 신둥이를 맞아 주었어요. 신둥이는 검둥이와 바둑이가 남긴 밥을 핥아먹고 서쪽 산 밑을 향했어요.

다음 날 일찍 간난이 할아버지가 방앗간에 엎드려 있는 신둥이를 발견했어요. 미친개면 죽이겠다고 생각하고 다가갔어요. 그런데 아무리 봐도 미친개는 아닌 것 같았어요. 그저 눈곱이 끼어 있는 겁먹은 눈이었어요. 신둥이는 할아버지가 자신을 해치려는 사람이 아니라는 걸 안 듯 뒷다리 사이로 껴 넣었던 꼬리를 약간 들었어요.

그 후 신둥이는 큰 동장과 작은 동장이 집에서 나가면 검둥이와 바둑이가 남긴 밥을 핥아먹고, 방앗간의 겨도 핥았어요. 간난이 할아버지는 아침마다 수수깡 바잣문을 나서는 신둥이의 뒷모습을 보곤 했어요.

어떤 날 밤 신둥이가 큰 동장네 검둥이가 남긴 밥을 핥고 있는데 동장이 몽둥이를 들고 살금살금 다가왔어요. 신둥이는 그 순간 대문으로 달아났어요. 그 순간 큰 동장은 신둥이의 눈에서 이상한 푸른 빛을 보았어요. 정말 미친개라는 생각이 들었지만 고함을 지를 수 없었어요. 다음 날 큰 동장은 만나는 사람마다 미친개가 눈알에 새파란 홰를 세워서 달려드는 걸 겨우 쫓았다고 했어요. 사람들은 개를 처치해야겠다고 생각했어요.

신둥이 편에서도 조심하는 듯 누구의 눈에도 띄지 않았어요. 며칠 후 김선달이 미친개가 눈에 홰를 켜고 큰 동장네 검둥이, 작은 동장네 바둑이, 또 누구네 개인지 모르겠지만 한 마리를 데리고 있더라고 했어요. 낮 동안 동장네 뒷산에서 으르렁거리는 개 소리를 들었다는 사람도 많았고요. 그들은 미친개를 처리하지 못한 것이 잘못이라고 분해했어요.

　검둥이와 바둑이, 누렁이가 집에 돌아오자 마을 사람들은 이 개들도 미쳤다고 생각하고 개를 죽였어요. 큰 동장과 작은 동장은 자기네 개 외에도 미친개를 따라다니는 개가 한 마리 더 있다고 하는데 누구네 개인지 빨리 처치하라고 했어요. 만일 숨겼다가 드러나면 가만두지 않겠다는 말도 했어요. 그래도 간난이 할아버지는 누렁이를 그냥 두었어요. 누렁이는 두 달이 지나도 미쳐 나가지 않았어요.

　신둥이를 본 차손이 아버지는 신둥이가 홀몸이 아니라고 했어요. 사람들은 신둥이를 잡으려고 밤에 방앗간으로 갔어요. 신둥이를 잡으려 하자 신둥이의 눈에 새파란 불이 켜졌어요. 문득 간난이 할아버지는 이 새파란 불이 뱃속에 든 새끼의 몫까지 합쳐진 것 같다는 생각이 들었어요. 간난이 할아버지는 짐승이라도 새끼 밴 것을 차마 죽일 수 없다고 생각했어요. 사람들이 신둥이를 잡으려 하자 신둥이는 간난이 할아버지 다리 옆으로 빠져나갔어요.

　이런 일이 있은 지 한 달쯤 뒤 간난이 할아버지는 겨울나무 준비를 위해 험한 산골로 나무를 하러 갔어요. 무심코 옆으로 고개를 돌린 간난이 할아버지는 강아지들이 잠들어 있는 것을 보았어요. 그리고 저만큼에서 신둥이가 이쪽을 지키고 있는 것도 보았어요. 간난이 할아버지는 새끼들을 보았어요. 다섯 마리 강아지는 누렁이, 검둥이, 바둑이가 섞여 있었어요. 간난이 할아버지는 그 이야기를 누구에게도 하지 않겠다고 마음먹었어요.

　이 이야기는 내가 중학교 이삼 학년 여름방학 때 외가에 있는 목님이 마을에 가서 들은 이야기로 간난이 할아버지와 김선달, 차손이 아버지가 서산 앞 우물가 능수버들 아래에서 이런저런 이야기 끝에 한 이야기예요. 간난이 할아버지는 나무하러 가서 아무도 모르게 강아지들을 돌보았다고 해요. 강아지가 밥을 먹을 수 있게 됐을 때 집안 사람들에게 강아지를 한 마리씩 주었다고 해요.

이런 이야기 끝에 간난이 할아버지 집에서 기르는 개가 신둥이의 증손녀라고 하며 원체 종자가 좋아 지금 목넘이 마을에서 기르는 개란 개는 거의 다 신둥이의 증손 아니면 고손이라고 했어요. 그 후 신둥이가 어떻게 되었냐고 묻자 할아버지는 신둥이가 사냥꾼의 총에 맞아 죽었다는 소문이 있었는데, 그 후 통 보지 못했다고 대답했어요. 나는 물어본 것을 후회했어요.

Q. 이 글의 주인공인 신둥이는 어떤 특징이 있는 것 같나요?

소설을 탐구하다

황순원과 월남

황순원(1915~2000)은 1915년 평안남도 대동군에서 태어났어요. 그의 집안은 지주 계급으로 당시로서 꽤 부유한 편이었어요.

1945년 우리나라가 일제로부터 해방되었어요. 하지만 곧 남과 북으로 나뉘었고 북쪽은 소련군이 점령했어요. 소련은 북한에 공산주의 체제를 도입했고, 사회주의적 개혁이 시작되었어요. 그중 가장 큰 변화가 토지 개혁이었어요. 북한의 토지 개혁은 지주에게 토지를 무상으로 빼앗아 농민에게 무상으로 분배하는 것이었어요. 땅을 많이 가진 지주 계급은 더 이상 토지를 소유할 수 없었고, 오히려 반동분자나 계급의 적으로 몰려 정치적 탄압을 받아 학살당하거나 오지로 추방되기도 했어요.

토지를 빼앗기고 목숨까지 위험한 상황은 큰 위협이 되었을 거예요. 결국 황순원은 1946년 가족의 안전과 생존을 위해 월남을 결심했어요. 황순원의 월남은 해방 후 남북분단과 이념 대립이라는 우리 현대사의 비극을 상징해요.

목넘이 마을이라는 공간

소설에서 배경은 매우 중요한 역할을 해요. 작품의 내용이나 분위기, 등장인물의 행동 등을 형성하거든요. 이 작품의 배경인 목넘이 마을이라는 공간도 매우 중요한 역할을 해요. 남쪽 사람들이 북쪽으로 가는 도중 잠깐 머무르는 곳이라는 것을 통해 우리 민족이 북쪽으로 떠났던 때를 상징해요. 일제강점기 우리나라의 현실이지요. 이 마을에 유랑민이 스쳐 지나가는 일은 곧 만주나 간도 등으로 떠났던 식민지 백성의 삶을 그대로 보여 주는 거라고 볼 수 있어요.

주인공인 신둥이도 다른 마을에서 흘러 들어와요. 유랑민의 대열에서 떨어진 거예요. 고향을 잃고 떠나지만 끝까지 살아남으려 애쓰는 모습이 일제강점기에 우리 민족의 모습과 닮지 않았나요?

액자 소설

《목넘이 마을의 개》는 일종의 액자 소설로서 작품이 시작할 때 배경을 제시하는 프롤로그가 있고, 마지막 부분에서는 이 이야기를 다른 마을에서 들었다고 하면서 전승되는 이야기를 소설화했다는 것을 밝히는 에필로그가 있어요.

이러한 액자 구성은 '외화-내화-외화'의 형태로 이루어져 있고 주로 화자가 다른 사람에게 들은 이야기를 전달하는 형식으로 이야기가 전개돼요.《목넘이 마을의 개》에서 화자인 '나'가 노인으로부터 이야기를 듣는 외화는 작품의 처음과 끝에 등장해요. 내화는 노인이 들려주는 목넘이 마을의 이야기로 신둥이와 관련된 사건들을 다루고 있어요. 이러한 액자식 구성은 작품의 현실감을 더하고 독자가 이야기 속 상황에 몰입하도록 돕는 역할을 해요. 이러한 방식을 통해 내부의 이야기가 허구가 아니라 실제임을 강조하는 동시에 설화를 이야기하는 듯한 신비한 분위기를 만들어 줘요.

신둥이와 간난이 할아버지

작품의 주인공인 신둥이는 단순한 동물이 아니에요. 신둥이는 표준어로 '흰둥이'라는 말인데, 바로 백의민족인 우리 민족을 상징해요. 신둥이는 먹고 살기 위해 힘겨운 삶을 살아가면서 미친개로 오해를 받는 등 온갖 고초를 겪지요. 그래도 신둥이는 결코 포기하지 않아요. 특히 마을의 권력자인 동장에게 쫓기는 모습은 일제강점기 일본이나 외세의 압박을 받으면서 살아가는 우리 민족의 모습을 상징적으로 보여 준다고 볼 수 있어요. 신둥이는 수많은 고초를 겪지만 결국 이겨 내고 새끼들을 낳아요.

　간난이 할아버지는 신둥이가 생명을 품고 있다는 것을 알고 신둥이를 도망가게 해 줘요. 그것은 간난이 할아버지가 생명에 대한 존중과 외경심을 갖고 있기 때문이에요. 간난이 할아버지는 나중에 신둥이의 새끼들도 보살펴 줘요. 간난이 할아버지의 도움을 받아 신둥이는 목넘이 마을에 자손을 퍼뜨리고 마을 사람들은 대부분 신둥이의 자손을 길러요. 이것은 우리 민족이 얼마나 강인하고 끈질긴지, 또 많은 시련을 겪었지만 끝내 강한 생명력으로 이겨 내고 그 생명력이 이어질 수 있다는 것을 보여 준답니다.

월남인

　월남인은 북한에서 한국으로 이주한 사람들을 뜻해요. 월북인과는 반대의 경우죠. 해방 시기부터 6·25 전쟁 시기까지 38선을 넘어서 월남한 사람들이 많았어요. 해방 이후 6·25 전쟁 이전에 월남한 사람들은 북한에서 이루어지는 사회주의 정책에 반대하고 저항하는 사람들이 대부분이었어요. 본래 남한에 고향을 두었으나 일제강점기에 강제로 북으로 이주했던 사람들, 만주로 이주했다가 북한을 거쳐 고향으로 돌아온 사람들도 있었어요. 6·25 전쟁 때에는 38선이 무너진 상태에서 전선이 바뀌는 상황에 월남한 사람들도 있었어요. 특히 중공군의 참전으로 유엔군이 후퇴하면서 이북 지역을 탈출해 남한으로 많이 내려왔어요. 이들은 곧 고향으로 돌아갈 수 있을 거라고 생각했는데 휴전선이 생기면서 고향인 북한으로 가지 못하고 남한에 정착했어요. 월남인과 월북인 모두 남북 분단 상황에서 나타난 비극 중 하나예요.

남과 북으로 나뉜 1948년의 아픔

이 작품은 1948년에 발표된 작품이에요. 이 시기는 해방 이후 남과 북이 나뉘고 사람들이 서로 다른 생각과 체제를 가지면서 갈등이 심해 졌던 때였어요. 사람들은 서로를 믿기 힘들어했고 조금이라도 다르면 두려워하거나 멀리했어요. 그 시절을 살아간 사람들은 자신의 편이 아니라고 느끼는 사람들을 경계했어요. 가족이나 마을을 해치지 않을까 걱정이 되었기 때문이에요. 하지만 걱정이 지나쳐서 아무 잘못도 하지 않은 사람들까지 오해하고 밀어내기도 했어요.

이 작품 속의 신둥이는 아무 잘못도 없어요. 하지만 사람들은 신둥이를 오해하고 쫓아내려 했어요. 마치 서로를 이해하지 못하고 다른 사람들을 두려워했던 그 시대 사람들의 마음을 보여 주는 거라고 볼 수 있어요.

작가는 간난이 할아버지를 통해 이런 상황 속에서도 생명을 지키려 애쓰고, 상대를 이해하려는 사람도 있었다는 이야기를 하고 싶었던 것 같아요. 간난이 할아버지의 이런 마음 덕분에 신둥이 새끼들은 마을에서 살 수 있었어요. 비록 사람들이 서로를 오해하고 밀어내던 아픈 시대였지만 그 가운데서도 생명을 아끼고 다른 존재를 이해하려는 따뜻한 마음이 있었어요. 여러분도 생명을 아끼는 따뜻한 마음을 갖길 바라요.

삼포 가는 길

도시 개발로 고향을 잃었어

"내 이름 백화가 아니에요. 본명은요… 이점례예요."

《삼포 가는 길》, 황석영, 문학동네, 2020

인물 관계도

가출한 젊은 여성

떠도는 노동자

노년의 조선공

영달: 일자리를 찾아 떠돌아다니는 노동자

정씨: 공사장에서 노동하며 살아감. 고향이 변해 돌아갈 곳을 상실함

백화: 술집에서 일하며 산전수전을 다 겪은 인물

영달은 어디로 갈 것인지 궁리하며 잠깐 섰어요. 겨울이 오면 공사가 연기될 테고 오래 머물 수 없다는 것을 진작부터 예상했어요. 누군가 영달 쪽을 보며 밭고랑을 지나 걸어왔어요. 영달도 낯이 익은 사내였어요. 공사장이나 마을 어귀 주막에서 가끔 지나친 적이 있는 얼굴이었거든요. 가까이 보니 영달보다 대여섯 살쯤 더 나이 들어 보였어요. 그 사내에게 어디로 가냐고 묻자 사내는 고향인 삼포에 간다고 했어요.

그 남자는 정씨였어요. 영달은 말동무라도 있었으면 싶어 정씨의 뒤를 따라갔어요.

한참을 걷다가 꽁꽁 언 강을 가로질러 가기로 했어요. 살얼음 조각들이 날려 얼굴을 따갑게 때렸어요. 영달이 다릿목에서 버스를 기다릴걸 그랬다고 투덜대자 정씨가 버스는 자주 끊기는 데다 돈을 아껴야 한다고 했어요. 영달도 정씨의 말에 동의했어요. 삼포는 남쪽 끝에 있는 아름다운 작은 섬이라고 했어요.

두 사람은 읍내로 들어갔어요. 읍내는 아직 조용했어요. 그들은 어느 읍내나 있는 '서울식당'이라는 주점으로 들어갔어요. 뚱뚱한 여자가 큰 솥에 우거지국을 끓이고 있었고 주인인 듯한 사내와 동네 청년 둘이 색시가 도망을 쳤다며 떠들어 대고 있었어요. 서울식당이 백화 때문에 장사가 잘됐는데 그 백화가 도망쳤다고 했어요.

뚱뚱보 여자가 스물두셋쯤 되고 머리는 긴 데다 외눈 쌍꺼풀인 여자를 만나면 만 원을 줄 테니 잡아 와 달라고 했어요. 그들은 그러겠다고 하고 일어섰어요. 마을 외곽을 지날 때 눈발이 날리더니 허공에 차츰 흰색이 빡빡해졌어요. 작은 마을을 지날 때쯤 해서는 큰 눈송이를 이룬 함박눈이 펑펑 쏟아졌어요. 눈이 찰져서 걷기에는 그리 불편하지 않았고 눈보라도 포근한 듯 느껴졌어요. 두 사람은 탐스러운 눈송이를 보며 이야기를 나눴어요. 영달은 비각 처마 끝에 회색으로 퇴색한 채 매어져 있는 새끼줄을 끊어 발에 발감개를 했어요. 두 번째 마을을 지날 때 눈발이 차츰 걷혔어요. 그들은 구멍가게에서 소주 한 병을 땄어요. 속이 화끈거렸어요.

송림 사이를 지나는데, 뒤에 처져서 걷던 영달이 어딘가를 가리키며 말했어요. 그곳에는 쭈그려 앉은 여자의 등이 보였어요. 붉은 코트 자락을 위로 쳐들고 쭈그린 꼴이 아마도 소변이 급해서 외진 곳을 찾은 모양이에요. 속곳을 올리다가 깜짝 놀란 여자가 재빨리 코트를 내리고 보퉁이를 집어 들면서 투덜거렸어요. 영달은 낄낄 웃고 정씨는 외눈 쌍꺼풀이라고 속삭였어요.

"참샘에서 뺑소니 치는 길이요?"

여자가 휙 돌아서서 영달의 앞가슴을 밀어내자 영달이 나가떨어졌어요.

"이거 왜 이래? 이래 봬도 인천 노랑집에다, 대구 자갈마당, 포항 중앙대학, 진해 칠구, 모두 겪은 년이라구. 치사하게 뚱보 돈 먹자구 나한테 공갈 때리면 너 죽구 나 죽는 거야."

영달이 말했어요.

"치사하다면 그런 짓을 하지 않겠소."

정씨가 어디까지 가냐고 물었어요. 백화는 남쪽인데 떠난 지 한 삼 년 정도 됐다며 집에 간다고 했어요. 영달이 말했어요.

"이런 여자들은 내일 당장이라도 집에 돌아갈 것처럼 말하지."

"밤마다 내일 아침에 고향으로 가겠다고 작정하지만 마음뿐이지요. 백화라는 이름은 가명이지만 본명은 아무에게도 가르쳐 주지 않아요."

백화는 그 사람들에게 손해 끼친 거 하나도 없다고 했어요. 이제 술과 밤은 지긋지긋하다며 여승이나 됐으면 좋겠다고 했어요. 그렇게 세 사람은 함께하게 되었어요. 걸을수록 백화는 말이 많아졌고, 걸음은 자꾸 처졌어요. 백화는 자기 보퉁이 안에 헌 속치마 몇 벌, 빤스, 화장품이 들었다며 속치마 꼴이 자신의 신세처럼 하두 빨아서 빛이 바래고 재봉실이 너덜너덜하게 닳아 끊어졌다고 했어요.

한참 동안 걷던 세 사람은 길가에 폐가가 보이자 불을 지펴 몸을 녹였어요. 불이 생기니까 세 사람 모두 지금 막 집에 도착한 느낌이 들었어요. 영달이 긴 나무를 무릎으로 꺾어 불 위에 얹고, 눈물을 흘려 가며 입김을 불어 대는 모양을 백화는 이윽히 바라보고 있었어요.

어두워지자 다시 길을 떠났어요. 그런데 백화가 고랑에 빠져 꼼짝

못 하자 영달이 백화를 업었어요. 백화가 무겁지 않냐고 물었지만, 영달은 대꾸하지 않았어요. 등이 불편하지도 않았고 어쩐지 가뿐한 느낌이었어요. 아마 쇠약해진 탓이리라 생각하니 영달은 어쩐지 대전의 옥자가 생각나서 눈시울이 화끈했어요.

그들은 일곱 시쯤에 감천 읍내에 도착했어요. 백화는 전라선으로 간다고 했어요. 그들은 장터 모퉁이에서 따뜻한 온기가 남은 팥시루떡을 사 먹었어요. 백화가 자기를 업고 오느라 기운이 들었을 거라며 자기 몫에서 절반을 떼어 영달에게 내밀었어요. 백화가 영달에게 갈 곳이 없으면 고향에 함께 가자고 했어요. 영달은 아무 말이 없었어요. 정씨가 영달을 한쪽으로 끌고 가서 좋은 여자 같으니 같이 가라고 했어요.

영달은 뒷주머니에서 꼬깃꼬깃한 오백 원짜리 두 장을 꺼내서 표를 사고 삼립빵 두 개와 찐 달걀을 사며 백화에게 자기들은 뒷차를 탈 테니 잘 가라고 했어요. 영달이 내민 것들을 받아 쥔 백화의 눈이 붉게 충혈되었어요. 여자는 더듬거리며 물었어요.

"아무도… 안 가나요."

백화가 보퉁이를 들고 일어서며 잊어버리지 않겠다고 다짐했어요. 개찰구로 가다가 다시 돌아온 백화는 눈이 젖은 채 웃고 있었어요.

"내 이름 백화가 아니에요. 본명은요… 이점례예요."

그들은 나무 의자에 기대 한 시간쯤 잤어요. 정씨 옆에 있던 노인이 말을 걸었어요. 정씨는 삼포에 간다고 했어요. 노인은 아들이 거기서 도자를 끈다고 하자 정씨가 놀랐어요. 삼포는 이제 바다에 방둑을 쌓아 놓고, 트럭이 수십 대씩 돌을 실어 나르는 복잡하기 말할 수 없는 육지라고 했어요. 작정하고 벼르다가 찾아가는 고향이었지만 정씨에게 낯설었어요. 영달이 거기서 공사판 일을 하면 되겠다고 말했지만 정씨는 발걸음이 내키질 않았어요. 마음의 정처를 잃어버렸기 때문이에요. 어느결에 정씨는 영달과 똑같은 입장이 되었어요. 기차는 눈발이 날리는 어두운 들판을 향해서 달려갔어요.

Q. 영달과 정씨, 백화는 왜 고향을 버리고 떠돌며 살게 되었을까요?

소설을 탐구하다

황석영을 알다

황석영(1943~)은 우리나라를 대표하는 소설가로 만주에서 태어나 해방 후 서울에서 자랐어요. 어린 시절부터 글을 잘 써서 고등학생 때부터 큰 주목을 받았어요. 젊을 때 방황했지만 베트남 전쟁에서의 경험이 소설에 큰 영향을 주었어요. 전쟁이 남긴 아픔과 사람들의 삶을 깊이 담아낸 소설을 많이 썼거든요. 민주화 운동에도 앞장서서 광주의 아픔을 알리는 책을 쓰기도 했어요. 남북 교류에도 관심을 가져 북한에 다녀오기도 했어요. 최근에는 일제강점기부터 해방 전후 그리고 21세기까지 이어지는 노동자와 민중의 삶을 다룬 《철도원 삼대》를 발표하며 영국의 부커상 인터내셔널 부문 최종 후보에 이름을 올리기도 했어요. 황석영은 많은 역작을 선보였는데, 주요 작품으로는 《개밥바라기별》, 《바리데기》, 《황석영의 어린이 민담집》 등이 있어요.

정씨, 영달, 백화

정씨는 '삼포'라는 돌아갈 고향이 있고 그곳에 가려 했어요. 하지만 노인과의 대화로 고향이 변화된 것을 알게 되어 떠돌이가 되었어요. 영달은 갈 고향조차 없는, 한곳에 정착하지 못하는 떠돌이 노동자예요. 백화는 어려서 집을 나와 전국 술집을 떠돌아다니는 여자고요. 이들은 산업화의 흐름에서 삶의 터전을 잃고 소외되어 생계를 위해 이곳저곳을 떠돌아다니며 힘들게 살아가는 존재들이에요. 그러나 희망이 없는 건 아니에요. 백화가 다리를 다쳤을 때 영달이 백화를 업고 가는 부분, 백화가 자신의 몫인 팥시루떡을 나누어 주는 부분, 영달이 백화에게 고향 가는 표와 먹을 것을 사서 보내 주는 부분 등에서 산업화로 삶의 터전을 잃었지만, 그 사회를 살아가는 사람들은 서로 의지하고 연대 의식을 가질 수 있다는 것을 보여 주고 있어요.

계절이 겨울인 이유

《삼포 가는 길》의 배경은 겨울이에요. 겨울은 다른 계절에 비해 추위로 인한 사망이 많아요. 겨울은 가난한 사람들에게 견디기 힘든 계절이거든요. 특히 영달이나 정씨 같은 막노동자들에게 겨울은 공사조차 없어서 생계를 유지할 수단이 불안정한 계절이기도 해요. 그래서 겨울이라는 계절을 배경으로 해서 정씨와 영달 같은 막노동자들의 힘든 처지를 부각해요. 이를 통해 산업화 과정에서 소외된 노동자들의 애환을 드러낸 거죠.

삼포의 의미

'삼포(森浦)'는 '바닷가의 숲이 울창한 마을'이라는 뜻이에요. 삼포는 실제로 존재하는 곳은 아니고 작가가 작품 속에서 설정한 가상의 공간이에요. 작가는 목포를 염두에 두고 나무 목(木)을 세 번 조합한 한자어 '삼(森)'을 사용해 지명을 만들었지만, 그렇다고 목포를 모델로 했다고 보기는 어려워요. 삼포는 정씨의 고향일 뿐 아니라 언젠가 돌아가겠다고 생각하는 떠돌이들의 영원한 마음의 고향을 상징해요. 그러나 소설의 결말 부분에서 삼포가 본래의 모습을 잃고 공사판으로 변해 버렸다는 소식을 듣는데, 이를 통해 삼포는 산업화 때문에 원래 갖고 있던 성격이 바뀌어 버린 농어촌을 상징한다고 보는 게 더 적절해요.

내 이름 백화가 아니에요. 본명은요… 이점례예요.

정씨와 영달을 처음 만났을 때 백화는 자신의 본명을 말하지 않았어요. 그러나 그들에게 마음을 열게 된 백화는 기차를 타기 전 본명을 이야기해요. '내가 그의 이름을 불러주었을 때 그는 나에게로 와서 꽃이 되었다'라는 김춘수의 〈꽃〉처럼 본명을 밝힌다는 것은 상대에게 마음의 문을 열고 진정한 자신을 드러낸다는 의미예요. 백화가 정씨와 영달에게 본명을 밝힌 이유는 그들에게 신뢰와 유대감을 느꼈기 때문이에요. 백화가 자신의 본명을 이야기하는 장면을 통해 힘든 삶에서도 서로 신뢰를 가질 수 있다는 희망을 이야기하려고 한 거예요.

여로형 소설

많은 소설에서 '길'은 인생의 축소판으로 비유돼요. 사람들은 길에서 만나고 헤어지며 정서적 교감을 나눠요. 이 작품도 세 인물이 서로 교감하고 연대 의식을 갖는 공간이 바로 길이에요. 세 사람은 공사판에서 삼포라는 곳으로 향하면서 여러 일을 겪고 그들의 과거사도 펼쳐져요. 서로 다른 삶을 살아온 사람들이지만 동행하는 동안 서로 공감하고 나누어요. 이들은 외로움과 상처를 치유하려고 정신적 고향을 찾지만, 산업화로 정신적 고향은 물론 물질적 고향까지 잃어 버린 혼란스러운 시대를 살고 있어요. 하지만 마지막에 기차가 달려가는 모습을 통해 이들의 인생길은 끝나지 않을 거라는 걸 짐작할 수 있어요.

산업화와 도시화, 인류의 삶을 바꿔 놓다!

18세기 말 영국에서 시작된 산업혁명을 거치면서 농업 중심의 산업 구조가 공업 중심으로 빠르게 변화했어요. 이를 '산업화'라고 해요. 증기기관, 기계 등 새로운 기술의 발달로 대량 생산이 가능해지고 생산성이 크게 향상되었으며 새로운 산업이 발달했어요. 경제 전체의 규모가 커지고 성장하게 되면서 사람들은 풍족한 생활을 누리게 되었어요.

이러한 변화는 경제에만 나타난 것이 아니라 정치, 사회, 문화 등 사람들의 생활 양식 전반에 걸쳐 나타나며 새로운 사회로 바뀌는 근대화가 이루어졌어요. 전통적인 농경 사회에서 벗어나는 이러한 변화 중 가장 대표적인 현상이 인구 이동에 따른 '도시화'예요. 도시에서 상공업이 발달하면서 많은 농촌 인구가 도시로 모여들었어요. 도시화란 인구가 도시로 집중되어 전체 인구 중 도시에 거주하는 비율이 증가하는 현상이에요. 산업화에 따라 도시화가 빠르게 이루어지는 현상은 영국뿐 아니라 전 세계에서 공통으로 일어났어요.

우리나라의 산업화와 도시화

1960년대에 들어 경제개발 정책이 추진되면서 한국의 산업화가 본격화되었어요. 특히 정부가 수출 중심 산업화 정책을 주도하며 농업 사회에서 공업 사회로 빠르게 바뀌었어요. 1960년대는 경공업 중심, 1970년대 이후에는 중화학 공업으로 발전하며 급속한 경제 성장을 이루었고, 이를 독일의 '라인강의 기적'에 빗대어 '한강의 기적'으로 불리기도 했어요.

도시를 중심으로 산업화가 진행되면서 1960년대부터 일자리를 찾으려고 수많은 농촌 사람이 도시로 이주하기 시작했어요. 이것을 '이촌향도'라고 하는데, 서울과 부산을 비롯한 영남의 신흥 공업 도시의 인구가 빠르게 늘어났어요. 도시에 인구가 몰리면서 주택, 교통, 상하수도, 각종 공해, 빈민, 교육 등 여러 사회 문제를 낳았어요. 반대로 농촌은 젊은 층 인구가 이탈하면서 노동력 부족, 공동체 해체, 지역 불균형 등의 문제가 발생했어요.

1960~1990년대에 빠르게 진행된 산업화와 도시화는 한국인의 의식과 생활에 큰 변화를 가져왔어요. 도시로 이주한 가족은 대부분 핵가족으로 바뀌었고, 공동체 의식은 크게 약화되어 개인주의 성향이 강해졌어요. 여기에 물질적 가치를 정신적 가치보다 우선하는 물질만능주의가 널리 퍼지면서 적지 않은 사회 문제를 낳았어요.

고향 상실의 아픔

산업화, 도시화 이후 사람들은 이전 삶으로 돌아갈 수 없게 되었어요. 수많은 곳이 개발되고 도시화되어 마음을 둘 수 있는 고향이 사라졌다고 볼 수 있지요. 1960년대와 1970년대까지만 해도 대를 이어 고향에서 일가친척이 모여 살았어요. 그런데 이러한 변화가 이루어지면서 많은 사람이 고향을 떠날 수밖에 없었고 고향도 점차 변해 가면서 사람들은 정신적 공허감을 느꼈어요. 산업화, 도시화로 '정신적 안식처'인 고향을 잃게 되어 상실감을 느끼게 된 거죠. 이처럼 당시 시대적 상황을 알면 문학 작품을 읽을 때 주인공들의 내면 심리를 깊이 이해하고, 작가의 의도도 더 잘 파악할 수 있어요.

난장이가 쏘아올린 작은 공
도시 빈민들의 삶은?

굴뚝 청소를 마친 깨끗한 아이와
더러운 아이 중에서 누가 먼저 씻을까?

《난장이가 쏘아올린 작은 공》, 조세희, 이성과 힘, 2024

난장이 가족

이버지(김불이) 난쟁이지만 가족을 위해 늘 열심히 일하는 인물
어머니 자식들이 벌어 오는 돈으로 빠듯하게 생계를 유지함
김영수 첫째 아들, 은강 자동차 공장에서 일하는 노동자
김영호 둘째 아들, 은강 전기 제일 공장에서 노동자
김영희 막내딸, 은강 방직 공장에서 일하는 노동자

　　서울 낙원구 행복동이라는 곳에 아버지 김불이, 어머니, 큰아들 영수, 둘째 아들 영호, 그리고 막내딸 영희가 살고 있었어요. 이 가족은 하루하루 힘겹게 살아가는 도시의 소외 계층이었어요. 아버지 김불이는 키가 117cm밖에 안 되고 몸무게도 32kg밖에 안 되는 난쟁이였지만 가족을 위해 늘 열심히 일했어요. 칼도 갈고, 높은 건물 유리창도 닦고, 고장 난 수도도 고쳤어요. 어떤 일이든 안 해 본 일이 없을 정도였어요. 그래도 가난은 벗어나기 힘들었어요.

　　아버지가 병이 나서 일할 수 없게 되자, 어머니는 인쇄 제본 공장에 나가고, 영수와 영호는 수재 소리를 들을 정도로 우등생이었지만 학교를 그만두고 인쇄소에 나갔어요. 할아버지 때부터 노비였던 이들은 아무리 힘을 모아 열심히 살아보려고 애썼지만 형편이 나아지지 않았어요. 그래도 난쟁이 가족은 '행복동'이라는 이름처럼 행복해지기를 꿈꾸며 참고 견뎠어요. 난쟁이네 집은 가족이 돌을 이어 나르고 시멘트를 직접 발라 만든 소중한 곳이었어요.

　　그러던 어느 날, 나라에서 재개발을 한다며 행복동이 철거될 예정이라는 철거 계고장을 받았어요. 대신 아파트에 들어갈 수 있는 입주권을 주었는데 그 아파트에 들어가려면 큰돈을 내야 했어요. 영호는 집에서 떠날 수 없다고 버텼고, 울기 잘하는 영희는 훌쩍훌쩍 울기만 했고, 어머니는 무허가 건물 번호가 새겨진 알루미늄 표찰을 떼어 간직했어요.

가난한 행복동 사람들에게 입주권은 그림의 떡이었지요. 입주권이 있어도 입주비를 낼 수 없었거든요. 결국 사람들은 입주권을 다른 사람에게 싸게 팔아서 변두리나 시외로 세를 얻어서 나갔어요.

아버지는 길 건너 고급 주택에서 가정교사를 하는 지섭과 대화를 나누곤 했고, 지섭은 아버지에게 '일만 년 후의 세계'라는 책을 빌려줬어요. 인쇄 공장 사장은 불황이라는 단어를 빌미로 영수와 영호에게 쉬지 않고 일하도록 강요했고, 너무 긴 노동 시간에 대해 사장과 협상을 시도하던 영수와 영호는 공장에서 쫓겨났어요.

입주권 가격은 계속 올라갔어요. 영수네도 입주권을 팔아야 했지만 돈을 조금이라도 더 받으려고 입주권 값이 오를 때까지 최대한 버텼어요. 기다린 보람이 있었던지 25만 원이라는 시가보다 높은 가격에 검정 승용차를 타고 온 남자에게 입주권을 팔았어요. 난장이 가족은 그 돈으로 빚을 갚고 성남으로 이사 가기로 했어요. 입주권을 팔고 집이 헐린 뒤 아버지와 영희가 사라졌어요. 이들을 백방으로 찾던 가족은 결국 찾지 못하고 어쩔 수 없이 남은 가족만 은강시로 이사했어요.

엄마는 말없이 사라진 영희가 가족을 위해 돈을 벌러 나갔다고 생각했어요. 사실 영희는 검정 승용차를 타고 온 남자를 몰래 따라갔던 거예요. 영희는 입주권을 되찾고 싶었거든요. 남자는 스물 아홉이었는데 재개발 지구의 표를 거의 몰아 사들이다시피 했어요. 남자의 집은 부자였는데 아버지 회사로 들어가서 더 큰일을 하기 위해 훈련하는 중이라고 했어요. 그 사나이는 영희를 자기 집에 데려가 함께 살게 했고, 영희는 거기서 구박을 받으면서 입주권을 되찾고자 기회를 노렸어요.

드디어 기회를 찾은 영희는 남자의 금고에서 입주권을 되찾아 집으로 돌아왔어요. 영희는 바로 주택공사로 달려가 아버지의 이름과 주민등록번호를 적어서 아파트에 입주 신청을 했고, 옛날에 살던 집으로 돌아왔어요. 그런데 이미 가족은 떠난 뒤였고 아버지는 집이 철거되는 날 굴뚝에서 떨어져 돌아가셨다는 말을 들었어요. 사람들은 아버지가 자살했다고 했어요. 영희는 가족이 어디로 갔는지 몰라서 슬펐어요.

영희는 병원에 가서 진료를 받다가 의식이 흐려졌어요. 그때 꿈속에서 오빠들을 만났고, 오빠들에게 "아버지를 난쟁이라고 부르는 사람은 나쁜 사람이야. 그런 사람은 혼내 줘야 해"라고 말했어요. 영희는 아버지를 무시하고 조롱한 사람들에게 꼭 벌을 주고 싶었어요.

난쟁이 가족은 서울에서 가까운 곳으로 이사했는데, 그 지역은 금속, 도자기, 화학, 유지, 조선 등으로 유명했어요. 공장에서 나오는 많은 폐수는 바다로 흘러갔고, 공장의 매연이 주거지로 불어와 사람들은 괴로워했어요. 은강에서 일하는 대부분의 공원들은 인간적인 대우를 받지 못했고 형편이 더 나아지지도 않았어요. 영희는 영수에게 독일에 있다는 릴리푸트읍 이야기를 했어요. 억압, 공포, 불평등이 없는 난쟁이 마을이라고 했어요. 아버지는 릴리푸트읍 같은 마을에 사셨어야 한다고 했어요.

이곳에서 영수는 은강 자동차에서, 영호는 은강 전기 제일 공장에서, 영희는 은강 방직 공장에서 일했어요. 특별한 기술이 없는 그들은 그곳에서도 제일 낮은 계급에 속했어요. 영희는 섭씨 30도 이상 되는 공장에서 졸면서 일했고, 작업반장은 영희가 졸면 피가 나게 옷핀으로 찔렀어요. 어머니는 자식들이 벌어 오는 돈으로 빠듯하게 생계를 유지했어요. 이들은 하루 아홉 시간 이상 일했지만 고작 잠깐 쉬는 것이 다였어요. 영수는 월급을 탄 날 지부장을 만나 시간 외 수당에 대해 이야기했다가 해고자 명단에 오를 뻔하고 해고되기 전에 은강방직 공장으로 옮겼어요. 영수는 생존 비용으로 가득 채워진 어머니의 가계부를 보며 릴리푸트읍에 대해 생각했어요.

공장에서 사고가 일어나 공원들이 죽어 갔고 공원들이 무더기로 해고당하는 사태가 일어나자 영수는 은강방직에서 노동조합 운동을 하게 되고 어머니는 영수가 공장 일만 하기를 바랐어요. 어느 날 아버지에게 책을 빌려주었던 지섭이 노동운동가로 변해 영수를 찾아와 노동현장을 지키는 일의 중요성에 대해 설명했어요. 그 일을 계기로 영수는 안과 밖이 따로 존재하지 않는 클라인씨의 병처럼 우리가 사는 세계에 갇혀 있다는 착각을 한다고 생각하게 돼요.

영수는 결국 은강그룹의 회장이 노동자들을 억압하기 때문에 그것을 바로잡으려고 회장을 죽이기로 결심해요. 그러나 회장이 누구인지 몰랐던 영수는 은강그룹 회장의 동생을 죽였어요. 영수는 은강그룹 회장이 노동자를 억압했기 때문에 죽일 수밖에 없었다고 주장했어요. 은

강의 노동자들과 지섭은 영수를 변호하려고 노력하지만, 영수는 결국 사형을 선고받고 교도소에서 죽음을 맞이해요.

소설을 탐구하다

조세희를 알다

조세희(1942~2022)는《난장이가 쏘아올린 작은 공》을 발표하며 큰 주목을 받았어요. 그는 소설만 쓴 것이 아니라 사회 문제에 관심을 가지고 발언하고 행동한 작가였어요. 진보 성향 잡지의 편집을 맡아 여러 사회적인 목소리를 대변하기도 했어요. 2005년《난장이가 쏘아올린 작은 공》이 200쇄를 찍자 자신의 책이 200쇄를 넘겼다는 것은 부끄러운 일이라고 했어요. 왜냐하면 그만큼 어려운 사회 현실이 변하지 않았다는 뜻이기 때문이에요. 2008년 출간 30주년 기념 인터뷰에서는 아직도 청년들이 책의 내용에 공감한다는 것이 괴롭다고 했어요. 2022년 그는 세상을 떠났지만, 여전히 약자의 편에서 세상을 본 작가로 기억되고 있어요.

제목의 의미

《난장이가 쏘아올린 작은 공》이라는 제목은 동화적이고 아름다운 느낌을 줘요. 하지만 작품의 내용은 전혀 그렇지 않아요. 오히려 강자가 약자를 억압하는 절망적인 현실과 약자의 비참한 삶을 통해 현실의 잔혹함이 드러나요. 이러한 작품의 내용은 제목과 대비되어 산업화 사회의 부정적인 현실이 더욱 부각되는 효과를 낳아요. '작은 공'은 난장이의 이상 세계에 대한 꿈과 소망을 나타내요. 하지만 그들이 처한 상황을 보면 큰 소망을 품을 수 없어요. 게다가 그렇게라도 '쏘아올린' 작은 소망은 하늘 높이 올라가지 못하고 결국 땅으로 떨어져요. 이 작품의 제목은 이상 세계에 다가가고자 난장이가 간절히 소망하지만, 이루어지기 힘들다는 사실을 짐작하게 해 줘요.

난장이의 의미

《난장이가 쏘아올린 작은 공》속의 난장이는 실제로 병적으로 왜소하고 작은 사람을 의미하는 게 아니에요. 그보다 사회적으로 난장이와 같은 약자, 즉 힘없고 가난한 사람들을 말하는 거예요. 은강그룹의 사람들과 대비해서 힘이 없고 가난한 노동자들을 난장이라고 표현한 거랍니다. 이들은 가난하기 때문에 먹고사는 일이 어려워서 다른 것은 생각하기 힘들어요. 그러니 계속 힘든 삶을 살 수밖에 없고, 경제적으로 어려우니 자식에게 제대로 된 교육도 하지 못해요. 그 자녀들도 가난한 삶을 살게 되고요. 악순환에 빠지는 거죠. 이런 힘없고 가난한 사람들을 도와주기는커녕 그들에게 가해지는 사회적 폭력과 권력층의 횡포를 비판하고자 난장이라는 존재를 등장시킨 거예요.

독특한 단문형 문체

접속사와 수식어가 거의 없는 짧은 문장 또한 《난장이가 쏘아올린 작은 공》의 특징이에요. 원고 집필 당시 작가의 집안 사정이 어려워서 손바닥 만한 수첩에 틈틈이 글을 썼기 때문이라고 하는데 이 독특한 단문형 문체가 《난장이가 쏘아올린 작은 공》의 매력이기도 해요. 매우 짧은 문장이라 일명 '스타카토 문체'라고도 해요. 이렇게 짧은 문체는 감정에 젖거나 감상적이 되지 못하게 해요. 이런 점이 비극적인 상황을 더욱 드러내는 역할을 해요.

'달나라'의 의미

지섭과 난장이는 달나라에 가고 싶어 하지만 그곳은 갈 수 없는 곳이에요. 지금의 현실이 힘들면 사람들은 새로운 이상향을 꿈꾸게 돼요. 그런데 그곳에 절대 갈 수 없다면, 희망이 없어지겠죠? 난장이도 마찬가지예요. 도시의 하층민을 상징하는 난장이는 살기 힘든 현실에서 새로운 이상향을 꿈꾸어요. 하지만 그곳은 달나라처럼 도달할 수 없는 곳이에요. 아무리 더 나은 미래를 꿈꾼다고 해도 현실의 힘든 상황은 나아질 가능성이 없는 거죠. 그런 상황을 상상해 보면 너무 절망적으로 느껴지지 않나요? 지금 힘들어도 언젠가는 좋아진다는 희망을 꿈꿀 수 없다면, 힘든 상황을 극복하고 이겨 내려는 의지가 생기지 않을 거예요.

도시 빈민

1960년대 중반 이후 경제개발계획에 따라 산업화가 진행되면서 많은 농촌 인구가 도시로 모여들었어요. 특히 서울시 인구는 1960년 약 240만 명에서 1970년 약 680만 명으로 2배 이상 크게 늘었어요. 하지만 당시 서울시의 신규 주택 건설 규모는 이 급격한 인구 증가를 감당하지 못했어요. 또 서울로 들어오는 대부분이 가난한 사람들이었어요. 이들은 집값이 저렴하면서 일자리를 구하기 쉬운 미아동, 상계동, 공덕동, 중계동, 구로동 등 서울 변두리 산등성이에 판잣집을 짓고 살기 시작했어요. 1970년대 무허가 주택 단지는 도시 안에서 저소득층이 사는 일종의 빈민가가 되었어요.

광주대단지 사건

서울시는 1968년부터 경기도 광주군에 대규모 토지를 사들여 서울시 철거민을 위한 신도시를 조성했어요. 이곳이 바로 1970년 350만 평에 35만 인구를 수용할 계획이었던 광주대단지였어요. 저렴한 분양가에 3년간의 분할 상환이 가능하고, 일자리도 제공된다는 소문은 빠르게 퍼졌고 빈민들은 너도나도 신청서를 냈어요. 하지만 그곳으로 달려간 사람들 앞에 펼쳐진 광경은 삭막하기만 했어요. 도로와 상하수도 시설도 갖춰져 있지 않아 비가 오면 발목까지 빠지는 진창길로 변했고, 눈이 오면 걸어 다닐 수도 없는 빙판길이 되었어요. 서울시는 이들에게 텐트를 던져 준 게 끝이었어요.

이주 정책의 배경이 1971년 봄에 치러질 대통령 선거와 국회의원 총선 때문이었음을 알게 된 사람들은 분노했어요. 주민들은 투쟁위원회를 꾸려 1971년 8월 10일을 '최후 결단의 날'로 정해 대대적인 시위를 하기로 했어요. 사람들은 각자 몽둥이와 삽, 피켓 등을 들고 서울 시장과의 대화를 요구했으나 아무런 답이 없었어요. 마침내 11시 45분경, 300여 명의 군중이 성남출장소로 달려갔어요. 성남출장소는 불길에 휩싸였지만 사람들의 분노는 가라앉지 않았어요. 2시가 되어 경찰 기동대 700명이 나타났으나 주민들은 돌을 던져 이들의 접근을 막았어요. 곳곳에서 경찰과의 육탄전이 벌어졌어요. 마침내 오후 5시, 서울 시장이 주민들의 요구를 전면 수용한다고 발표하며 시위는 일단락되었어요. 광주대단지는 성남시로 승격되었고 공장 설립, 상하수도 등이 건설되면서 주민들의 투쟁은 승리로 끝났어요.

광주대단지 사건을 간접적으로 다룬 소설로는 윤흥길의 《아홉 켤레의 구두로 남은 사내》(창작과 비평, 1977 여름호)라는 작품이 있어요. 함께 읽으며 도시 빈민의 삶이 어땠는지 살펴보세요.

서울 주택개량 재개발 사업

1960년대 후반 정부는 영세민들이 살고 있던 도심 주변의 무허가 주택 단지를 '안보 취약지대'로 판단하고 이를 철거하기로 결정했어요. 정부는 이곳에 살던 사람들을 서울 외곽으로 이주시키려 했어요. 하지만 광주대단지 사건 이후 새로운 방식의 무허가 주택 재개발 정책이 필요해졌어요. 기존의 무허가 주택 단지를 재개발 지구로 지정하고 주민들이 자발적으로 개발에 참여하는 형태로 변화한 거예요. 정부는 꾸준히 주택개량 재개발 사업을 진행해 1970년대에 이르러 무허가 주택이 많이 줄었어요.

1970년대 노동자 노동 환경

1960~70년대 경제개발계획에 의한 산업화로 인해 제조업이 크게 발전했어요. 당시 박정희 정권은 수출입국의 기치를 내걸고 달러를 모으기 위한 경제 정책에 집중했지요. 대부분의 산업이 저임금에 의한 노동집약적인 경공업이었으므로 저렴한 노동력 확보가 시급했어요.

그래서 이른바 '공돌이, 공순이'라고 불렸던 청소년 노동자들이 생겨났어요. 이들은 한창 학업에 열중해야 할 나이였지만 빈곤 때문에 학업을 포기하고 취업할 수밖에 없었고, 힘든 노동에 시달려야 했어요. 물론 그들 중에는 낮에는 공장에서 일하고 밤에는 야간반 학교에 다니는 사람들도 많았지요. 이 소설 속의 영수, 영호, 영희가 바로 그들이에요. 1970년대 우리나라의 경제 성장은 바로 이런 청소년 노동자들의 헌신과 희생 덕분이라고 할 수 있어요.

우리들의 일그러진 영웅

독재자의 군림

너희는 너희 몫을 빼앗기고도 분한 줄 몰랐고,
힘에 굴복하고도 부끄러운 줄 몰랐다.

《우리들의 일그러진 영웅》, 이문열, 알에이치코리아, 2020

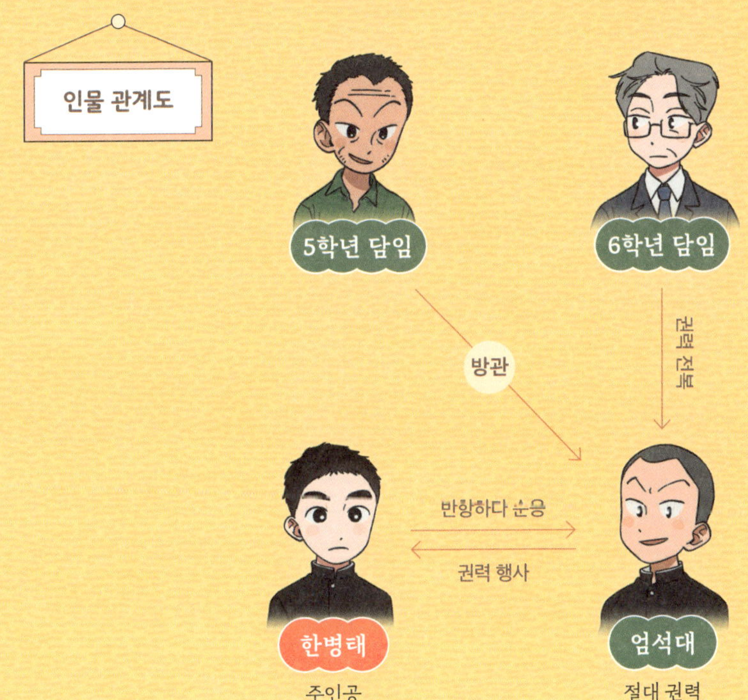

5학년 담임: 무능한 지도자

6학년 담임: 젊고 유능한 지도자. 엄석대를 몰락시킴

한병태: 서울에서 전학 와 엄석대에게 저항했으나 결국 굴복함

엄석대: 5학년 때 절대 권력을 가졌으나 6학년 때 담임이 바뀌며 몰락함

자유당 정권이 마지막 기승을 부리던 그해 삼월 중순, 공무원인 아버지의 좌천으로 나는 서울 명문 국민학교를 떠나 Y읍의 초라한 시골 국민학교로 전학을 가게 되었어요. 그때 나는 열두 살에 갓 올라간 5학년이었는데 Y 국민학교는 여러 가지로 실망스러웠어요.

삼십 년 가까이 지난 오늘까지 전학 첫날을 생생하게 기억하는 이유는 엄석대와의 만남 때문일 거예요. 엄석대란 이름을 들은 건 그때가 처음이었어요. 그때껏 서울에서 겪었던 급장들은 대개 성적순이었고 우리와 선생님 사이의 심부름꾼이었어요. 나는 그날 새로운 성질의 급장을 만났어요. 점심시간, 앞줄의 아이가 나에게 엄석대에게 물 떠다 주고 와서 밥을 먹으라고 했지만 나는 버텼어요. 엄석대가 눈을 부라리며 물을 떠오라고 소리 지르자 나는 선생님에게 급장에게 물을 떠다 줘야 하는지 물어보겠다고 했어요. 엄석대는 물을 먹지 않겠다고 했어요.

얼핏 보면 나의 승리였지만 실은 외롭고 고달픈 싸움의 시작이었어요. 가장 결정적인 패배는 공부였어요. 나는 성적으로 그를 납작하게 만들어 놓으리라 별렀어요. 거기서의 일등은 쉬워 보였고 석대가 공부하는 아이로 비치지 않았기 때문이에요. 하지만 석대는 평균 98.5로 전 학년에서 일등이었어요. 나는 평균 92.6으로 전 학년으로는 십 등 바깥이었고요. 분해도 어쩔 수 없었어요. 나는 석대의 약점을 찾아 담임 선생님의 신임을 잃게 하려고 했지만 쉽지 않았어요. 오히려 석대를 관찰하면서 우리 반이 다른 반보다 훨씬 모범적이라는 걸 느꼈어요. 집착이 아니었다면 나는 아마 그에게 무릎을 꿇었을 거예요.

드디어 기다린 보람이 있었어요. 유월 초순 어느 날, 윤병조가 가져온 고급 라이터를 석대가 가져간 사건이 있었어요. 다음 날 아침 나는 교무실로 담임 선생님을 찾아가 윤병조의 일과 그동안 내가 보고 들은 것을 모조리 이야기했어요. 하지만 급사 아이가 미리 언질을 줘서 석대는 라이터를 돌려줬어요. 나는 기가 막혀 말을 할 수 없었어요.

담임 선생님이 엄석대가 우리를 괴롭히는지 묻는 말에 아이들의 얼굴이 굳었어요. 담임 선생님은 신경 써 주는 척 무슨 말을 해도 좋다며 다시 물었지만 아무도 대답하지 않았어요. 다음 시간에 담임 선생님은 엄석대를 교무실로 보낸 뒤, 아이들에게 백지에 엄석대에게 당한 일을 쓰라고 했어요. 그런데 열심히 쓰는 건 나뿐이었고, 아무도 연필조차 쥐지 않았어요. 종례가 끝나고 나서 담임 선생님이 나에게 친구들이 쓴 종이를 보여 줬어요. 종이에는 그동안 나의 잘못들이 고발되어 있었어요. 석대의 비행이 적힌 시험지는 단 한 장, 내가 쓴 것뿐이었어요. 나는 허탈했어요. 그 싸움은 그 뒤로도 두어 달은 더 이어졌어요.

장학관의 순시가 있는 날이었어요. 대청소가 벌어진 날 석대에게 청소 검사를 받았는데 번번이 다시 하라는 말을 들었어요. 저녁 때까지 청소하고 나서야 겨우 합격을 받았어요. 그때 눈물이 떨어졌어요. 아마 석대는 내 눈물의 의미를 알았을 거예요.

석대에게 굴종하자 석대의 은혜가 폭포처럼 쏟아졌어요. 주먹싸움의 서열을 바로잡아 주었고, 규칙 위반 문제도 없어졌어요. 나는 모범생으로 변하며 공부도 제자리로 돌아왔어요. 내 자리를 되찾은 것뿐이지만 한 번 굴절을 겪은 내게는 모든 것이 석대의 은총으로 느껴졌어요. 석대는 내게 그의 질서에 순응하는 것만을 원했어요. 그가 베푼 은총의 대가로 나는 그림 솜씨를 지불했어요. 미술 실기 시간에 두 장을 그려서 석대 이름으로 내는 거였어요.

굳건해 보였던 석대의 왕국이 산산조각이 나고 석대가 범죄자로 전락하는 사건이 있었어요. 6학년으로 올라가면서 본격적인 중학 입시 준비를 위해 담임 선생님이 바뀐 거예요. 새로 우리 반을 맡은 선생님은 경험은 많지 않지만 유능함과 성실함으로 담임이 되었어요. 급장 선거에서 석대가 61표 중 59표로 당선되자 이상하게 생각했지만 석대를 급장으로 인정했어요. 기묘한 혁명은 거기서 시작되었어요. 다음 날부터 담임 선생님은 좀 어렵다 싶은 문제는 석대에게 풀게 했어요. 석대는 위기감을 느낀 듯했고, 아이들도 영향을 받았어요. 조그마한 반항들이 일었고, 무슨 일이 일어나면 석대보다 담임 선생님을 먼저 찾는 아이들이 하나둘 늘어 갔어요.

삼월 말 첫 일제 고사 성적이 발표되고 담임 선생님은 석대 성적의 수수께끼를 풀겠다며 석대의 엉덩이를 쳤어요. 석대가 매를 맞는다는 사실에 모두 충격을 받았어요. 석대의 시험지에는 원래 이름이 지워지고 석대 이름이 쓰여 있었어요. 석대는 선생님에게 잘못했다고 했어요. 석대의 항복은 아이들에게 큰 충격이었어요. 이어 선생님은 석대의 대리 시험을 쳐 준 여섯 명을 불러 왜 그랬는지 물었어요. 아이들이 제각기 이유를 댔어요. 기분이 어땠는지도 털어놓았어요. 선생님께 들킬까 봐 겁났다고 하자 선생님은 표정이 일그러지며 아이들을 매질했어요. 담임 선생님은 그 아이들을 일으켜 세우고 간신히 성을 가라앉힌 목소리로 말했어요.

"너희는 너희 몫을 빼앗기고도 분한 줄 몰랐고, 힘에 굴복하고도 부끄러운 줄 몰랐다. 우등생인 너희가 계속해 그런 정신으로 살아간다면 앞으로 겪을 아픔은 이 아픔과 견줄 수 없을 만큼 클 것이다. 다시 한 번 스스로를 반성하도록."

선생님이 석대에게 당한 일을 이야기하라고 하자 아이들은 봇물처럼 털어놓기 시작했어요. 뒤로 갈수록 차츰 아이들의 목소리가 커졌어요. 새로 급장 선거를 했어요. 개표가 거의 끝나갈 무렵 갑자기 거세게 교실 뒷문이 열리는 소리가 들리고 엄석대가 뛰쳐나갔어요. 담임 선생님이 따라갔지만 끝내 잡지 못했어요. 석대가 물러가고 얼마 후 4·19가 일어났어요.

학교생활이 정상으로 돌아감과 아울러 굴절되었던 내 의식도 차츰 원래대로 회복되어 갔어요. 석대도 잊혀 갔어요. 그러다가 석대가 떠오르기 시작한 것은 한 십 년 가까이 생활에 찌들린 후였어요. 삼십 대 중반의 가장이 된 나는 승승장구하며 잘 사는 친구들과 다르게 계속 실패했어요. 나는 마음이 급했어요. 그들처럼 세상을 누리고 싶었거든요. 하지만 급한 마음이 나를 한층 더 질퍽한 생활에 패대기쳤어요. 실업자가 되니 갑자기 낯선 곳으로 전학 온 듯한 느낌이 들었어요. 이런 세상이라면 석대는 어디선가 틀림없이 다시 급장이 되었을 거예요. 이따금 만나는 국민학교 동창들도 그런 내 단정을 뒷받침해 주었어요. 나의 상상 속에 엄석대는 대단한 사람이 되어 있어야 했어요. 그렇지 않으면 견딜 수 없을 것 같았어요.

그런데 지난 여름 석대를 보고 말았어요. 휴가 가는 차 안에서 익숙한 목소리가 들렸어요. 그곳엔 사복형사 같은 두 사람에게 양팔을 잡힌 어떤 건장한 남자가 소리를 지르고 있었어요. 그 사람은 엄석대였어요. 나는 못 볼 것을 본 사람처럼 두 눈을 질끈 감았어요.

석대는 나를 알아본 것 같지 않았어요. 그날 밤 나는 아내와 아이들 곁에서 술잔을 비웠어요. 눈물까지 두어 방울 떨군 것 같은데 그게 나를 위한 것이었는지 그를 위한 것이었는지 또 세계와 인생에 대한 안도였는지 새로운 비관이었는지 지금조차 뚜렷하지 않아요.

Q. Y 국민학교와 비슷한 경험이 있나요? 학교가 사회의 축소판이라는 의미를 생각해 볼까요?

소설을 탐구하다

이문열을 알다

이문열(1948~)은 전쟁과 분단의 시대를 직접 겪었어요. 공산주의자였던 아버지의 월북으로 '빨갱이 집안'이라는 낙인 속에서 자주 이사를 하며 어린 시절을 보냈어요. 잦은 이사와 연좌제로 정규 교육도 오래 받지 못했어요. 군사정권과 민주화 운동이 치열하게 맞서던 시기에 작가로 이름을 알리며 사회와 시대에 대한 목소리를 냈어요. 이후에도 정치와 이념에 대해 진보 진영을 비판하며 논란의 중심에 서기도 했어요. 이문열은 개인의 삶과 시대의 아픔이 맞물린 세상을 글로 기록하며 한국 현대사의 격동을 보여 준 작가라고 할 수 있어요.

1인칭 주인공 시점

주인공인 한병태가 자신이 초등학교 5학년 때 겪었던 경험을 이야기해요. 아무래도 사람들은 자신의 이야기를 하는 사람에게 좀 더 친밀감을 느끼게 돼요. 병태의 이야기를 듣는 독자도 마찬가지예요. 말하지 않는 석대보다 이야기를 하고 있는 병태의 입장을 더 가깝게 느끼는 거죠. 이 사건도 병태가 이야기하고 있기 때문에 독자는 병태 입장에서 바라보고 그에게 공감할 수밖에 없어요. 이렇게 1인칭 주인공 시점은 독자가 등장인물과의 거리를 가깝게 느끼게 해 줘요.

역순행적 구성

《우리들의 일그러진 영웅》은 어른이 된 한병태가 30여 년 전의 일을 회고하는 형식으로 구성되어 있어요. 회상을 통해 그는 과거 사건의 의미가 무엇이었는지 설명해요. 이렇게 현재에서 과거를 떠올리는 방식은 시간의 흐름이 바뀌는 역순행적 구성이라고 해요. 소설의 첫 시작 부분과 결말에 어른이 된 병태의 이야기가 나타나고, 중간에는 어릴 적 이야기가 나오는 것으로 보아 액자식 구성이라고도 볼 수 있어요.

배경과 등장인물의 상징성

소설 첫 부분에 '자유당 정권이 마지막 기승을 부리던 그해 삼월 중순'이라는 말이 나와요. 그리고 끝부분에 '석대가 물러가고 얼마 후 4·19가 일어났어요'라는 말이 있어요. 이것으로 소설의 배경을 추측해 보면 1959년에서 4·19가 있었던 1960년경이라는 것을 짐작할 수 있어요. 당시 사회의 모습을 상징적으로 보여 주는 공간이 바로 엄석대가 장악하고 있던 Y 국민학교 5학년 교실이에요.

등장인물도 그 시대의 인물들을 상징해요. 절대 권력을 지닌 급장인 엄석대는 독재 권력 또는 막강한 권력을 상징해요. 엄석대는 아이들 위에 군림해 자신의 이익을 챙기고, 반 아이들은 절대 권력인 석대에게 복종해요. 이러한 반 아이들은 권력 앞에서 무기력한 민중이자 정당한 권리를 잃고도 그에 순응하는 인물을 상징하고요. 당시 대부분의 사람들도 권력에 복종하며 기회주의적인 모습을 보였을 거예요. 그것은 현재 상황을 바로잡으려고 비리를 파헤치는 것은 힘들고 현재의 상황을 유지하며 방관하는 것이 훨씬 편하기 때문이에요. 5학년 담임 선생님도 그런 이유로 방관했고요. 한병태는 비민주적인 상황에 이의를 제기하며 저항하지만 그 저항은 오래가지 못했어요. 한병태 역시 석대의 권력에 굴복해 버렸거든요. 민주주의를 지키려 노력했지만 좌절하고 굴복한 당시 나약한 지식인을 상징한다고 볼 수 있어요. 이를 통해 독재 권력이 지배하는 사회에서 개인의 저항이 얼마나 힘들고 무력한지 짐작할 수 있어요. 그래도 변화의 물결은 있었어요. 6학년 담임 선생님이 바뀌면서 석대의 독재를 적극적으로 해결했거든요. 이는 혁명의 시대적 변화를 상징한 거예요.

자유당

시작 부분에 '자유당 정권이 기승을 부리던'이라는 말이 나와요. 자유당은 1951년 창당되어 1960년 4·19 혁명으로 이승만 대통령이 하야할 때까지 9년여 동안 대한민국 정치를 주도한 제1공화국의 정당이에요. 자유당은 당시 정부의 여당이었어요. 이승만 대통령이 집권하는 동안 저지른 각종 악행과 사사오입 개헌 강행, 3·15 부정 선거 등 반민주적 행위를 저질렀고, 이로 인해 민중에게 외면받으며 4·19 혁명을 계기로 이승만 대통령과 함께 실각(세력을 잃고 지위에서 물러남)했어요. 이후 형식상 정당으로 명맥을 유지하다가 5·16 군사정변으로 박정희 군부가 집권하면서 다른 여러 정당과 함께 강제 해산되었어요.

이기붕과 이승만 대통령 그리고 3·15

이기붕은 1945년 이승만의 비서로 정계에 입문해 서울특별시장, 국방부 장관, 자유당 중앙위원회 의장에 취임해 이승만 정부의 2인자로 실권을 장악했어요. 이승만의 지시로 자유당 창당을 주도했고, 1954년

에는 국회의장이 되었어요. 또한 자신의 아들인 이강석을 이승만의 후
계자로 키우며 권력을 계승하려 했어요. 하지만 1956년 제3대 정·부통
령 선거에 출마해 민주당 후보에게 패해 낙선했어요. 당시 85세인 이
승만은 나이가 많아서 대통령 재임 중 유고할 경우 누가 부통령인가가
매우 중요했어요. 자유당은 권력을 유지하고자 1960년 3월 15일 정·
부통령 선거에서 수단과 방법을 가리지 않고 부정 선거로 이기붕을 당
선시켰어요. 이 부정 선거에 시민들은 크게 분노했고 마산 시민 수천
명이 개표장 부근에서 부정 선거 규탄 시위를 벌였어요.

4·19 혁명

3월 15일 마산 시위 때 최루탄을 맞고 행방불명된 마산상고 김주
열 학생이 1960년 4월 11일 아침, 마산 앞바다에서 시체로 떠올랐어
요. 참혹한 죽음이 경찰의 만행으로 밝혀지자 시민들의 분노가 폭발했
어요. 그날 마산 시민 2만여 명이 마산경찰서와 시청, 파출소를 습격
했어요. 내무장관은 이 사태를 '빨갱이'들의 소행으로 몰아갔어요. 이
승만 대통령은 이 사태 뒤에 '공산당'이 있다며 조사 중이라고 주장했
어요. 1960년 4월 18일, 고려대학교 학생들은 3·15 부정 선거를 규탄
하며 국회의사당 앞까지 행진했어요. 그러나 학생들은 정체불명의 깡
패들에게 집단 폭행을 당했고 이 장면은 다음 날 신문 1면에 크게 실
렸어요. 1960년 4월 19일 화요일 아침, 서울대학교 학생들을 시작으로
서울의 10만 명 이상이 시위에 참여했어요. 경찰이 시위대에게 발포하
며 '피의 화요일'이 시작되었어요. 시위는 전국으로 퍼졌고, 이 과정에

서 115명이 사망하고 700여 명이 부상당하는 등 일이 커졌어요. 시위가 심상치 않자 이승만은 이기붕의 부통령 당선을 취소하며 사태를 마무리하려 했어요. 하지만 이미 늦었어요. 국민 대다수가 이승만 퇴진을 요구했거든요. 결국 이승만은 4월 27일 하야 성명을 발표했어요. 그리고 미국 하와이로 망명했어요.

1990년대
이후

황만근은 이렇게 말했다

IMF를 알아?

민씨는 대화를 나누면서
그가 소신이 있는 농사꾼이라는 것을 알게 되었어요.

《황만근은 이렇게 말했다》, 성석제, 창비, 2002

황만근: 마을 일을 도맡아 하는 반푼이

마을 사람들: 황만근을 이용하려고 함. 황만근의 실종을 걱정하기보다 일거리가 늘어 짜증을 냄

민씨: 황만근을 걱정함. 황만근을 추모하는 글을 쓰고 도시로 돌아감

황만근이 없어졌어요. 새벽에 혼자 경운기를 타고 집을 나간 황만근은 늘 들일을 나가면 술을 마시고 취하더라도 한밤이면 돌아왔어요. 마을 사람들은 그가 사라지자 그의 집으로 모였어요. 하지만 이들 중 황만근을 진심으로 걱정하는 사람은 없었어요. 대부분 자신들이 하기 싫거나 궂은일을 대신 해 주던 황만근이 없어져서 아쉬워하는 거였어요. 그중에서도 그를 진심으로 걱정하는 사람이 있었어요. 귀농한 지 얼마 되지 않은 민씨였어요.

"그제 밤에 내일 궐기대회 한다고 사람들 모였을 때 이장님이 황만근씨에게 뭐라고 하셨죠. 모임 끝난 뒤에."

민씨는 황만근이 없어진 경위에 대해 이장을 추궁했어요. 이장은 농민에게 농민 총궐기 대회에 나오라고 했는데 뭐가 잘못됐냐며 따졌어요. 민씨도 지지 않고 황만근씨가 왜 가야 하냐며 맞받아쳤어요. 황만근의 어머니가 나오지 않았으면 몸싸움이 일어났을지도 몰라요. 황만근의 어머니는 아들이 자기가 좋아하는 고등어를 사러 갔다가 돌아오지 않는다며 울었어요. 황만근의 아들은 아버지에게 목욕하고 오라고 했다며 목욕탕에 갔을 거라고 울먹이며 말했어요. 하지만 황규수는 황만근이 평생 한 번 씻는 것을 못 봤다고 비웃었어요.

황만근이 없어진 지 하루 만에 모든 사람이 그가 없다는 걸 알았어요. 하지만 누구도 그를 찾으려고 하지는 않았어요. 그는 있으나 마나 한 존재이면서 없어서는 안 되는 존재였어요.

황만근은 그동안 마을에서 반푼이라는 놀림을 받아 왔어요. '황만근가'가 지어지기도 했어요. 황만근가는 먼저 "황"하고 단호하고 크게 소리쳐서 주의를 끈 다음, 한 박자 쉰 뒤에 "마안-그은" 두 박자로 느릿하게 불러요. 이어서 "백 분(번), 찝 원(십 원), 여 끈(열 근), 팔 푼, 두 바리(마리)" 빠르게 세고 "그래, 바안-그은" 하고 느긋하게 마치면 돼요.

황은 성을 말하는데 신대1리는 황씨들이 모여 사는 집성촌이에요. 황만근의 아버지는 전쟁 중에 죽었어요. 그의 어머니는 항렬을 따서 이름을 지어 줄 사람이 없어 집에서 보이는 만근산의 이름을 땄어요. 만근산은 신대리를 띠 모양으로 두른 천곡지를 에워싸 물을 가두고 대 줘요. 천곡을 막아 저수지를 만들고 흩어져 살던 사람들을 모아 살게 한 곳이 바로 신대리예요. 이쯤이면 황만근이라는 이름이 동네의 뿌리를 상징하는 이름이라는 걸 알 수 있을 거예요.

'백번'은 황만근이 땅바닥에 넘어진 횟수예요. 황만근은 어릴 때부터 유난히 자주 넘어졌는데 평형감각을 관장하는 소뇌가 미발달해서 그런지도 몰라요. 누가 하루에 얼마나 넘어졌는지 세 보라고 하자 손가락 발가락을 써 가며 숫자를 셌는데 언제부터인가 누가 물으면 '백분'이라고 대답했어요. '백'은 황만근이 셀 수 있는 가장 큰 단위였어요.

‘찝 원’은 봉대 장터 국숫가게 주인이 보태 준 별명이에요. 열서너 살 난 황만근이 국수를 사러 와서는 가게 문간에서 “꾹찌 찝 원어찌만 쪼요”라고 했어요. 국수 장수가 무슨 말이냐고 묻자 황만근은 ‘꾹찌’라고 하면서 국수 가닥을 가리켰어요. 그러고는 ‘찝 원’이라고 했는데 주인은 십 원짜리 지폐를 보고 겨우 알아들었어요. 어린 황만근은 혀가 짧았거든요.

사람들은 황만근을 ‘반쪽’ 또는 ‘싸래기’로 취급했어요. 어느 날 우체부가 황만근에게 집에 누가 있느냐고 물었더니 황만근은 ‘두 바리’라고 말했어요. ‘바리’는 가축 같은 짐승이나 곤충의 머릿수를 뜻하는 ‘마리’의 신대리 사투리예요. 의도한 건 아니지만 우체부는 그 말을 동네에 퍼뜨려 황만근을 더욱 바보로 만들었어요.

황만근은 군대 갈 나이가 되어 신체검사와 소집면제에 필요한 절차를 밟으려고 읍에 갔다 돌아오는 길이었어요. 집으로 돌아오는 고개 중 네 번째인 토끼고개에서 걸어도 걸어도 고갯마루가 나오지 않는 거예요. 그때 어둠 속에서 털이 눈부시게 하얗고 창날처럼 뻗친 수염과 홍보석처럼 붉은 눈을 가진 큰 토끼가 나타났어요.

“너는 집에 못 간다. 너는 집에 못 간다. 너는 집에 못 간다. 너는 여기서 죽는다.”

황만근이 “내가 내 발로 집에 가는데 왜 못 간다고 하냐”라고 따져도 토끼는 같은 말만 반복했어요. 황만근은 두려웠지만 있는 힘을 다해 토끼를 밀쳤어요. 그런데 토끼를 밀친 황만근의 팔이 토끼의 몸속으로 쑤욱 빨려 들어갔어요. 황만근은 한 팔로 옆에 있는 나무를 붙잡으며 빨려 들어간 팔을 도로 빼려고 안간힘을 썼어요. 그렇게 황만근과 토끼는 서로 버티다 새벽이 되었어요. 토끼가 이제 살았으니 자기를 놓으라고 하자 황만근은 토끼를 탕으로 끓여서 먹을 거라며 소원 세 가지를 들어줘야 한다고 했어요. 첫 번째 소원은 어머니가 오래 사는 것, 두 번째 소원은 마누라가 생기는 것, 세 번째 소원은 떡두꺼비 같은 아들을 달라는 거였어요. 토끼는 그 소원을 다 들어주었어요.

황만근은 목숨을 끊으려는 이웃 마을의 처녀를 구해 주고 그 처녀와 아이를 낳았어요. 그 처녀는 황만근에게 동네에서 처음으로 경운기를 갖게 했어요. 황만근은 처녀 덕분에 동네에서 경운기에 대해 가장 많이 아는 사람이 되었어요. 하지만 그 처녀는 아이를 낳고 도망가 버렸고, 황만근은 어머니와 아들을 정성껏 돌보며 동네 궂은일을 다 맡아 하며 살았어요.

황만근의 나이는 40대인데 60, 70대처럼 늙어 보였어요. 그가 마을의 온갖 궂은일과 잡일을 하며 고생했기 때문이에요. 그는 시신을 씻기고 수의를 입혀 염포로 묶는 염습, 마을회관 공동변소에서 분뇨를 치우는 일, 시체를 묻고 이장하는 산역 등 마을을 위해 다양한 일을 해 왔어요.

그러던 중 농민들이 '농가 부채 탕감 촉구, 전국 농민 총궐기 대회'를 열었어요. 이장은 마을 사람들에게 의지를 보여 주고 시위도 하자며 마을 사람들에게 경운기를 몰자고 했어요. 이장은 황만근을 따로 불러 경운기를 타고 총궐기 대회 집합 장소까지 가라고 했어요.

황만근은 농가 부채가 없었지만 이장의 부탁으로 고장 난 경운기를 타고 총궐기 대회 집합 장소로 떠났어요. 하지만 황만근에게 경운기를 타고 오라고 말한 이장은 트럭을 타고 총궐기 대회 집합 장소로 갔고, 마을 사람들도 버스를 타고 총궐기 대회 집합 장소로 갔어요. 그러고 나서 황만근이 사라진 거예요.

황만근이 사라지기 전날 밤 그는 처음으로 민씨와 대화했어요. 황만근은 농민이 부채를 지면 안 된다고 했어요. 민씨는 대화를 나누면서 그가 소신 있는 농사꾼이라는 것을 알게 되었어요.

일주일 후에 아들이 그의 뼈가 담긴 항아리를 들고 왔어요. 민씨는 그의 삶을 추모하는 글을 썼어요. 이후 민씨는 도시로 돌아갔어요.

Q. 농가 사람들이 농민 궐기 대회를 운영한 이유가 무엇이며 황만근은 왜 그곳에 갔을까요?

소설을 탐구하다

성석제를 알다

성석제(1960~)는 시인이자 소설가예요. 대학에서 문학 동아리 활동을 하며 시를 쓰기 시작했어요. 시로 등단했지만, 소설가로 더 알려졌어요. 성석제는 이야기를 재미있게 풀어내는 솜씨가 뛰어나요. 사투리를 사용해 글을 더 생생하게 만들고 다양한 주제를 다루면서도 문장이 리듬감 있게 읽히도록 신경 쓰지요. 그래서 어린이부터 어른까지 누구나 쉽게 읽을 수 있다는 평가를 받아요. 지금도 소설을 꾸준히 쓰며 많은 독자에게 즐거움과 생각거리를 주고 있는 작가랍니다.

마을 사람들의 태도

《황만근은 이렇게 말했다》는 주인공인 황만근이 실종되었다는 사실을 알리는 것으로 시작해요. 이렇게 사건을 먼저 제시하면 독자의 호기심을 자극해 이후 내용에 몰입하게 하는 효과가 있어요. 황만근의 실종 사실을 알림으로써 마을 사람들이 황만근에 대해 어떻게 생각하고 있었는지도 짐작할 수 있어요.

황만근이 실종되었지만 마을 사람들은 누구도 그에게 관심을 갖지 않아요. 이장은 황만근이 집에 안 들어오는 것보다 소가 굶는 것을 더 걱정하며 황만근이 어디에 갔든 자기가 알 바 아니라는 태도를 보여서 민씨와 다투기도 해요. 마을 사람 중 한 명인 황영식도 마찬가지예요. 황만근 대신 마을회관 변소에서 분뇨를 퍼내는 일을 하게 되어 불평해요. 분뇨를 마을 사람들에게 골고루 나누어 주었던 황만근과 달리 자기 밭에 먼저 뿌리기도 하고요. 황만근은 약간 모자라기는 했지만 마을의 궂은일을 도맡아 하는 인물이었어요. 하지만 마을 사람들은 그의 선한 마음을 이용하기만 하는 이기적인 모습으로 대비되어 나타나요.

'전'의 형식

《황만근은 이렇게 말했다》는 '전'의 형식을 사용하고 있어요. 황만근의 생애를 기록한 앞부분과 민씨가 묘비명을 쓴 뒷부분으로 나눌 수 있어요. 이것은 위인전처럼 어떤 사람의 독특한 행적을 기록하고 교훈적인 내용이나 비판을 덧붙이는 '전'의 형식과 비슷해요. 일반적으로 '전'은 주로 남들보다 뛰어나거나 모범이 될 만한 사람을 대상으로 교훈을 주려는 목적으로 써요. 황만근은 모든 면에서 평균 이하이고 사람들로부터 하대받고 조롱당하는 하찮은 존재로 취급당해요. 이런 면에서 황만근은 '전'의 형식에 어울리지 않는 것처럼 보여요. 하지만 그가 어리석어 보이는 것은 우리가 이기적이고 타산적이기 때문일 수 있어요. 그가 순진해 보일 만큼 다른 사람들을 배려하는 것은 그만큼 그가 이타적이고 도량이 넓은 사람이기 때문이에요. 그렇게 생각한다면 황만근은 '전'의 형식에 어울리는 인물이라고 할 수 있어요.

기이한 소재

황만근이 산에서 만난 붉은 눈을 가진 토끼 귀신, 아들을 낳고 홀연히 사라진 황만근의 아내, 이 마을은 반드시 아들을 점지해 준다는 용왕의 전설 등 이러한 기이한 소재들은 작품 곳곳에 등장해 '전'의 형식에 맞게 신비한 분위기를 조성해요. 이런 비현실적인 소재들은 남들보다 뛰어나거나 모범이 될 만한 사람이 아닌 평범한 황만근이라는 인물을 특별한 존재로 만드는 역할을 해요.

1997년 한국, 위기를 맞다

이 소설의 배경은 1997년이에요. 산업화가 진행되면서 농촌 사회는 언제나 어려웠지만 이때는 우루과이 라운드 협상에 따라 농산물 시장이 개방되면서 농촌 경제가 더 큰 위기에 휩싸이게 되었어요. 당시 우리 정부는 농촌 경쟁력 강화를 위해 각종 정책 자금을 지원하면서 기계화 영농, 농업 경작 규모와 설비 확대를 장려했어요. 이러한 정책에도 농가 소득은 크게 늘어나지 않고 갈수록 농가 부채만 늘어나는 상황이었어요. 게다가 우리나라는 1997년 겨울 IMF 구제 금융을 받았어요. 이 소설은 당시 농촌의 위기, 부채의 위기라는 시대적 배경을 잘 보여 줘요.

우루과이 라운드

1986년 9월 남미 우루과이의 푼타 델 에스테에서 개최된 제8차 '관세 및 무역에 관한 일반협정(GATT)' 각료 회의가 우루과이 라운드의 시작이에요. 우루과이에서 개최했기 때문에 우루과이 라운드라고 해요. '관세 및 무역에 관한 일반협정'은 제2차 세계 대전의 원인 중 하나인 보호무역주의를 완화하고 자유무역주의에 입각한 세계 경제 체제 구축을 위해 1948년 1월 1일에 조인된 국제무역협정이에요.

우리나라는 1967년 4월 1일부터 정회원국이 되었어요. 가입과 동시에 우리 제품이 최혜국대우를 받게 되면서 수출 주도형 경제 성장의 초석을 마련했어요. 그 덕분에 1967년 세계 무역 66위에서 1972년 44위로 오르는 성과를 거두기도 했어요. 1985년에는 우리나라가 세계 무역 13위를 기록하며 주요 수출국으로 부상했고요.

세계무역기구(WTO)가 출범하면서 우리나라는 서비스 교역 성장, IT 제품 수출 증가 등의 성과를 거두었지만 1990년대 초반, 농산물 개방이라는 거대한 파도를 만났어요. 1993년 2월 15일 동국대학교에서 '우루과이 라운드 거부 및 쌀 전량 수매 쟁취를 위한 전국 농민 대회'가 열려 쌀 시장 개방을 반대했어요. 하지만 농산물 시장의 개방에 따라 외국에서 들어오는 농산물은 시간이 갈수록 늘어났답니다.

IMF

1997년은 한국 역사에서 중요한 전환점을 나타내는 시기로, 우리나라가 IMF에 구제 금융을 요청한 해예요. IMF는 '국제통화기금(International Monetary Fund)'의 약자로, 전 세계 나라들이 경제 문제를 해결하고자 협력하는 기관이에요. IMF는 회원국들이 위기에 처했을 때, 자금을 빌려주고, 경제를 회복할 수 있도록 도와요. 1997년 한국은 외환위기라는 경제 위기를 겪었어요. 많은 국내 기업이 외국에서 돈을 빌려 사업을 했는데 국제 경제가 나빠지면서 그 돈을 갚지 못하게 된 거예요. 이로 인해 우리 경제가 큰 타격을 받았고, 사람들은 일자리를 잃거나 생활이 힘들어졌어요. 이러한 분위기에서 사회 취약 계층인 농민은 더욱 큰 고통을 겪을 수밖에 없었어요. 우리나라 정부는 IMF의 도움을 받으면서 경제 개혁을 시작했어요. 이후 한국은 경제를 회복했고, 2000년대 초반 다시 안정된 경제를 이루게 되었어요.

29

도도한 생활

청년들의 고단한 삶과 자존을 지키려는 노력

검은 비가 출렁이는 반지하에서 나는 피아노를 쳤어요.

《침이 고인다》, 김애란, 문학과지성사, 2007

나 어려서 피아노를 배우고 서울에 피아노를 가져옴
언니 사람들의 계급을 나누는 건 치아와 피부라며 자신의 처지를 서글퍼함
엄마 많이 배우지 못했지만 자식들에게 자신이 생각하는 '보통' 정도는 해 주려 애씀

학원에서 처음 배운 것은 도를 짚는 법이었어요. 첫 번째 음이니까, 첫 번째 손가락으로 도. 내가 건반을 누르자 도는 '도—' 하고 울었어요. 건반에 손을 얹는 법은 단순한 듯 어려웠어요. 손에 힘을 풀고 뭔가 부드럽게 감아쥐는 모양을 만들어 보라고 했어요. 나는 두 개의 손가락을 이용해 온종일 '도레 도레'를 연습했어요. 피아노 건반의 모양은 똑같았어요. 도의 위치를 자주 잊어서 직접 만져 보기 전에는 확신할 수 없었어요. 나는 도—의 울림이 좋았어요. 나는 연습이 지루할 때면 각 소리의 표정을 그리기도 하면서 피아노를 연습했어요. 선생님이 '파' 자리에 재빨리 엄지를 옮겨 치자 완전한 칠음계가 완성되었어요.

만두집을 했던 엄마가 어떻게 피아노를 가르칠 생각을 했는지는 알 수 없어요. 엄마는 배움이 짧아 자신의 교육적 선택에 자신이 없었고 어떤 '보통'의 기준을 따라가고 있었을 거예요. 어릴 때 갔던 놀이공원이나 엑스포 같은 것이 그렇게 재밌었던 것 같지는 않아요. 하지만 엄마에게 고마운 마음은 들어요. 김밥을 싸고 관광버스에 올랐을 엄마의 피로한 얼굴이 떠오르기 때문이에요. 내가 회전목마에서 비명을 지르는 동안 한 손으로 얼굴을 가리고 벤치에 누운 엄마의 얼굴은 도—처럼 낮은 고요였던 것 같아요.

엄마는 내게 피아노를 사 줬어요. 파란 트럭이 집 앞에 섰을 때 엄마가 무척 기뻐했던 기억이 나요. 피아노가 들어오자 우리 가족 삶의 질이 한 뼘쯤 세련되어진 것 같았어요. 피아노는 학원의 것보다 좋아 보였어요. 우리 집의 가재들과도 때깔부터 달랐어요. 다만 좀 멋쩍은 것은 피아노가 가정집 '거실'이 아닌, 만두가게 안에 놓인다는 거였어요. 우리 가족은 생계와 주거를 한 건물 안에서 해결하고 있었거든요.

나는 오후 내 가게에 붙어 피아노를 연주했어요. 학원은 2년 정도 다녔어요. 나는 '체르니'라는 말이 갖고 싶을 뿐 피아노를 잘 치고 싶은 마음은 안 들었어요. 그냥 적당히 치고 싶었어요. 그래서 엄마가 피아노 할부금을 다 부었을 즈음 그 정도면 족하다는 생각에 음악 학원을 그만두었어요.

고등학생 때, 아빠가 보증을 잘못 서서 우리 집이 망했어요. 엄마는 만두에 들어갈 단무지를 짜는 탈수기 옆에서 '탈탈탈탈' 울었어요. 나는 서울권 컴퓨터학과에 합격했어요. 자판 치는 것밖에 몰랐지만 졸업하면 취직이 잘 될지도 모른다는 막연한 기대에서였어요. 성적에 맞춰 원서를 썼지만, 내가 뭘 하고 싶은지는 몰랐어요. 두 살 많은 언니는 서울의 전문대학에서 '치기공'을 배우며 아르바이트를 했어요. 나는 언니와 함께 살게 되었어요.

엄마는 차압 딱지가 붙기 전에 값나가는 물건을 팔려고 했는데, 우리 집에서 값나가는 물건은 피아노뿐이었어요. 고민하던 엄마는 피아

노를 팔지 말자고 했어요. 괜찮다고 했지만 엄마는 나에게 피아노를
서울로 가져가라고 했어요. 내가 갈 곳은 반지하였어요. 엄마가 그 사
실을 모를 리 없었어요. 하지만 엄마는 끝까지 고집을 피웠어요.

피아노를 본 언니는 뜨악했어요. 엄마가 다 이야기한 줄 알았는데
아니었던 거예요. 외삼촌과 우리는 피아노를 반지하로 끌고 내려갔어
요. 그때 집주인이 내려왔어요. 그는 믿을 수 없는 표정으로 서 있었어
요. 세탁기도, 냉장고도 아닌 피아노라니. 우리 삶이 세 뼘쯤 민망해지
는 기분이었어요. 외삼촌이 피아노를 놓쳤는지 갑자기 쿵―하는 소리
가 났어요. 윙― 하는 공명감 사이로 악기 속 여러 개의 시간이 뭉개지
는 소리가 났어요. 피아노 조각들이 떨어졌어요.

나는 외삼촌의 부상이나 피아노 상태가 걱정되지 않았어요. 그보다
쿵― 소리, 내가 처음 도착한 도시에 울려 퍼지는 그 사실적이고, 커다
랗고, 노골적인 소리에 얼굴이 붉어졌어요. 집주인은 어이없고 못마땅
하다는 표정으로 언니와 나, 피아노와 외삼촌, 다시 피아노를 번갈아
봤어요. 언니는 뭔가를 열심히 설명한 뒤 관리비를 더 내고 피아노를
절대 치지 않겠다는 조건으로 집주인을 돌려보냈어요. 그날 저녁 엄마
가 아이스박스에 넣어 준 만두를 먹었어요. 언니는 만두를 삼킬 때마
다 엄마를 삼키는 기분이라고 했어요.

요즘 계급을 나누는 건 집이나 자동차 이런 게 아니라 피부와 치아
라고 해요. 언니는 그 말을 들은 뒤부터 자꾸 사람들의 이를 보게 된다
고 해요. 언니는 남자친구가 헤어지고 나서 만취해 찾아왔을 때 자기
도 모르게 그 사람의 이를 살펴보았다고 했어요. 그런 짓을 하는 게 싫

고 미안했지만, 처음으로 자세히 들여다보았는데 누르스름하고 고르지 않은, 작고 오래된 이들을 보는 순간 서글픈 생각이 들었다고 했어요. 애인이 아니라 짐승 같았다고 했어요.

나는 아르바이트를 시작했어요. 인쇄소와 연결돼 학원 교재나 시험지를 만드는 일이었어요. 할 수 있을 거라고 생각했지만 생각만큼 쉽지 않았어요. 언니는 4년제 영문과 편입 시험을 준비하고 있었어요.

초여름 비가 오다 그쳤어요. 방 안은 눅눅했어요. 자판을 치다 주위를 보면 습기 때문에 자글자글 운 공기가 미역처럼 나풀대며 날아다니는 것 같았어요. 벽지에는 곰팡이꽃이 피었어요. 피아노 뒤의 벽은 상태가 더 심해 달력 몇 장을 찢어 피아노 뒷면에 덧대어 놓았어요. 시골에서부터 이고 온 것인데, 이대로 망가지면 억울할 것 같았어요.

마음을 먹고 피아노 의자에 앉아 건반 뚜껑을 들어 올렸어요. 손안에 익숙한 무게감이 전해져 왔어요. 나는 건반 위에 손가락을 얹어 보았어요. 조금만 힘을 주면 원하는 소리가 날 터였어요. 밖에선 주인집을 보수하느라 공사음이 들렸어요. 나는 용기 내어 손가락에 힘을 주어 도—를 쳤어요. 도는 방 안에 갇힌 나방처럼 긴 선을 그리며 오래오래 날아다녔어요. 나는 그 소리가 아름답다고 생각했어요. 도는 생각보다 오래 도— 하고 울었어요.

밖에서 문 두드리는 소리가 났어요. 나는 얼른 피아노 뚜껑을 덮고 현관문을 열었어요. 주인집 식구들이 피아노를 쳤냐고 물었어요. 나는 천진하게 아니라고 답했어요. 주인 남자는 의심스러운 표정을 짓다가 내가 곰팡이 얘길 꺼내자 지하는 원래 그렇다며 서둘러 2층으로 올라갔어요.

저녁에 폭우가 내렸어요. 언니는 아르바이트로 늦었어요. 빗물이 집 안으로 들이닥쳤어요. 나는 피아노가 물에 잠겨 가고 있다는 사실을 깨달았어요. 저대로 두었다간 못 쓰게 될 게 분명했어요. 나는 피아노 뚜껑을 열었어요. 깨끗한 건반이 한눈에 들어왔어요. 건반 위에 가만히 손가락을 얹어 보았어요. 나도 모르게 손가락에 힘을 주었어요.

도는 긴 소리를 내며 방 안을 날아다녔어요. 나는 편안하게 피아노를 연주하기 시작했어요. 하나둘 손끝에서 돋아나는 음표들이 눅눅했어요. 빗줄기가 거세졌다 잦아지길 반복하고 검은 비가 출렁이는 반지하에서 나는 피아노를 쳤어요.

Q. 엄마는 왜 끝까지 피아노를 지키려 했고, 나는 왜 비가 내리는 반지하에서 피아노를 쳤을까요?

소설을 탐구하다

김애란을 알다

김애란(1980~)은 한국 문단의 차세대 대표 작가로 거론되고 있어요. 김애란 작품은 특히 감각적인 표현이 잘 드러나요. 감각적 표현은 눈으로 보거나 귀로 듣거나 코로 냄새를 맡거나 피부로 감촉을 느끼거나 입으로 맛을 보는 것 등 다양한 감각을 자극하는 표현이에요. 비가 내렸다고 쓰는 것보다 차가운 빗방울이 머리카락을 타고 주르르 흘러내렸다고 쓰면, 머릿속에 장면이 더 선명하게 떠오르는 것처럼 대상을 더 생생하고 자세하게 보여 주려고 사용해요.《도도한 생활》을 읽다 보면 이렇게 감각을 자극해 머릿속에서 장면이 생생하게 떠오를 거예요.

제목의 의미

'도도하다'의 사전적인 의미는 '잘난 체하여 주제넘게 거만하다'라는 뜻이에요. 하지만《도도한 생활》에서 나의 모습은 도도하거나 거만한 모습과는 거리가 멀어요. 그보다 힘들고 어려운 상황 속에서도 자존감을 잃지 않으려 노력하는 모습을 '도도하다'라고 표현한 거예요. 경제적으로 궁핍한 환경, 또래들과 달리 대학에 진학하지 못하고 아르바이트를 하며 힘들게 돈을 벌어야 하는 처지, 사회적으로 고립된 생활을 할 수밖에 없는 현실 등은 '나'와 같은 청년 세대의 고단한 삶을 보여 줘요. 그러나 나는 그런 부정적인 현실에 함몰되기보다 오히려 힘겨운 상황에서도 오랫동안 함께한 대상이자 자부심이기도 한 피아노를 연주함으로써 '도도하게' 자존감을 지키려 노력해요. 결국 도도한 생활이란 어떤 상황에서도 자존감을 지키려 노력하는 삶이라고 볼 수 있어요.

피아노의 의미

'도도한 생활'의 주 소재인 피아노는 나와 우리 가족의 처지나 형편과는 어울리지 않는 물건이에요. 어울리지 않게 만두가게에 피아노가 놓인 것만 봐도 그래요. 하지만 이 피아노는 엄마의 결핍을 채우는 대상이기도 해요. 집이 망했을 때도 엄마는 피아노를 팔지 않고 언니가 사는 집으로 나와 함께 보내요. 나도 마찬가지예요. 나는 반지하 언니 집에 피아노를 욱여넣고 습기가 가득한 장마철에 피아노 상태를 걱정해요. 폭우로 방 안에 빗물이 차오르는 위급한 상황에서 연주하기도 해요. 피아노는 엄마와 나에게 힘든 삶을 도도하게 지탱하는 일종의 보루로, 자존심과 자부심이 담긴 대상이라고 할 수 있어요.

반지하방의 의미

나는 서울 반지하방에서 언니와 함께 지내요. 이곳은 환기가 잘 되지 않아 장마철에 곰팡이가 피어오르고 비가 올 때는 빗물이 새어 들기도 해요. 또, 주인이 아니기 때문에 마음대로 피아노를 칠 수도 없어요. 반지하방은 내가 처해 있는 궁핍한 생활과 고립, 사회적 억압 등을 복합적으로 드러내는 곳이라고 볼 수 있어요. 또 집주인으로 대변되는 윗세대의 이기적인 모습을 보여 주는 공간인 동시에 쾌적하지 못한 삶의 터전이에요.

하지만 한편으로는 내가 학원 교재나 시험지 등의 아르바이트를 하는 곳이기도 하고 언니가 영문과에 편입하려고 공부하는 장소이기도 해요. 또한 나와 언니 같은 청년 세대의 가난과 고립을 드러내면서 그런 고단함 속에서도 꿈을 위해 노력하는 공간이라고도 볼 수 있어요.

보증 제도

보증 제도는 한 사람이 다른 사람의 빚을 대신 갚겠다고 약속하는 거예요. 대신 갚겠다고 한 사람은 보증인이라고 해요. 보증인은 자신이 보증을 선 사람이 돈을 갚지 않으면 대신 돈을 내야 해요. 이렇게 하면 돈을 빌려주는 사람은 더 안전하게 빌려줄 수 있어요. 이 제도는 고대 문명에서 상거래가 이루어질 때부터 있었어요. 바빌론 시대에는 상인들이 서로의 거래를 보증하는 방식이 있었고, 셰익스피어의 대표작 중 하나인 《베니스의 상인》에도 친구의 빚보증을 선 안토니오가 살 1파운드를 잘릴 뻔하기도 해요. 연대 보증은 금융기관 입장에서 강력하게 빚을 받을 수 있는 수단으로 다양하게 활용해 왔어요. 하지만 연대 보증으로 인한 사회적 문제가 훨씬 심각했어요. 이러한 문제 등으로 2008년부터 제1금융권과 제2금융권 개인 대출에 한해 신규 연대 보증 제도가 폐지되었어요. 대출을 받을 때 보증인을 요구하지 않는 대신, 대출자의 신용도를 철저히 평가해 대출 결정을 내렸어요. 또, 2019년 1월 1일부터 대부업체를 통한 개인 대출에서도 연대 보증이 폐지되었어요. 2021년 3월 금융소비자보호법 개정으로 그동안 제2금융권에서 상대적으로 쉽게 허용되던 장애인 및 영업용 차량 관련 대출도 다른 사람과 똑같이 절차를 밟아야 가능하게 되었어요. 그러나 아직 개인끼리의 거래에서는 연대 보증이 사라진 건 아니에요.

반지하는 어떻게 주거 공간이 되었나?

1970년에 정부는 건축법을 개정해 인구 20만 명 이상의 도시에서는 일정 규모 이상의 건물에 지하층을 만들어야 한다는 규정을 만들었어요. 방공호 등 군사적 목적으로 사용하기 위해서였어요. 하지만 전쟁이 일어나지 않자 이곳을 여러 용도로 활용하게 되었어요. 대형빌딩이나 대형 상가에서는 지하실을 지하주차장 용도로 썼고, 주택의 경우에는 주로 창고나 보일러실로 활용했어요.

1970년대는 '서울공화국'이라 불릴 정도로 서울과 수도권으로 많은 인구가 이동하면서 거주할 집이 부족했어요. 그러자 집주인들은 지하 공간을 고쳐서 거주용으로 바꾸어 임대하기 시작했어요. 지하실은 거주용이 아니기 때문에 사실 불법이었지만 서울의 주택난이 매우 심했기 때문에 정부는 건축법을 개정해 지하실 거주를 합법화했고 이른바 '반지하'라는 주거 공간이 만들어졌어요. 1980년대에는 정부가 주택난을 해결하고자 다세대주택 건설 붐을 일으켰고 반지하 주거 형태는 기하급수적으로 늘어나서 오늘까지 이르렀어요.

2000년대 청년 실업

IMF 이후 2000년대 청년 실업 문제는 심각한 사회적 이슈였어요. 실업자 5명 가운데 한 명은 6개월 이상 구직활동을 했지만 일을 구하지 못했어요. 통계청 국가통계포털 등에 따르면 56만 4000명의 구직자 중 20퍼센트가 장기 실업자로, 이들 중 절반 이상이 30대 이하 청년층이며, 특히 20대 이하의 비율이 가장 높아요. 통계를 통해 젊은 세대의 경제적 궁핍과 그로 인한 고단함을 짐작할 수 있어요. 학자금 대출과 생활비 부담으로 경제적 자립이 어려운 청년들이 많아요. 취업하려 해도 높은 취업 경쟁률과 비정규직 일자리의 증가로 안정된 직업을 찾지 못하는 경우도 많고요. 이런 사회 분위기는 해결되지 못하고 오늘날까지 이어졌고, 그 결과 청년들은 꿈과 희망을 잃고 소외감을 느끼며 살고 있어요.

프리터족 시대

과거에는 좋은 대학을 나와 정규직을 갖는 것이 성공한 삶이었어요. 요즘은 정규직이라는 틀에 갇히지 않고 다양한 경험을 통해 성장하고 사회 변화에 유연하게 대응하는 '프리터족'이 증가하고 있어요. '프리터족'은 Free(프리)+Arbeit(아르바이트)를 줄인 말로, 1990년대 초반 일본에서 정규직 대신 아르바이트로만 생활하던 청년들에게 붙여진 말이에요. 이들은 필요한 돈이 모일 때까지만 아르바이트를 해요. 특정한 직업 없이 여러 아르바이트로 생활하는 거예요. 프리터족은 꾸준히 증가해 오늘날 사회의 새로운 주역으로 자리매김하고 있어요.

땀 흘리는 소설
하나의 주제로 글을 쓰고 모아 보자

노동과 관련된 여러 이야기

《땀 흘리는 소설》, 김혜진, 김세희, 김애란, 서유미, 구병모, 김재영, 윤고은, 장강명, 창비교육, 2019

〈어비〉
어비 인터넷 방송에서 어리숙하고 과장된 캐릭터로 돈을 버는 인물
나 지갑을 훔치며 어비와 닮아 가고 있다는 사실을 자각함

〈어디까지를 묻다〉
나 꿈과 현실 사이에서 방황하는 청년

〈가만한 나날〉
경진 블로그 삭제와 해고를 겪으며 마케팅의 허상을 인식

〈코끼리〉
아카스 순진하고 감수성 깊은 아이
아빠 침묵하고 체념한 이주노동자

〈기도〉
인영 실직자 조사원을 보며 '자신의 위치'를 자각하고 슬픔을 느낌

〈P〉
장 회사의 질서 유지를 위해 친구를 배신함
송 불의에 저항하는 인물

〈저건 사람도 아니다〉
나 직장과 가정에서 위태롭게 버티는 여성
로봇 화자의 완벽한 분신, 자리를 빼앗는 존재

〈알바생 자르기〉
은영 중간 관리자, 현실적이고 위계 속에서 고민하는 인물
혜미 당차고 권리를 정확히 아는 알바생

〈어비〉 김혜진

택배 포장을 하는 물류창고에 어비라는 동료가 있어요. 어비는 실수가 잦다는 누명을 쓰고 일을 그만두었어요. 나도 그곳을 나와 다시 비슷한 곳에 들어갔어요. 거기서 어비를 다시 만나 밥을 먹었는데 어비가 내 지갑을 훔쳤어요. 어느 날 우연히 인터넷 방송에서 우스꽝스럽게 돈을 버는 어비를 보며 분노를 느꼈어요. 나는 작은 무역회사에서 아등바등 살고 있었거든요. 술에 취한 사장과 지인을 데려다주던 나는 사장 지인의 지갑을 훔쳤어요. 그리고 어비의 인터넷 방송에 이딴 짓으로 돈을 버냐며 어비에게 내 지갑을 훔친 도둑이라고 욕했어요. 하지만 곧 깨달았어요. 결국 우리가 할 수 있는 건 아무것도 없고 모두 각자의 방법으로 살고 있다는 점을요.

〈가만한 나날〉 김세희

경진은 작은 마케팅 회사에 취업했어요. 그 회사는 여러 블로그에 광고인 것을 티 나지 않게, 개인 블로그처럼 운영하는 곳이었어요. 경진은 동기 중 블로그를 가장 잘 관리해 회사에서 선택받았어요. 동기도 버리고 블로그를 가꾸던 경진은 가장 아꼈던 블로그가 저품질을 받아 삭제하면서 그 일에 회의감이 들었어요. 어느 날, 한 여자가 자신의 아이가 살균제로 폐 손상을 입었다며 당신의 아이는 괜찮냐며 같이 소송하자는 메시지를 보냈어요. 경진은 블로그에 올렸던 살균제 글과 그 여자의 메시지를 삭제했어요. 그 무렵 블로그 검색 및 알고리즘이 대폭 바뀌며 경진은 회사에서 잘렸어요. 경진은 블로그 마케팅 일을 했다는 것을 떳떳하게 말하지 못했어요.

〈기도〉 김애란

인영은 신림에서 혼자 고시를 준비하는 언니에게 베개를 사 주러 갔어요. 인영은 화장품 회사에서 일하다 그만두고 원룸에 살았어요. 9급 공무원 수험서를 팔지 않는 신림동 헌책방에 열등감을 느꼈어요. 인영은 신림동의 좁은 고시원으로 이사한 언니와 헤어져 노동부 대졸자 취업 경로 조사자를 만났어요. 알바생일 것 같은 50대 남자를 만나 설문 조사를 하는데 남자에게 측은한 마음이 들었지만, 그런 자신이 어쭙잖은 것 같아 부끄러움을 느꼈어요. 인영은 설문을 마치며 실직자가 갖는 하루분의 자책감 정도와 교환될 만한 문화상품권 5천 원짜리 3장을 받았어요.

〈저건 사람도 아니다〉 서유미

나는 남편과 이혼하고 다섯 살 딸을 기르며 일을 했어요. 육아, 가

사, 회사일 그 어느 것도 제대로 하지 못했어요. 직장 동료인 홍은 일도 잘하고 자기관리도 잘하고 쇼핑몰을 운영해 월 천만 원의 매출을 내어 늘 비교되었어요. 나는 가사와 양육을 돕는 나와 똑같이 생긴 로봇 서비스를 신청했어요. 중요한 프로젝트 발표를 앞두고 내가 아프게 되어 로봇을 대신 보냈는데 나보다 일을 더 잘하는 바람에 로봇이 출근하고 나는 육아와 가사를 하게 되었어요. 허무함과 박탈감을 느꼈지만 그 덕에 대리로 승진했어요. 나는 전남편의 결혼식에 딸과 로봇을 보내고 뒤에 숨어 보다가 그곳에서 홍을 보았어요. 그동안 알고 있던 완벽한 홍이 아닌 후줄근한 홍을요.

〈어디까지를 묻다〉 구병모

술에 취한 나는 택시를 타자마자 택시 아저씨가 유명한 성우라는 것을 알았어요. 28살인 나는 초등학교 때부터 꿈이 아나운서였고 언론정보학과를 나왔지만 열일곱 번 연속으로 공채에 떨어져 꿈을 포기하고 콜센터에서 일한다고 말했어요. 오늘이 취업 3달째였고 개인 정보 유출로 난리 난 회사가 내가 일하는 회사여서 수많은 욕을 듣고 있다고도 했어요. 어디로 가야 하냐는 말과 함께요.

〈코끼리〉 김재영

열세 살 아카스는 돼지 축사로 쓰였던 낡고 작은 방에 아버지와 살고 있었어요. 아버지는 네팔 사람이고 조선족인 어머니는 도망갔어요. 며칠 전 파키스탄 청년 알리가 비재 아저씨 막내아들의 심장 수술비를 훔쳐서 소동이 있었어요. 아버지는 자신의 욕심으로 한국에 와서 벌을 받고 있다고 생각했어요. 마치 신들의 왕을 태우는 구름이었다가 지상으로 떨어져 우주를 떠받치는 기둥이 된 코끼리처럼요. 아카스는 쿤 형의 잘린 손가락을 다른 사람들의 손가락을 묻은 나무 밑에 묻으며 자신과 아버지의 손은 가져가지 말라고 기도했어요. 발버둥 칠수록 구덩이로 빨려 들어가는 코끼리의 모습은 아버지를 빼닮았어요.

〈P〉 윤고은

장은 P259에서 살고 있었어요. P259는 한 회사이자 도시예요. 동료들을 따라 가족사진을 책상에 두기도 하고 캡슐 내시경 실험도 따라 신청했어요. 캡슐 내시경은 24시간 내에 배출되어야 했지만 배출되지 않았어요. 회사는 회사의 안전을 위협할 수 있다며 장을 강제로 휴직시켰어요. 휴직하자 접근하지 못하는 지역이 늘고 세금을 더 내며 법의 바깥으로 밀려났어요. 그러다 같은 처지인 송을 만났어요. 송은 회사가 책임져야 한다며 이의를 제기할 준비를 했어요. 하지만 장은 그 계획을 회사에 알려 복직하고 송은 자살했어요. 장은 원래 일하던 곳이 아닌 외지고 좁은 곳으로 다시 출근했어요. 그 순간 해파리가 배출되었어요.

〈알바생 자르기〉 장강명

중간 관리자인 은영은 불성실한 아르바이트생인 혜미에게 해고를 통보했어요. 하지만 혜미는 서면으로 해고를 예고해야 하고, 퇴직금도 지급해야 한다며 당당하게 굴었어요. 놀라서 고용법을 찾아보니 알바생에게도 퇴직금을 지급하게 되어 있었어요. 은영은 혜미가 부당 해고라고 우길 수 있어서 권고사직 형태로 3달 치 임금을 현금으로 주고 사직서를 받았어요. 그러나 얼마 후 다시 연락이 왔어요. 일하는 동안 4대 보험이 가입되어 있지 않았던 것은 불법이니 신고하겠다고요. 은영은 자신의 돈으로 합의금을 마련했어요. 하지만 혜미는 자신에게 유리하게 '스태프 어시스턴트'를 '어드미니스트레이터'로 바꾼 경력 증명서 5부를 요구했어요.

Q. AI가 발전한 미래에는 우리가 어떻게 일을 할지 생각해 본 적 있나요?

소설을 탐구하다

취업과 노동 문제를 엮은 소설집

취업과 노동은 우리 사회에서 중요하게 생각해야 할 주제이고, 학생들이 사회에 나가면 직접 겪을 일이에요. 하지만 누구도 그런 내용을 가르치지 않고, 다루더라도 단편적으로 가르치고 있어요. 이러한 주제를 다룬 소설은 학생들에게 현실을 정확하게 인식시키려는 중요한 역할을 해요.

이 책은 소설마다 다양한 취업과 노동 문제를 다루어요. 플랫폼 노동(디지털 플랫폼으로 이루어지는 노동)은 과연 일다운 일일까요? 그렇다면 정말 제대로 된 일이란 무엇일까요? 또 직업을 선택할 때 '사회적 책임'과 '도덕성'을 배제하는 것은 과연 옳을까요? AI가 발달하는 요즘, 로봇이 사람들의 자리를 차지한다면 우리는 어떻게 대응해야 할까요? 서비스를 제공하는 사람에게는 어떤 태도를 가져야 할까요? 외국인 노동자들은 어떻게 대해야 할까요? 산업재해가 발생하면 왜 개인의 탓이 될까요? 회사에서 갈등이 발생하면 내가 살기 위해 직장 동료를 배신하는 경우는 없을까요? 그렇다고 자신의 권리만을 찾으려고 이기적으로 행동하는 것은 과연 옳을까요? 그렇게 행동할 수밖에 없는 이유는 무엇일까요? 여덟 편의 소설을 읽으면서 이런 여러 질문에 대해 생각해 보고 답을 찾아볼 수 있어요.

앤솔로지 문학

앤솔로지는 고대 그리스어의 안솔로기아(anthologia: 꽃을 모아 놓은 것)에서 유래한 용어로, 시나 소설 등 문학 작품을 하나의 작품집으로 모으는 것을 말해요. 기존에는 출판사들이 신춘 문예, 문학상 수상집 등 상을 받은 작품들을 모아 책을 출간했지만, 최근 주제나 배경을 정해 여러 작가가 작품을 모아 출판하는 방식의 앤솔로지 문학이 추세예요.

앤솔로지 문학은 하나의 테마에 관한 다양한 시각과 해석을 접할 수 있는 다채로움이 있어 대중에게 사랑받고 있어요. 평소 관심 있던 작가의 작품을 읽으려고 선택했다가 취향에 맞는 새로운 작가를 발견할 수도 있어요. 또한 한 주제에 대해 여러 작가의 다양한 시각을 볼 수 있는 것도 매력이에요. 점차 세분화되는 독자의 취향에 맞춰서 장르별 앤솔로지나 사회적으로 화두가 되는 주제를 발 빠르게 반영하는 앤솔로지도 활발하게 출간되고 있어요.

노동 문학

노동 문학은 노동자계급의 현실을 다룬 문학이에요. 노동 문제에 관심을 기울이기 시작한 것은 노동자계급이 아닌 자본주의 현실을 비판하던 소시민적 문학인들이었고, 이들이 노동 문제를 제재로 쓰면서 노동 문학이 탄생했어요. 하지만 소시민적 문학인들은 노동자계급의 욕구를 충족시킬 만큼 현실을 형상화하지는 못했어요. 결국 노동자들이 직접 문학을 창작하게 되었어요.

1920~1930년대 노동 문학

한국의 노동 문학은 1920~1930년대에 대두되어 발전했어요. 1925년 사회주의 혁명을 위한 문학가들의 실천 단체인 조선프롤레타리아예술동맹은 영어 머리글자를 따서 카프(KAPF)라고 불렀어요. 초기 카프는 문학 작품보다는 평론을 통한 예술 비평을 중심으로 활동했어요. 하지만 남북이 분단되며 노동 문학의 맥이 끊어졌어요.

1970~2000년대 노동 문학

1970년대에 한국 경제가 고도로 성장하면서 소수 권력층과 자본가들이 부를 독점하고 노동자들은 이들의 부를 축적하는 수단으로 전락하면서 계층 간의 골이 깊어졌어요. 1970년 서울 청계천 평화시장 구름다리 밑에서 평화시장의 영세 봉제 공장 근로자 전태일이 분신하며 열악한 근로 조건에 목숨을 걸고 항의했어요. 그의 죽음이 헛되지 않도록 '전국 연합 노조 청계 피복 지부'가 조직되었어요. 황석영은 전태일 열사의 분신에 충격을 받고 개인적인 공사장 체험을 녹여《객지》

(1971)를 발표하기도 했어요.《난장이가 쏘아올린 작은 공》도 1970년대 작품이에요.

1980년대는 정권과 자본의 결탁으로 탄압받는 노동 현실에서 이를 문학으로 극복하려는 노력이 두드러졌어요. 1980년대가 되어서 민중 문학은 구체적으로 노동 문학으로 나타났어요.《노동의 새벽》(1983)을 쓴 박노해와 같은 현장 노동자 출신의 작품들, 운동권을 다룬 소설이나 노동 현장의 르포 같은 다양한 글이 나타났어요. 작가들은 이를 통해 노동 현장에서 일어나는 갖가지 모습과 문제, 노동자들의 피폐한 삶, 자본주의의 병폐를 직설적이면서도 날카롭게 지적하거나 사회 지배층을 혹독하게 비판했어요.

1990년대에 들어서 노동 문학은 상대적으로 위축되었어요. 사회주의 나라들의 몰락 이후 전 지구적 자본주의화와 문민정부의 출현, 정권 교체, 노사 문화의 변화 같은 국내외 상황에 영향을 받았기 때문이었어요.

2000년대에 들어서 노동 문학이 관심을 가져야 할 영역은 더욱 넓어졌어요. 개인주의, 물질주의, 상대적 빈곤, 환경오염, 실업, 소외, 다원화, 정보화 같은 복잡한 문제들을 다루어야 하는 책임을 지게 되었기 때문이에요. 장르도 더욱 다양해져, 시, 소설뿐 아니라 〈미생〉, 〈송곳〉 등 웹툰이나 드라마로도 노동자들의 이야기가 다루어졌어요.

4차 산업혁명 시대

2016년 1월 제47회 다보스 세계경제포럼에서 처음 나온 '4차 산업혁명'은 사물 인터넷(IoT), 로봇공학, 가상현실(VR), 인공지능(AI)과 같은 혁신적인 기술이 우리가 살고 일하는 실재와 가상을 통합해 사물을 자동화하고 지능적으로 제어할 수 있어요. 이렇게 산업이 바뀌면 기존에 있던 직업 중 일부는 사라지고 대신 새로운 직업이 등장하게 돼요. 1차 산업혁명으로 전통적인 직업들이 기계로 대체되고 공장 노동자, 광산 노동자 등 새로운 직업이 생겼어요. 2차 산업혁명으로 대규모 생산 관련 직업이 증가했지만 수작업으로 하던 많은 직업이 사라졌어요. 3차 산업혁명이 일어나자 IT 관련 직종이 새롭게 등장했어요. 하지만 단순 반복 작업을 하는 사무직이나 생산직 종사자들의 일자리가 줄어들기도 했어요. 4차 산업혁명에서는 자동화, 인공지능의 발달로 수많은 일자리가 사라질 거예요. 바뀌는 산업에 맞추어 어디에서 어떤 일을 할 것인지 계속 유심히 살피며 시대에 따른 취업과 노동에 대한 깊은 고민이 필요해요.

참고문헌

단행본

《한국 서사문학의 탐구》, 정병욱, 신구문화사, 1999

《금오신화》, 김시습, 민음사, 2009

《썬킴의 세계사 완전 정복》, 썬킴, 알에이치코리아, 2022

《조센징에게 그러지마!》, 조선헌병대사령부, 흐름출판사, 2017

《현대소설 감상사전》, 권경일 외, 사피엔스, 2006

《최신 시사경제 용어사전》, 기획재정부, 2017

신문, 잡지, 사이트

〈조선일보〉, 중국서 금오신화 최고본 발견… 16세기 추정, 1999.09.21.

〈중앙일보〉, 평양 황고집-이기백, 국사학, 1965.10.12.

〈조선일보〉, [황순원옹 14일 별세] '학'처럼 살다 가다, 2000.09.14.

〈진중권의 문화다방〉, 제36회, 제37회, 2015.01.08.

〈KDI〉 '동반 몰락 부르던 연대보증 관행 사라진다', 2013. 6월호

〈스포츠 경향〉, 백인혜의 SNS톡톡, 요즘 청년들의 새로운 직업관 '프리터족' 시대, 2024.02.21.

〈주간경향〉, '앤솔로지 문학'을 아시나요, 1599호(2024.10.14-20)

〈내포뉴스〉, 한국사회 이끈 '노동 문학'… 이곳에서 '별처럼 꽃처럼', 노진호, 2020.09.03.

KBS WORLD KOREAN, 1930suseo 최고의 부동산 투기 현장, 2011.01.15.

KBS 뉴스, 실업자 5명 중 1명은 '반년 이상 백수'…절반은 '30대 이하' 청년층, 2024.10.01.

국가기록포털

국가기록원, '우리나라 식탁의 모습을 바꾸다'

거제해양관광개말공사

오픈아카이브, '광주대단지사건'

우리역사넷, '조선공산당'

한국민속대백과사전, '삼종지도'

한국기록유산, '과부재가금지법'

한국고전종합DB, 《조선왕조실록》, 《중종실록》 14권, 《정조실록》 18권, 31권

한국학종합DB, 《난중잡록》

4.19혁명디지털아카이브